和珅传

双面诡臣

凡禹 著

| 权倾朝野

| 贪官之王

文化发展出版社
Cultural Development Press
·北京·

图书在版编目（CIP）数据

和珅传 / 凡禹著. — 北京 ：文化发展出版社，
2024. 12. — ISBN 978-7-5142-4489-2

Ⅰ. K827=49

中国国家版本馆CIP数据核字第2024LG1191号

和珅传

著　　者：凡　禹

出 版 人：宋　娜
责任编辑：孙豆豆
特约编辑：博　雅
责任印制：杨　骏
责任校对：岳智勇
封面设计：于　芳
出版发行：文化发展出版社　（北京市翠微路2号　邮编：100036）
网　　址：www.wenhuafazhan.com
经　　销：全国新华书店
印　　刷：三河市刚利印务有限公司

开　　本：710mm×1000mm　1/16
字　　数：269千字
印　　张：18.5
版　　次：2024年12月第1版
印　　次：2024年12月第1次印刷

定　　价：58.00元
I S B N：978-7-5142-4489-2

◆　如有印装质量问题，请电话联系：13321165353

前言 PREFACE

和珅这个名字对于中国人来说，虽称不上家喻户晓、人人皆知，但至少大家不会感到陌生。一提起和珅，人们马上就会想到他是中国历史上有名的奸诈之臣、头号大贪官，骄横、贪婪、傲慢、狡诈、奢侈似乎已成为人们对他固有的评价。

和珅为官二十余载却聚积家资白银数千万两，几近乾隆时朝廷的年财政收入，堪称当时的首富，无疑是超级巨贪。但作为“一代明君”、创造了“康乾盛世”的乾隆皇帝却为何始终宠幸于和珅，让他如此飞黄腾达青云直上？

和珅能在乾隆当政时期翻云覆雨，可见他并不只是个投机取巧、阿谀奉承之人，还是个勤勉刻苦、智慧超群的办事能人；他不仅工于权术，也精通满、汉、蒙、藏四种语言；他有政治家的阴谋、谋略家的狡诈、大商家的精明……

和珅在清代官场几乎创造了一个奇迹，他从一个侍卫起家，二十七岁时，官职已至军机大臣，掌管国家内政外交，成为把握大清王朝实权的重要人物；三十七岁授文华殿大学士，兼吏、户、兵部尚书；四十七岁成为一人之下，万人之上的“二皇帝”。

和珅之所以能得乾隆帝独宠，二十年如一日，其自有许多过人之处。乾隆后期，乾隆帝已年至耄耋。与其说是颓老倦勤的乾隆帝日理万机，倒不如说是和珅在日夜操劳，总揽一切。

和珅的为人做官，颇有与众不同之处。他有许多优点，其中最重要的是，他掌握了人性的秘密。他虽然饱读诗书，却没有盲从儒家的繁文缛节，他正是凭着中国人家喻户晓的做人做事道理，纵横朝野内外，达到了所向披靡的地步。

当然，和珅并不是公仆。和珅在集国家行政权、财权、兵权、人事权于一身，成为乾隆皇帝的理财高手、办事奇人的同时，也把许多财产都理到了他自己家中。乾隆死后，和珅的家产被嘉庆皇帝抄没，人被赐死，其家产数额甚巨，民间遂有“和珅跌倒，嘉庆吃饱”的说法。

和珅无疑是当时那个时代的成功者，也是失败者。无论和珅的成功与失败，都决非偶然。寻找和珅成功与失败的奥秘，发掘人性的秘密，会给身处各种棋局而无法脱身之人带来无尽的启示。

时代变迁，古今迥异。和珅的故事已经离我们越来越远，当我们站在历史的烟云中回顾之时，也许有人对他心存敬意，有人对他加以唾骂。而本书是以历史眼光去看待他的功过是非，力求为读者呈现一个丰满立体的和珅形象。

目录 CONTENTS

第一篇 第一大贪官，万世留名
——贪官和珅的传奇人生

第一篇

第一大贪官，万世留名

——贪官和珅的传奇人生

第一章　家世源流

——什么样的家庭造就了和珅

长白山麓的大姓

我国东北地区一直居住着一个古老的民族——满族，其先祖可以追溯到世代活动在这一带的女真人。发展到明朝初期，女真人分为建州、野人、海西三大部。建州女真主要分布在长白山北部至牡丹江、绥芬河一带，是三部中社会经济发展最快的一部，同时也受汉文化影响最深。明朝中叶，由于不堪其他落后女真部落的侵扰，建州女真开始不断南迁。到了明英宗统治时期，迁居到浑河、苏子河上游一带，并逐渐在以“费阿拉”（亦称“费雅郎阿”，即所谓“旧老城”）与“赫图阿拉”（均在今辽宁省新宾满族自治县境内）为中心的地区定居下来。

明朝政府主要是采取“分而治之”政策对待“女真三部”。常常是打一部，拉一部，使其此消彼长，在他们之间制造各种矛盾，使其相互掣肘，不相一统。后来，明政府看到建州女真逐渐强大起来，为了防止其过于强大而威胁中央政府，将其一分为三，设立了建州卫、建州左卫和建州右卫。因此，直到明朝后期，明朝政府对女真各部还实行着有效的统治。

爱新觉罗·努尔哈赤就出身于建州左卫的头领（都指挥使）之家，他是后金的创始人。据说仙女佛库仑在长白山天池沐浴后，吃了放在她衣服上的灵鹊衔来的（红）果子后生下一子，就是他的先祖布库里雍顺。

虽然这只是一个传说，但也反映出他身世的不平凡，要不然也不会有人加以附会。他的六世祖猛哥铁木耳（又称孟特穆）就做过建州左卫的都指挥使；其家族一直沿袭此职位。当然，他的父亲塔克世（又称塔失、他失）后来也顺理成章地承袭了这一职位。

努尔哈赤10岁时，其生母去世，后母待其不好。长大后为了不再受后母欺辱，19岁时与其父分家单过。此后他尝试过多种讨生活的方式：他曾带着当地的土特产到抚顺与汉族商人进行贸易，也曾在明朝名将李成梁部下当过差。这些经历使他深刻了解了汉族文化、习俗（他本人深受《三国演义》的影响），并初步掌握了明朝在辽东的实际情况。万历十年（1582年），李成梁奉命帮助建州卫苏克素护部图伦城主尼堪外兰攻打建州右卫酋长阿台时，误杀了努尔哈赤的祖父觉昌安和父亲塔克世。事后明政府立刻任命努尔哈赤承袭建州左卫都指挥使、都督佥事，并加封龙虎将军头衔，同时还赐他30余封敕书和30匹马，以表示对这一行为的歉意。但努尔哈赤心中已经种下了仇恨的种子，这一事件也成了他日后反明朝的正当理由。

努尔哈赤打着为父、祖报仇的名号，以其父留下的13副盔甲起兵，率众讨伐尼堪外兰，从此开始了统一女真各部的征伐。经过20余年的不断杀伐，最后统一了女真各部，在这一过程中逐渐形成了“八旗制度”。万历四十四年（1616年）建立了后金国，公开与明政府决裂，并最终推翻了明朝统治，开创了一个新朝代。

“八旗制度”是一种兵民合一的制度。原来女真人进行狩猎、生产和军事行动时，每10人为一基本单位，名为“牛录”（满语，汉译为“箭”），其头目称“额真”（汉译为“主”），即所谓汉译“佐领”。实力壮大后，改为每300人为一“牛录”，5个“牛录”为一“甲喇”（满语，亦称“札兰”，汉译“世”“代”“辈”等意），总共1500人，其头目为“甲喇额真”，汉译为“参领”。5个甲喇为一“固山”（满语，汉译为“旗”），共 7500人，其头目为“固山额真”（即旗主），汉译为“都统”。

钮祜禄氏是满洲八旗氏族中的一个望族。钮祜禄氏在清朝是大姓，见于《皇朝通志·氏族略·满洲八旗姓》。钮祜禄，满语“狼”，满族最古老的姓氏之一，主要分布在松花江流域、牡丹江流域、长白山区。狼是满族先世女真的图腾之一，女真人出于对狼的崇拜，而以其为姓氏。

在漫长的历史发展过程中，“钮祜禄”这个姓氏的称谓曾几度变化：辽代称“敌烈氏”，金代称“女奚列氏”，元代称“亦气烈氏”，明代称“钮祜禄氏”。满洲氏族“钮祜禄”氏，冠以汉字姓称“钮”姓，也有的冠以汉字姓称“郎”姓。“钮祜禄”氏是典型的“一氏冠两姓”的满洲氏族。钮祜禄氏家族人丁兴旺，在清代属于满洲八旗中的各旗下，不单隶属一旗。

清代的许多名人与文臣武将都姓此姓，甚至连皇后、皇妃亦有不少人出自此姓。例如，康熙帝的孝昭仁皇后、雍正帝的孝圣宪皇后（乾隆帝的生母）等。和珅家族属于英额地方钮祜禄氏。英额系指辽宁省东部的“英崿（额）峪”地方。“英额峪”地方，现在叫“英额门”，是今辽宁省清原满族自治县境内的一个乡镇。此地有一条小河名“英额河”，从这里流向西南兴京（今辽宁省新宾满族自治县）界，最后注入浑河。此地原是一个小小的军事、交通要地，设有“柳条边门”（即明朝所修“柳条边墙”的“边门”即“英额门”）。此地离后金国的都城“费阿拉”与“赫图阿拉”不远，因此军事地位比较重要。

英额地方钮祜禄氏原来都生活在长白山地区，后来也是跟随建州女真部迁移至此的。例如清朝开国元勋、五大臣之一的额亦都就是“世居长白山”，后来他祖父阿陵阿跟随建州左卫一起，“移居英额峪”。额亦都家族是满族的一大名门望族，家资丰厚、殷实富裕，一直很兴旺。阿陵阿本人在部族中也很有声望，被人们称为“拜颜”（满语，亦称“巴延”“巴颜”，意为“富翁”）。额亦都童年时父母被仇家所杀，他本人因友人相助才躲过一劫。从此他对仇人有了刻骨的仇恨，发誓一定要替父母报仇雪恨。当他刚刚13岁时，就只身找到仇家，手刃了杀父母的仇人，可见其报仇的决心和勇气。为了避难，投靠到嘉木湖寨长、姑父木通阿家，恰巧努尔哈赤是他姑夫的朋友。明万历八年（1580年），努尔哈赤留宿嘉木湖，两人相见。额亦都认为努尔哈赤见多识广，非同凡人，引为知己，决定追随他闯天下。从此他一直跟随努尔哈赤驰骋疆场，成为努尔哈赤的左膀右臂，为后金国的建立立下了汗马功劳。和珅家族虽然和额亦都不是直系亲属的关系，但他们同属一个地方的同一姓氏，在讲究同乡关系的清代官场，毕竟对和珅家族是有裨益的。

和珅家族的出身

根据《御制八旗满洲氏族通谱》一书记载，和珅的直系先祖叫噶哈察鸾，其旗籍属于满洲“正红旗”。噶哈察鸾的后代中有个叫尼雅哈纳的，由闲散兵丁随清军入关并征伐山东。由于攻打河间府时首先登上城墙，因而被赐“巴图鲁”（勇士）称号，并被授予三等轻车都尉世职（正三品）。后经世代沿袭，尼雅哈纳的四世孙常保袭此职；由于常保堂叔啊哈顿色在跟随康熙皇帝出征准噶尔时英勇阵亡，所以常保被特赐为一等云骑尉。到乾隆朝时，常保出任福建都统。他死后由其长子善保（即和珅）承袭其职。

和珅是其满语名字的音译，汉语意思是“三纲之纲”。和珅的乳名叫善保，字致斋，生于乾隆十五年（1750年）。他们的家族在顺治元年（1644年）与其他八旗军民一起入关，进入京师（今北京）后，便按照当时的规制：汉人全部迁出内城，其房屋由八旗军民居住；又按“旗分制”规定八旗军民严格按照旗分不同划分住处。特别是在清朝前期，京师的内城设有按满洲、蒙古、汉军等旗籍划分的24都统衙门，各旗分别有自己的驻防领地和固定教场、学校等设施。至于各旗人员的家居住处，也是按旗分不同，分别住在不同的区域。一般说来，这一规定从清初至清末大体上没有什么变化。当时的具体规定如下：

镶黄旗居安定门内（清皇族属于此旗）；正黄旗居德胜门内；正白旗居东直门内（以上三旗为“上三旗”，由皇帝亲自统领）。镶白旗居朝阳门内；正红旗居西直门内；镶红旗居阜成门内；正蓝旗居崇文门内；镶蓝旗居宣武门内（以上五旗为“下五旗”）。

据清史档案与和珅的《嘉乐堂诗集》的“诗注”记载，他家隶属于满洲正红旗二甲喇，其原来的宅第坐落在西直门内驴肉胡同（民国后改为“礼路胡同”，即今“西四头条”)的东头；坐落在著名古刹广济寺后面，离该寺不到一箭射程的地方。和珅与其弟和琳都出生在这里；一直共同居住到他家的旗籍被抬入正黄旗，和珅家才迁至正黄旗领地德胜门内什刹海畔的大宅第，也就是现在北京西城区前海西街的恭王府。

关于和珅的出身，很多人认为他出身“低微”“贫贱”；甚至有人说他家出身“包衣”(满语，汉语意思为：家里供使用的“奴仆”“用人”等)。这种观点也影响了国际上对和珅的认识。例如，乾隆五十八年（1793年）来华的英国特使马戛尔尼在他的回忆录《乾隆英使觐见记》中就写道：“皇帝之首相，即和中堂，其人乃一韃靼，出身颇微，然很具有才具。”其实，这种看法是不恰当的，也不符合实际情况。

乾隆三十四年（1769年)，20岁的和珅承袭了三等轻车都尉的世职。此时，这一职位已经在他家承袭了五代。虽然这是一个世袭的功名，但是国家承平日久，官职不像当年那么难以获得，所以，三等轻车都尉的官职到乾隆时期已是一个一般的职位。但常保所任的福建副都统一衔，却是有职有权的高级武官；这个官职在清朝属于正三品，和现在的“中将”职位相当；并且后来皇帝又赏给了他家一个一等云骑尉的官职，这在当时众多的八旗军民中，并不是人人都可得到的。另外，和珅的生母是河道总督嘉谟的女儿，继母系吏部尚书伍弥泰之女，她们也都是有头有脸人物的女儿。在讲究门当户对的封建时代，哪家达官贵人肯把自己心爱的女儿嫁给比自己地位低的人呢？如此和珅的“出身低微”又从何说起？

另外，和珅在乾隆三十七年（1772年)，被“授予三等侍卫，挑补黏竿处”。黏竿处是大众的通用称呼，它的官称是“上（尚)虞备用处”。这个部门通常由侍卫10人组成；主要负责皇帝的日常出行事宜。每当皇帝出行时，服侍在皇帝的乘舆（轿)左右，负责扶轿、打灯笼等工作，俗称“打执事”的。

人们通常说，和珅曾在銮仪卫当差，做过“拜唐阿”(满语，亦称“柏唐阿”；汉译为“听差的”“执事人”)，是给皇帝抬轿子的，言外之意就是他的社会地位很“低微”，但由此便得出和珅的出身“低微”，未免有些轻率。其实“拜唐阿”一职就是“上虞备用处”辖下的属官，是清朝一个低级别的武官官职。清礼亲王昭连在《啸亭杂录》中对此做了细致的描述：“定制，选八旗大员子弟中的捐捷者为执事人，司上巡狩时扶舆、擎盖、捕鱼、罟雀之事，名曰‘上虞备用处’。盖以少年血气偾张，故令习劳勚，以备他日干城侍卫之选。实有类汉代羽林制也，而精锐过之，盖善于宠驭近侍之制也。”从这段描述中我们可以清楚地知道，能够当上“上虞备用处”的“拜唐阿”，并不意味着和珅的社会地位“卑贱”“低微”，反而证明了他是“八旗大员”的优秀子弟，是皇帝经过千挑万选、从众多旗人青少年中挑选出来的佼佼者。负责在自己身边听差，借以对他们经常进行各种熏陶和锤炼，日后定会有大用。俗话说，皇帝身边无小官。所以，和珅虽然不是出身显贵之家，但毕竟也是生在满洲封建统治阶级中的中上层武官家庭，并非出身贫寒之家。

少年和珅砺心志

一个人成功与否，其中一个重要的标准是看他是否能把握自己的命运，以及对待环境，尤其是逆境的态度。顺风顺水是难以体现一个人的能力水平的，只有在逆境中的表现，才最能说明他的能力。

和珅无论遇到什么逆境，都能理智地控制自己，不放弃自己的目标和梦想，从不随波逐流。他把困境变成砥砺心志的磨刀石，把困境当作了自己发展的训练场。

古语云：“艰难因苦、玉汝于成。”有一句歌词也唱道：“不经历风雨，怎能见彩虹？”许多人经受不起厄境的洗礼，在凄风苦雨中消沉，在大浪淘沙中迷失。幸而和珅家道中落而未能夺其志，没有向命运低头。

和珅虽不是生在大富大贵之家，但也是将门之后，原本有稳定的生活来源，不必为日常生活所累，可以令他过上悠闲、舒适的生活。但若一直这样发展下去，我们就难以在史料中寻见乾隆帝的最大宠臣宰相和珅了。

和珅3岁丧母，幼年时期就遭遇了人生的第一大不幸。和珅的父亲常保为人中正平和，做官清正廉明，要不是有世袭的荫职和“著名的儿子和珅”，恐怕这些我们也难以知晓。他身为福建都统，很少在京城，也少有接近核心权力层的机会，所以也无法调回京师。他多年戍守在外，无暇照顾和珅及其弟弟和琳及家庭。继母对待他们兄弟也是少有笑脸，难见温情。和珅兄弟每日在继母的白眼中度日，甚是凄凉悲苦。所以，和珅是在难觅父爱，也无母爱的家庭环境中成长起来的。

和珅家中基本没有额外收入，除官封地外也没有置办什么产业，全凭父亲一人薪俸过活。虽然衣食无忧，但差不多也是“月光族”。

也许正是这样的家庭环境，使得和珅、和琳小小年纪就尝尽了人间的疾苦，知道了读书的重要性。兄弟二人都非常争气、发奋攻读，和珅9岁时（乾隆二十四年）与和琳一起被选入咸安宫官学。

咸安宫官学是当时京城最好的学校，要进入该所学校，必须是八旗子弟中长相俊秀者及内务府子弟，同时学业要十分优异，每年只选80名左右的学生入学（八旗中每旗选十名），而且坚持宁缺毋滥。学校设管理大臣、协理事务大臣，另有满汉总裁。总裁须是翰林，教师也多是翰林，极少数不是翰林的，也必是享有盛名的饱学之士通过考核后方可担任。学校不仅开设一般的经、史、子、集课，而且还开设满、汉、蒙、藏等多种语言课，同时教授骑射、习用火器。可以说，咸安宫官学是培养文武全才的贵族学校。

咸安宫官学不收学费，但日常生活费用需要自己打理。凭着父亲常保的薪俸，和珅与和琳倒也不必为读书之外的事情操心。

然而“福无双至，祸不单行”，和珅9岁时，苦难再次向他袭来，父亲常保在福建任上突然病逝。全家人唯一的生活来源也突然中断了，家中的生活立刻拮据起来。

常保并未为子孙后代留下多少家产，因此，少年和珅虽身处累世为官之家，却连日常生活都难以保证。加上丧母失怙，心理上遭受沉重的打击，真正处于人生的低谷。

没了父亲，和珅与弟弟和琳在咸安宫读书的吃穿用度更加紧张，生活费用没有稳定的来源，不得不借钱度日。向周围的亲戚朋友借钱，刚开始还有人借，次数多了，别人也就不再与他来往。这些人有的是怕借钱以后有去无回，和珅还不起钱；有的是看不起和珅这样的“穷亲戚”，失了他们的身份。就连他的外祖父嘉谟也对他误会重重，以为他只是一个借钱维持“高消费”的纨绔子弟，和珅心中无比烦恼。所谓“贫居闹市无人问，富在深山有远亲”，和珅心中又一次感受到世态炎凉。

长兄为父，他尽量在弟弟面前充当小大人，尽己所能为兄弟二人筹钱。他也在一次次的求助过程中锻炼、成长起来。这些经历更加激发了他奋发向上的勇气。

通过这种由盛而衰、幼年成孤、四处借钱度日的不凡经历，和珅锻炼出极大的心理承受能力，他逐渐变得坚韧而又深藏不露、老成持重起来。就像一株破土而出的嫩芽，在经历了凄风惨雨的洗礼之后，终于茁壮成长起来，散发出无限的生机。

和珅是一个什么样的人？世人曾为此争论不休。但是，他在幼年时期所遭受的磨难，对他能够达到“一人之下，万人之上”的高位具有十分重要的影响，这是世所公认的。

和珅生命中的不幸绝非他所意愿，也并非他成功的必经之路。凭和珅的聪明才智和机敏好学，成功是必然的。他的不幸经历只是一个催化剂，加速了他自我砥砺、锻炼的进程。先秦的孟子曾说过：人都是“生于忧患，死于安乐”，若“天将降大任于斯人也，必先苦其心志，劳其筋骨，饿其体肤，空乏其身，行拂乱其所为”，然后才“动心忍性、增益其所不能”，使其达到成功的彼岸。

八旗子弟独翘楚

和珅是在自己家中的私塾里开始自己的启蒙教育的。刚开始，和珅与比他小3岁的弟弟和琳一起，专门请私塾先生启蒙，只是教授一些诸如《百家姓》《三字经》《千字文》之类的入门读物。当然也零星接触了一些“四书五经”的知识，但并没有系统、规范地学习。直到后来，被选入了咸安宫官学读书，开始接受系统的教育。

咸安宫官学坐落在皇宫西华门内（此地在康熙年间，曾经拘禁过皇太子胤　），与武英殿相邻。这里明代为后妃居所，天启皇帝的乳母、曾与大太监魏忠贤狼狈为奸的客氏就居住于此。清兵入关后曾一度闲置不用。雍正即位后，为加强对宗室和八旗子弟的思想教育和控制，巩固皇权，便决定利用此地设置一所学校，以弥补“景山官学生功课未专（位于神武门外北山门两侧）”，同时便于自己直接督促和控制。

这所学校不是一般意义上的学校，而是一座非同一般的官学。它创办于雍正六年（1728年）十一月，雍正帝亲自提议由内务府负责创办。

咸安宫官学的学制一般为五年；期满考核，成绩优异者会被授予笔帖式等职务，赏缎匹、笔墨等；余者年幼留校继续学习，年长者退回本旗。此外还可以参加三年一次的乡、会试。由于宗室和八旗子弟参加的乡、会试单独举行，录取比例高，因而，只要进入咸安宫官学，就等于半只脚跨入仕途，踏上了飞黄腾达的快车道。

这样看来，这所学校一开始的目的主要是为培养内务府人员的优秀子弟上学而专门设立的。

到了乾隆年间，学校的性质有所变化。乾隆元年二月，乾隆帝亲自下令，在内务府所管辖的镶黄旗、正黄旗和正白旗所属“上三旗”的90名学生中挑选出30名优秀者送咸安宫官学读书；此外，再令八旗都统等，将可以造就的俊秀子弟，每旗选10名，如果大臣子弟中有情愿读书者，也可以在份额内准其入咸安宫官学读书。凡在咸安宫读书的学生，除了有补贴之外，学习时间也不仅仅局限在十年之内（八旗官学的学生，必须十年内完成学业），一直到出任为官前，均可在校学习。

咸安宫官学在当时来说是一所优秀的学校，在这里可以系统地学习文武两科，福利待遇也好。所以，清朝许多精英都在该校读过书。例如，大学士英和的父亲德保、军机大臣兼大学士阿桂、中丞良卿等人，都曾先后在该校学习过。他们都是在中了举人或进士后才离开这所学校的。他们所学的各种知识，基础十分扎实，有人甚至到了古稀之年，《四书五经》还能倒背如流。从以上叙述可以看出，咸安宫官学的学生绝非一般等闲之辈，他们都是从众多八旗子弟中经过仔细挑选，择优录取的；

这些学生不但品学兼优，而且长相风流倜傥，个个都是一表人才，是真正的“精英教学”。

学校的任课老师更是没得说，绝大多数都是进士出身的翰林。该校课程多样、全面、正规，要求严格，教学效果好，成绩显著，培养了一大批为封建统治阶级服务的干才。咸安宫是名副其实的“重点大学”。

和珅是在10岁左右进入咸安宫官学的，由于他天资聪慧，记忆力强，过目不忘；再加上他有一股向上的精神，非常用功，因此经常得到老师们的夸奖、表彰。例如，后来得到他信任、照顾与提拔的老师就有吴省兰、李潢和李光云诸人（这些人有的还曾在他家任过教）。

由于和珅的博学强记，在咸安宫官学学习期间，他不仅将传统国学典籍背诵得滚瓜烂熟，而且他还精通满、汉文字。此外，他还掌握了蒙古文和藏文及西域秘密咒语。与此同时，他的诗词书画水平也都有了一定提高。和珅如饥似渴地汲取丰富的知识营养，刻苦程度完全超过了当时的其他学员。这从当时著名学者袁枚表彰和珅、和琳兄弟“少小闻诗通礼”也能看出来。

和珅在诸八旗子弟中更是鹤立鸡群。因为在清朝中期，大多数八旗子弟都已腐化堕落，终日沉浸在“花天酒地，纸醉金迷”之中；他们整日养尊处优，提笼架鸟，无所事事。与这些终日游手好闲的八旗子弟相比，和珅确实是一个勤奋上进、出类拔萃的人物。

在这里，和珅不仅掌握了各种知识技能，还有其他一些收获——结识了一批有背景的名人子弟，这是宝贵的人脉资源。加上从这里出去的学生都好似名牌大学毕业，有了这个超硬的牌子，特别受到皇帝的重视，确实是仕途开始时最好的敲门砖。正是在这个时期系统、全面地接受各种知识，才使他日后为官时充分施展了“才能”。

变卖祖业为求学

和珅的父亲常保死后，和珅家门庭冷落鞍马稀，又没有什么经济来源，家境就迅速败落了。没有了固定的经济来源，学习又是一个短时间内“只有投入，没有产出”的行业，和珅却坚持要把读书继续下去。和珅从哪里知道了读书的重要性？也许是“书中自有黄金屋，书中自有颜如玉”的功利思想，也许是和珅认识到自己家庭窘迫，只有刻苦攻读，求得科举的金榜题名才是唯一出路。无论是哪种原因，反正和珅是下定了决心，无论如何也要把咸安宫官学的学业继续下去。

为了筹措生活费用，身为家中长子的他只得忍住羞愧，迎着别人的白眼四处去借钱。他先向父亲生前的故友去借钱。涉世未深的和珅本以为他的那些叔叔大爷绝不会见死不救，于是满怀希望地登门造访，谁知不是被赶出就是吃闭门羹。一次次的乞求，除了让和珅体验一次次的屈辱，没有换回一个铜板。

眼看家中生活难以为继，和珅想起祖父曾经留下15顷官封地，在保定一带，于是去保定想办法。

和珅之父常保有一个部下叫赖五，常保生前非常信任他，把自己家的官封地一直交给赖五代为打理。常保长年在外当官，赖五也趁机捞些油水，上缴的租银常常都不足额。常保对此很少生疑，也从不过问。常保死后，赖五越发不像话，那15顷的官封地就如赖五自己的一般，交给和珅家的租银更少了。

和珅在此穷困之际，只得与仆人刘全同去一趟保定，本打算借些银两使唤。赖五见和珅到他家来，自然心知肚明。但他表面上仍然以礼相待，置办酒席，对和珅、刘全假意热情。和珅知道他是父亲的旧部下，言语也颇为恭顺：“想当年家父对您不薄，现在父亲去世，我兄弟二人学费都没有着落，家中十几口人也都衣食堪忧，特来向您借些银两，寻求帮助，渡过难关。”和珅知道赖五此前就对租银动过手脚，知道他是个不爽快的人，没敢多说，提出筹款100两银子即可。这个数目其实并不多，赖五管理这些土地多年，隐瞒没有上缴的也不止这个数。

不料赖五仗着和珅年幼，真的耍起“赖”来。他借口这几年保定天气异常，旱涝不定，土地收成很少。再加上前几年乾隆帝南巡，保定百姓需要纳税捐银，这15顷地的收入真的是少得可怜，租金无法按时收齐，根本落不下多少钱。赖五大言不惭地说：“少主人若要10两8两的，我赖五全家上下勒紧裤腰带也要凑齐。如今这100两实在没有地方去筹啊。”

和珅心中早就知道赖五会来这一套，也就不再客气，一一道出自己的想法：赖五代为管理土地多年，每年交给自家的银两谷物只有六七成，父亲死后更是又减了两三成。自家念在旧情，一直没有追究。现在兄弟俩急用银两，赖五只要还上旧账也就够了。

不料，赖五听了和珅的摊牌话，更加理直气壮了，站起来大声说：“你的意思是我欺瞒你了？天不作美，旱涝不均，佃户们都是刁民，奸猾得很，租金也是能不交就不交。我也只是代为管理，我又能怎样？你要是真急用钱，把地卖了得了。反正我是凑不出100两银子！”

在当时，卖地可不是闹着玩的，这意味着你是败家子。自古当官、经商的有钱了就买地作为家产。许多富人看准时机投资买地，广置良田，才成为富豪乡绅；家境中落的，不到万不得已，也不会动卖地的念头。总之，卖房子、卖地就等于败家，何况和珅家的地是祖上传下来的官封地。赖五撺掇和珅卖地，分明就是趁火打劫，乘人之危，想霸占和珅的祖产。仆人刘全甚至要捋袖子打赖五。赖五终于凶相毕露，索性把和珅主仆二人赶了出来。

和珅知道和赖五是没有道理可讲的，借钱更是没门儿。反正地是自家的，地契在手里，有理走遍天下，于是一纸诉状递到保定府。谁知那赖五早就和保定知府沆瀣一气，知府红口白牙说和珅无理取闹，意欲勒索钱财。

随行的刘全气得七窍生烟，只是喘着粗气，却一点儿办法没有。和珅反而冷静下来，知道胳膊拧不过大腿，多说无益，转身就默默地走了出来。

怎么办？弟弟和琳还在家里眼巴巴等着自己筹款上学呢。所有人都在看他的笑话，他却借不到一个铜板，卖地？怎能对得起列祖列宗；不卖，眼看就要活不下去，更加对不起他们。

如果死守这块田地，毕竟每年还有一些地租收入，虽然不多，以后的基本生活可以保障。但是这样的话，读书就彻底无望了，自己再也不能得到一个学子出身，失去了向前奔的机会。把地卖了，至少可以有两年的读书费用，可这样自己岂不被戳断脊梁骨？继母更要毒骂自己，周围的人恐怕也会唾沫星子乱飞，不把自己淹死才怪，况且读书要是没有结果，自己岂不是更加难以生活？

小小的和珅真的感到很无助，萧瑟的秋风中，他坐在满是落叶的台阶前，一脸的愁眉不展。天空，云卷云舒，风云正变幻莫测，和珅突然醒悟。祖宗的遗产难道只能够作为避免冻饿而死的遮羞布吗？自己如果不努力，早晚坐吃山空。人生在世，总要做一些响当当的大作为。与其留着地产浪费时间和精力，消磨自己的意志，不如索性卖掉，获取资本，投入读书和打拼上！为自己博取一个更加辉煌的未来。

在瞬息之间，和珅就拿定了主意。为了能够继续在咸安宫官学安心读书，考取功名，跳出依靠祖产浑浑噩噩度日的藩篱，和珅当机立断，决定卖地。刚满13岁的和珅，放弃了半死不活的生存状态，为自己选择了一条通向光明而又布满荆棘的艰难跋涉之路。

卖地的钱财，刚刚够和珅兄弟两年的生活费用，这足以保证和珅能够顺利完成咸安宫官学的学业。天性机敏的和珅兄弟知道钱财来之不易，机会只有一次，所以更加勤勉刻苦。

和珅的决定是大胆的，也是正确的，靠着卖地所得的银两，他与和琳在咸安宫官学的学业才不至于中断。在这里，和珅受到了很好的传统教育，为他日后为官，充分施展才能打下了良好的基础。

英廉赏识结亲家

刻苦努力的和珅在咸安宫官学的优异表现，引起了一个人的注意，他就是时任总管内务府大臣的英廉。英廉对和珅非常赏识，知道他志向远大，绝非池中之物，于是把心爱的独生孙女许配给了和珅。乾隆三十二年（1767年），18岁的和珅与英廉的孙女冯氏成婚。英廉为孙女准备了丰厚的嫁妆，并亲自主持、操办了他们的婚事。这桩婚姻对和珅以后仕途的发展起到了关键作用。

英廉为何会把孙女嫁给和珅呢？这就要从英廉的生平说起。英廉，字计六，号梦堂。他本姓冯，祖籍辽东，内务府包衣籍汉军镶黄旗人。雍正十年（1732年）中举，最初为笔帖式，从事文秘工作；后几经升迁，官至淮安府同知、永定河道台、内务府主事、内务府正黄旗护军统领、内务府大臣、户部侍郎、刑部尚书、正黄旗满洲都统、协办大学士、直隶总督、东阁大学士、太子太保等；他还担任过《四库全书》正总裁。英廉为官清正廉明，政绩突出，而且名声极好，因此颇受乾隆帝的器重，是乾隆帝青睐、信任的权臣之一，是当朝的大红人。

他生前受人尊敬，死后连皇帝也对他表示尊重之意。乾隆四十八年（1783年），英廉病故，乾隆帝特赐白银5000两为其治丧，祀贤良祠，谥文肃。由此可见，英廉在乾隆朝始终为官，并居显位，并没有受到他出身的影响。

英廉的儿子和儿媳是先他而去的，只留下了一个女儿。因为这个小孙女自幼失去双亲，作为祖父的英廉就对其格外怜爱，精心呵护、培养。待其长大成人，到了谈婚论嫁的年龄，英廉为了给她挑选一个理想的佳婿，使其后半生免受凄苦，确实费了一番苦心。他要为孙女找一个既品行端正，又年轻英俊；既才气出众，又善解人意，将来有所作为的才貌双全的好后生。

我们说了很多和珅的聪明机智，未曾提及其相貌。其实和珅是难得一见的美男子。《秦鬟楼谈录》描写他“躯干如中人，面白皙而事修饰，行止轻環，不矜咸仪，言语便给，喜欢诙谐，然性机敏，过目辄能记诵，每有所言，皆能悉举其事之本末”。此外，他才华横溢，能言善辩，办事干练，才华出众。英廉不仅善于施政，更是一个颇有眼力和远见的人，他看到了和珅的光明前途，便决心将心爱的小孙女许配给他。

和珅与冯氏结为伉俪后，两人相亲相爱，感情甚笃。这种真挚的感情，从嘉庆三年（1798年）冯氏去世时，和珅所表现出来的沉痛、悲伤与落寞的心情，就可以略知一二。

冯氏去世当年，和珅为她一连作了六首“悼亡诗”，可见对其感情之深，思念之切。其中一首写道：

结褵三十载，所愿白头老。

何期中道别，入室音容杳。

屏帏尚仿佛，经卷徒潦倒。

泪枯挽莫众，共穴伤怀抱。

游川分比鳞，归林叹只鸟。

追思病时言，尚祝余足好。

犹忆含殓前；不瞑心未了。

自此退食馀，谁与伴昏晓。

抚棺一长痛，嗤彼蒙庄娇。

与冯氏结婚不仅使和珅获得感情上的慰藉，更重要的是英廉此后对和珅的赏识与提携，为和珅的飞黄腾达创造了宝贵的条件。和珅获得的第一个有实权的职务是户部侍郎，而户部尚书正是他的太岳父英廉；和珅到云南查办李侍尧一案，是太岳父英廉等人负责查抄李侍尧在京财产的；和珅获得的户部尚书一职，又是太岳父英廉升任大学士后留下的。总之，太岳父英廉是和珅进入仕途并发展顺遂的提携人和领路人。他对冯氏的感情深厚，也不无这方面的原因。

总之，婚后的和珅更是春风得意，一是娶到了冯氏这样的娇妻，二是庆幸能够得到英廉的垂青，自此更是勤勉读书，准备考试，为入仕争取资本。

第二章　入仕奇缘

——从宫廷侍卫到军机大臣

科举考试遭失败

按照清代科举制度的规定，读书人必须首先一一通过县试、府试和院试三个阶段的考试，应考者不分年龄大小均称童生、儒童或者文童，院试通过后方可获得生员或秀才的称号。

县试就是由各县县官主持的考试，考期一般在二月。要想取得童生出身，考前须向本县衙门礼房报名，填写自己的姓名、籍贯、年龄及三代履历，并获得本县正式生员的担保书。考试分为五场，内容包括八股文、经艺、《孝经》、小学、策论和诗赋，以及《圣谕广训》等内容。县试通过后才可以参加府试。

府试多在四月进行，程序和考试内容基本与县试相同，类似于县试的复试。府试录取后就有了参加由各省负责教育的主管官员——学政主持的院试的资格。

院试报名等手续与府县考试基本一样，略去不表。学政驻地府县就近考试，其余各府则分期由学政前往主持考试。正式考试一场，复试一场，录取者名单张红榜公布，叫作出案。通过院试者获得生员或秀才的名分，还可享受进入府县学读书、免除赋役及食廪的优待。出案后，被录取者还要前往参拜学政等官员，送上礼金，称红案费或谢师礼。这种考试不是年年举行，而且录取人数较少，所以竞争非常激烈，胜出者往往是非常优秀的。

通过童试后，还必须通过由本省学政在各地巡回举行的岁试和科试，才算取得参加乡试的资格。一般情况下，逢丑、辰、未、戌年为岁考，寅、巳、申、亥年为科考。岁试成绩好的考生可获得笔墨纸砚等不同的奖励，成绩差的考生将被处以减少食廪（生活费）、革去生员名分等处罚。科考成绩优秀者可直接获得参加乡试的资格。

此外，未被录取或因故未能参加考试的，还可以在乡试前补考一次。乡试每三年举行一次，在各省省城（如京城）举行，逢子、午、卯、酉年为正科，遇到庆典加科为恩科。由于考期一般在八月，故乡试又称秋闱。

通过乡试即中举，可获得举人或孝廉的称号，是有资格当官的，但不一定真的能当官。只有举人才能有参加会试的资格，落榜而成绩较优者为贡生，可入国子监学习。年过五十而不及第者，可享受免役、冠带的优惠政策。

会试每三年举行一次，考试地点为京城，一般在乡试举行的第二年三月举行，由礼部主持，故亦称春闱或礼闱。会试录取者称为贡士，由皇帝进行殿试，中试者分三等，称一、二、三甲。一甲三名，这就是我们所熟知的状元、榜眼、探花，赐进士及第。二甲若干名，赐进士出身。三甲若干名，赐同进士出身。

各省乡试第一名称解元，会试第一名称会元，如同一人是乡试第一、会试第一、殿试第一，则称为三元及第，如同一科连中，则是连中三元，连中三元的难度是非常大的。

若举人会试不第，愿做官，可以通过考试获推官、知县、通判等职位，但是由于排队的人太多，机会渺茫。

清代科举制度承袭明制，以四书文为主。清朝初期乡会试首场考四书文三题，五经文各四题，考生任选一经；二场考论二篇、判五条、诏、诰、表各一题；三场考经、史、时、务、策五题。首场四书文及五经文用八股体，称制艺，亦称时文。康熙二十六年（1687年）废诏、诰。乾隆二十二年（1757年）诏移经文于二场，废除论、表、判，增五言八韵诗。次年又于首场复置论。四十七年（1782年），改律诗于首场四书文后，改论于二场经文后。五十二年（1787年）后，五科内每科轮试一经，五经依次试毕即废论，以五经出题并试，遂为定制。

童生院试和生员平时的岁试、科试，莫不如此。清朝规定，童生试以四书文二题、五言六韵诗一题，再复试以四书文一题、五经文一题、五言六韵诗一首，并默写《圣谕广训》一条。生员的岁试以四书文一题、五经文一题、五言六韵诗一首，默写《圣谕广训》若干字。科试以四书文一题、策同一题、五言八韵诗一首，默写《圣谕广训》若干字，五经一段。生员在校有月课、季考，以面试的方式进行，考题为四书文一道、排律诗一首，或加策问一道。

议论时政的文章，有其严格规定的文章程式，应试者必须严格遵守，照本宣科，不得违格。就连内容及所据经传注疏都有规定，作者只能引用古人之言，不得擅自立新。

无论如何，这是读书人走入仕途的唯一途径。作为咸安宫官学中的优秀学生，通过科举博取功名是和珅的自然选择。于是，和珅开始了走入仕途的尝试。

和珅在咸安宫学习期间参加了童试，中了秀才。于是和珅在结婚后的第二年，也就是乾隆三十三年（1768年）参加了戊子科的顺天府乡试，这是属于省一级的考试。在这场考试中，和珅名落孙山，没有中举。

屈就上虞备用处

和珅考试不中，准备继续读书，在科举的考场上光宗耀祖，实现自己的抱负。他的岳祖父英廉告诉和珅，科举并非八旗子弟飞黄腾达的唯一途径。朝廷对满族人的科举出身并不作要求。朝廷一直保持着满人重武轻文的传统，欣赏的是骑射之术，旗人多以入选侍卫、军功、笔帖式和官学员而为官。

英廉对他说：你现在已经有了三品的世袭爵位，没必要在科举上浪费时间。我帮你在皇宫找一份差事，职位虽然低贱，但可以接近皇上。

凭借你的聪明才智，很快就会崭露头角。

和珅觉得这是个机会，于是通过英廉的关系找了个銮仪卫的差事。銮仪卫负责掌管皇帝仪卫排列及承应诸事，也就是为皇帝抬御轿的轿夫。

充当侍卫是八旗子弟晋身的最好途径，和珅与英廉也一直在为此而努力。宫中侍卫的挑补有严格的规定，一是从上三旗三营中选择，二是从宗室、世职人员及八旗子弟中挑补。清代功臣后裔继承祖先的爵位，称为承袭世职。世职包括公、侯、伯、子、男等五等爵禄，另有云骑尉、恩骑尉、骑都尉、轻车都尉等。按等级规定，承袭轻车都尉爵位的和珅可被录取为三等侍卫。

宫廷侍卫主要负责宫廷和皇上的安全问题，可扈从皇上到处巡幸。侍卫由侍卫处统一管理，其最高职官为领侍卫内大臣，是武职中的正一品大员，品级最高。领侍卫内大臣由皇帝钦定，一般是从内大臣、散秩大臣、满洲都统、大学士、尚书和各省将军中选取。

侍卫有上三旗侍卫的区别，日常护卫，镶黄旗在前，正黄旗在中，正白旗殿后。站班时也有严格的制度，镶黄旗在左，正黄旗在右，正白旗分左右居两旗之次。以上各旗侍卫都由领侍卫内大臣负责管理。日常每旗侍卫分六班，由章京一人带领值勤。

清代侍卫名目繁多，有乾清门侍卫，銮仪卫侍卫，上驷院侍卫，司辔侍卫，司鞍侍卫，茶膳房侍卫，伞上侍卫，十五善射侍卫，善骑侍卫，善射鹄侍卫，善强弓侍卫，善扑侍卫，奏蒙古事侍卫，上虞备用处（黏竿处）侍卫，鹰鹞房侍卫，鹘房侍卫，狗房侍卫，等等。这些职位一般由满族、蒙古贵族子弟充任。汉人也有担任侍卫的，由科举武进士充任，一般一甲第一名可授一等侍卫，一甲二名、三名可授二等侍卫，二甲前十名可授三等侍卫、蓝翎侍卫。

侍卫的职位也有优劣之分，其中以御前侍卫、乾清门侍卫最为风光。御前侍卫一天到晚侍奉在皇帝身边。不说能力如何，至少混个脸熟。其次就是乾清门侍卫，乾清宫是皇帝处理朝政的地方，这两种侍卫都是皇帝的亲信侍卫，要对皇上绝对忠诚，出身要好，也就是说，只有通过严格“政审”的人才能充任。这两种侍卫不归领侍卫内大臣管辖，而是由御前大臣直接负责。御前大臣一职由满、蒙亲贵王公充任，统领乾清门侍卫、御前侍卫，直接服务于皇帝和内廷。

乾隆三十七年（1772年），23岁的和珅获得三等侍卫的职位，挑补黏竿处，又称上虞备用处。主要负责皇帝出行时的一应仪仗事宜，又叫“打执事”，此处的工作人员就叫“执事人”。上虞备用处是有一定实权的部门，此处的侍卫负责每天早晨到内奏事处接收奏折，还要负责稽查官员，如发现奏事处有形迹可疑人员走动，有权命令上虞备用处的侍卫缉拿。

清朝统治阶级是崇尚武力的满族，受此影响，侍卫的地位高、权力大，他们不仅宿卫殿廷，扈从警跸，而且可以传旨、奏事、出使、授将和拘捕犯人、审理案件等，故而仕途一般都很顺利，升迁较快。正是崇尚武艺的社会风尚，使得侍卫疏于文化等方面的修养，及至清中期，因承平日久，就连武艺、射箭等基本功也逐渐荒废。

当时就有人这样评价八旗子弟的侍卫们：很少读书，甚至还有满、蒙文字都不知晓的。见面相互问候，竟然有人难以以礼数相对答，讷讷不语。偶然间碰上一两个能读一两句诗词、读一小段小说的，必定被周围的人视为满腹经纶的人。更有甚者，有的办事员竟然不识字，令人叹为观止。

这样看来，和珅可谓鹤立鸡群。他具有极强的进取心，有着出人头地的强烈信念，坚信只要努力锤打磨炼自己，就有崭露头角的一天。此外，他还充分利用侍卫职务比较清闲的机会努力“充电”，提高自己，积累了不少知识。他这只大鹏，始终没有放弃一飞冲天的梦想。

展才华和珅近身

和珅就这样小心默默伺候了皇上三年，乾隆四十年（1775年），26岁的和珅终于等到了在乾隆帝面前展现自己的机会，并且从此官运亨通，运气好得让其他人有点儿回不过神儿来。

仅用了一年，他就从三等侍卫被提升为乾清门侍卫、御前侍卫，兼副都统。第二年正月，才27岁的他就被乾隆帝任命为户部侍郎，协助户部尚书管理全国的户口、田亩、赋税及财政收支等各种事宜。不到两个月，在众人惊讶的目光中，他又被升任为军机大臣，这使他得以进入中央核心集团，成为皇帝的心腹，开始管理中枢政务。该年四月，兼任内务府总管。八月，兼任镶黄旗副都统。该年十一月，被任命为国史馆副总裁，赏一品朝冠。十二月，乾隆帝让他管理内务府三旗官兵事务，并拥有在紫禁城内骑马的特权。

和珅在这一年内先后六次升迁，升迁速度之快令人咂舌。同时其全家的旗籍从正红旗抬入了正黄旗，由下五旗成员变成了上三旗成员，其官职、身份地位都得到了大幅度的提高。乾隆四十五年（1780年）四月，乾隆帝把最心爱的第十女固伦和孝公主许配给和珅的长子丰绅殷德，当时和孝固伦公主与丰绅殷德都只有6岁。这样，和珅便与乾隆成了儿女亲家，成了皇亲国戚。这一切足令那些王公显贵及列朝文武官员侧目。这时人把既是大学士又是军机大臣的人称为“真宰相”，一般人是很难做到的，即便勉强做到这一步，也大都垂垂老矣。但和珅在37岁时，就成了“真宰相”，正是年富力强、宏图大展之际，怎能不让人羡慕。

在清朝历史上像和珅这样被破格重用、迅速晋升的官员，是空前绝后、绝无仅有的。和珅为何能够博得乾隆的偏爱，从而快速升迁？关于乾隆帝发现并重用和珅的传说有很多种，流传最广的在薛福成的《庸盦笔记》中有记载：有一次，乾隆帝即将摆驾出宫，谁料想仓促中侍卫们怎么也找不到“黄盖”（皇帝出行时仪仗队使用的礼仪道具）。乾隆十分生气，怒声喝道：“这到底是谁的过错呀？”侍卫们见龙颜大怒，个个不知所措，一下子都傻了眼，谁也不敢搭腔，但是皇帝问话又不能不答，所以气氛十分紧张。这时只见和珅上前去沉着地应声答道：“典守者难辞其咎。”乾隆正在气头上，刚要发火，抬头一看，好一个俊朗儒雅的后生，当下心中就有三分喜欢，不由得怒气顿消。

乾隆对这个年轻人有了兴致，就问道：“你是何出身？” 和珅答道：“生员。”又问：“你参加过乡试吗？”和珅答：“戊子曾赴举。”又问：“是什么题目？”答曰：“孟公绰一节。”“哦？”乾隆帝越发感兴趣了，“你还记得你作的文章吗？”和珅本来就对科举十分上心，对未能中举耿耿于怀，怎会忘记？于是和珅滔滔不绝地背诵起来，声音洪亮，字字清晰，毫无惧色。乾隆帝听后，龙颜大悦。说道：“文章很好啊！”和珅何等聪明的人物，赶紧谢恩，乾隆也觉得和珅是个可造之才，君臣知遇便从此开始，和珅也从此步入了官场，一路高歌猛进。很快和珅的官位就连连升迁，没有几年他就当上了户部尚书、大学士及军机大臣等高职。

总而言之，和珅的发迹由于是其自身不断积淀加上勇于抓住机遇。和珅在乾隆帝身边当侍卫，和乾隆帝接触的机会是很多的，这是别人难以拥有的优势。他的才华和出众的能力，引起了乾隆帝的注意，再加上和珅口齿伶俐，善于察言观色，能随机应变，办事机灵，聪敏干练，乾隆帝对他十分赏识，格外青睐，破格提拔，和珅顷刻之间就成了皇上的左膀右臂，股肱之臣。

第三章　一人之下

——人称“二皇帝”

连升迁飞黄腾达

和珅由于得到乾隆帝的青睐，平步青云，官运亨通；他的权力越来越大，管辖的部门越来越多，就像断了线的风筝，扶摇直上。

和珅在一年之间快速升迁，但这还不算完。乾隆四十二年（1777年）五月，乾隆帝下旨，令和珅、英廉、梁国治与刘庸一干人等，负责修改《明史》中有关蒙古人的记述部分，务必要“将原本逐一考核添修，务令首尾详明，辞义精当”。过了一个月，乾隆帝任命和珅为吏部左侍郎，同时兼任右侍郎，负责官员的任命、使用、检察及考核等。十月，再次命其兼任京师步军统领（“九门提督”）。

乾隆四十三年（1778年），吏部尚书永贵等人上奏，有关京察降革司员参罚事件，免其随带；此事虽然也牵涉了和珅，但既然乾隆帝有意要栽培他，这些都是可以搪塞过去的。最后只是把他降官两级，仍继续留任，处罚可谓“蜻蜓点水”，和珅的仕途并未受到任何影响。

没过多久，乾隆帝就让他兼任崇文门税务监督，总管行营事务。崇文门税务监督是个大大的肥缺，可谓日进斗金，这个差事一般由祖上有大功的王公或者皇帝的亲戚担任。现在这个差事给了和珅，任谁都能看出皇帝的用意和对和珅的特意照顾，谁还敢提几个月前和珅受到的处罚？与此同时，乾隆帝让和珅兼任镶蓝旗满洲都统。同年六月，乾隆帝授予和珅正白旗都统和领侍卫内大臣等职。乾隆四十四年（1779年）八月，和珅又被任命为在御前大臣上学习行走。短短几年，和珅把朝廷里里外外的大小官职做了个遍，足见乾隆帝对他的信任和喜爱。这也是乾隆帝为了历练他，为以后更大的提升做准备。

果然没过多久，乾隆四十五年（1780年）三月，乾隆帝授予和珅户部尚书之职，并正式擢升其为御前大臣，同时兼任正白旗都统、正白旗领侍卫内大臣和议政王大臣等职，这是他成为核心领导层成员的开始。十月，和珅被任命为《四库全书》正总裁，同时兼任理藩院尚书，和珅开始涉及文化部门的管理。乾隆四十六年（1781年），乾隆帝让和珅兼任兵部尚书，并命和珅兼任方略馆总裁，同时负责管理户部三库。乾隆四十七年（1782年），和珅被加封太子太保，同时兼任《钦定日下旧闻考》一书总裁。乾隆四十八年（1783年），乾隆帝赏赐和珅戴双眼花翎，并充任国史馆正总裁，兼文渊阁提举阁事、清字（满文）馆总裁。这段时间，乾隆帝主要让和珅负责文化部门的事务。为了锤炼和珅，乾隆帝可谓费尽心思，其对和坤的关怀之情可见一斑。

乾隆四十九年（1784年）七月，乾隆帝再次授予和珅轻车都尉世职，并任命他为吏部尚书、协办大学士，同时兼管户部事务。同年九月，乾隆帝授予他一等男爵，而此时和珅还兼任正白旗满洲都统和镶蓝旗满洲都统的职位。乾隆五十一年（1786年）七月，乾隆帝授予他文华殿大学士一职，和珅终于真正进入了核心领导层。乾隆五十三年（1788年）二月，和珅晋封为三等忠襄伯爵，并赐予紫缰。乾隆五十四年（1789年）四月，充任殿试读卷官；同年五月，充任教习庶吉士。乾隆五十五年（1790年），乾隆帝赏赐和珅黄带、四开衩袍。乾隆五十六年（1791年），和珅兼任篆刻“石经”的正总裁。

至此，和珅在朝中的地位仅次于领班军机大臣、武英殿大学士、内阁首辅、一等诚谋英勇公阿桂，但是由于阿桂经常奉命外出督师、治河、勘察工程和查案等，其间京城朝廷事务都交给和珅全权处理，军机处也由和珅代理领班。这样，阿桂就成了名义上的“一把手”，而和珅才是真正掌握朝廷实权的“第一人”。当时来华的朝鲜使臣就曾经说：“户部尚书和珅，贵幸用事。阁老阿桂之属，充位而已。”

乾隆五十七年（1792年），和珅兼任翰林院学士。乾隆五十八年（1793年），乾隆帝又让和珅兼管太医院和御药房，这样，和珅就先后涉及户部、吏部、皇宫侍卫、八旗都统等，可谓无孔不入。乾隆六十年（1795年）九月初三，乾隆帝决定把皇位禅让给自己的第十五个儿子永琰（即位后改“永”字为“颙”字，年号“嘉庆”）。

但乾隆帝让位不让权，一切实权仍然牢牢掌握在他的手中。这样，乾隆帝的宠臣和珅依然可以依仗太上皇的名义发号施令，作威作福，不可一世。正是因为大权还在乾隆手中，所以直到乾隆帝去世前，和珅的升官之路仍然一马平川。嘉庆元年（1796年）正月，和珅调任正黄旗（皇族子弟所在旗）领侍卫内大臣。同年六月，又兼任镶黄旗满洲都统。这一年，阿桂年已80岁了，再加上疾病缠身，故请求辞官回家、颐养天年，得到皇帝批准。和珅终于“转正”成了朝臣第一把手，虽然他早就掌握了实权。嘉庆二年（1797年），和珅奉命调管刑部，但仍然兼管户部。嘉庆三年（1798年）正月，和珅奉命充任参赞机政，并兼管各部部务事宜，至此，他总揽了朝廷事务的一切大权。同年八月，和珅被晋封为一等嘉勇公。

从以上令人眼花缭乱的不同官职中，我们可以清楚地看出和珅的发迹史。他的升官之路一直没有停止，一般半年之内就会有所履新，而且官位越做越高，权力越来越大。他的官路很广，几乎各种高官全都做遍，风光享尽，及至最后总揽各部事务，真正成为“一人之下，万人之上”的“二皇帝”了。

从他的履历中我们很容易看出，他担任军机大臣就有20多年，更加令人匪夷所思的是，他任军机大臣、大学士、步军统领，兼任户部尚书这样身兼数个重要职务的时间也有15年之久，这等礼遇实属罕见。在升官的同时，其地位也是水涨船高，和珅从三等轻车都尉晋封为一等男爵，再晋封为三等忠襄伯爵，最后晋封为一等嘉勇公，可谓风光无限。

和珅不仅官做的越来越大，而且涉及的范围五花八门。从侍卫擢升为军机大臣、御前大臣、领侍卫内大臣、大学士，掌管吏、户、兵、刑部及内务府、三库、理藩院、圆明园、茶膳房、造办处、上驷院、太医院及御药房等事务，还曾涉及文化事务，朝廷内外都是他的同事和属下。

总而言之，和珅一生不仅升官连连，而且遍及六部、朝廷内外，权势炎炎，是一个红透朝廷内外的人物。特别是在乾隆帝晚年到去世之前的这段时间，他更是任首席军机大臣、文华殿大学士，并兼管各部事务，从而控制了官吏任免升迁、财政开支、诉讼裁判等大权，令人难以望其项背。和珅对清朝中期的政治、经济、文化和军事等各方面均产生了一定影响，并殃及后世，是清朝由盛而衰的推手。

和珅扳倒李侍尧

乾隆帝非常宠幸和珅，在和珅刚进入官场时就想重用他，但如果和珅不做出令人信服的政绩，很难令人信服。为了掩人口舌，乾隆帝很快就给了和珅一次绝好的机会。

乾隆四十五年（1780年）正月，云南粮储道并曾任贵州按察使的海宁解除旧任，被任命为沈阳奉天府尹，来京述职。按惯例，皇帝要询问一下该省地方大吏的一些表现。海宁趁机状告云贵总督李侍尧贪纵营私。和珅也在一旁帮腔，乾隆帝震怒，于是命令和珅带领刑部侍郎喀凝阿赴云南处理此案，同时令户部尚书英廉、军机大臣福隆安等查抄李侍尧在京的内外财产。

李侍尧，字钦斋，祖籍辽东铁岭，原为汉军正蓝旗人。乾隆四十年(1775年)，其家被抬入汉军镶黄旗。他是明末名将李如柏的后代。明末，其四世祖李永芳原本镇守抚顺。万历四十六年（1618年）初，在努尔哈赤率军攻打抚顺时投降。努尔哈赤念其有功，授予他三等副将官衔，并把自己的孙女下嫁给他，因此李永芳又叫“抚顺额驸”。此后李永芳为努尔哈赤立下了赫赫战功，及至李侍尧的父亲李元亮，更是做过户部尚书这样的高官。所以，从这一点上说，李侍尧是八旗勋旧臣的后裔。

史书上称李侍尧“短小精敏，过目成诵。见属僚，数语即辨其才否。

拥几高坐，语所治肥瘠利害，或及其阴事，若亲见，人皆悚惧”。所以，受到乾隆帝的器重，乾隆帝认为他是“天下奇才”，于乾隆八年（1743年）以荫生授印务章京一职，乾隆十四年（1749年）破格提升他为副都统。曾有人提出这样提拔有违先例，乾隆帝却说：“李永芳之后，安可以其他汉军相比。”接着，李侍尧先后转任工部侍郎、户部侍郎、广州将军等职，其间颇有政绩，建树较多。

乾隆二十一年（1756年），李侍尧升任代理两广总督，三年后正式实受。广州历来是中国对外开放的港口，在清朝乾隆时期，广州是中国对外通商的唯一港口，一切贸易均由洋行（俗称“十三行”）经营。“十三行”商人若想保持其垄断地位，就必须向广州地方官行贿、献纳，否则难以得到官府的支持。所以，两广总督一职一向是个肥缺。

此后，李侍尧历任户部尚书、正红旗汉军都统、袭勋旧佐领、湖广总督、两广总督、工部尚书等，并于乾隆三十八年（1773 年）被授予武英殿大学士职。他先后在两广总督任上干了15年。直到乾隆四十二年（1777年），因与缅甸交涉事务繁多，始调任云贵总督。

从李侍尧的履历可以看出，乾隆帝让他长期担任对外交涉事务的两广总督一职，自然是承认李侍尧的才干。其实还有一个私下的原因，就是李侍尧每年向朝廷进贡最多，乾隆帝自然满心欢喜和信任。

李侍尧在20多年间上贡一百多次，有时甚至一年上贡八九次。他对上贡乐此不疲，是为了博取乾隆的信任和宠爱，也是为了中饱私囊。李侍尧对上恭顺，对下却严酷无比，属员进贡时，哪个不同时给他备上一份儿？送到朝庭后，皇帝看贡品甚多，只是象征性地收一部分，其余大多落入军机大臣和各位阁老手中，还有一部分返还给李侍尧本人。

李侍尧认为只要得到皇帝宠幸，就不会出事。况且自己已在两广经营了十几年，两广的地方官员、广东“十三行”的官员都是他一手提拔任命的，关系通畅，可保无虞。乾隆帝曾当着满朝文武大臣的面称赞李侍尧，说他“由将军至总督，历任各省二十余年，因其才具尚优，办事干练，在督抚中最为出色，遂用为大学士。具有天良，自应感激朕恩，奉公洁己，以图报效”。能让皇帝当着众大臣的面夸奖的人，自然受皇帝待见。

当然，只有靠山而自己并无特点的人是无法长期立足的。李侍尧确实是位能人，其才干尽人皆知。但时间久了自然难免沾染当时官场上的种种恶习、陋规，更滋生了骄娇二气，逐渐鼻孔朝天、颐指气使，轻易不把别人放在眼里。后来和珅逐渐成势，众大臣趋之若鹜，而李侍尧凭着资格老、地位高，不把和珅放在眼里，经常在言语和行动上对和珅不尊重，于是得罪了和珅。因此，和珅总想找机会整一整他。

李侍尧确实存在贪赃、受贿、索贿、侵吞、勒派等一系列问题，加上乾隆帝早已知道李侍尧借筹办贡品营私肥己，因此，海宁状告李侍尧后，乾隆帝即派当时正在随銮南巡的户部右侍郎和珅与刑部侍郎喀宁阿为钦差大臣，迅速赶往贵州、云南。与此同时，乾隆帝谕令在京师的户部尚书英廉、军机大臣福隆安，在正月二十七日，率人查抄了李侍尧的在京家产。

和珅、喀宁阿等人一路马不停蹄地赶到了昆明府，首先把李侍尧的管家拘捕起来，连夜严加审讯，其最终供出李侍尧收受各级地方官员馈送的贪污营私的有关事实。三月初七，和珅与喀宁阿查审李侍尧，在事实面前，李侍尧不得不俯首认罪，承认收取迤南道庄肇奎白银2000两，收取鲁甸通判素尔方阿白银8000两，收取东川知府张珑白银4000两，收取云南按察使汪圻白银5000两，收取临安知府德起白银10000两，并承认借查办案件之机中饱私囊。

乾隆帝对于李侍尧的贪污行为十分生气，他在上谕中说："侍尧身为大学士，历任总督，负恩婪索，朕梦想不到，夺官，逮诣京师。"和珅、喀宁阿奉命将李侍尧革职拿问，解送京师，落实罪名后，拟判其"斩监候，夺其爵授予其弟奉尧"。

和珅之所以判其"斩监候"，是因为他深知李侍尧所为与乾隆帝鼓励地方官员进贡制度分不开，况且论才干李侍尧最能干，论进献他进献得最多，皇帝自然喜欢，所以不能判斩立决。乾隆帝最后还是网开一面，给他留了一条生路。所以和珅才这样宣判。但是其他人可就不这么想了，和珅将判决结果呈上后便是大学士、九卿等和议，结果是将原拟"斩监候"，改判为"斩立决"。

最后，乾隆帝发布上谕，其意十分明显，就是要放过李侍尧。虽然大多数督抚都同意判李侍尧"斩立决"，但还是有少数人揣摩到乾隆帝的意图。因此上奏为李侍尧求情。最终，乾隆帝下诏定为"斩监候"，同时决定把查抄的李侍尧的家产部分留在宫中，其余送至崇文门税关变卖，所得银两悉数交给内务府广储司库收存，并将李侍尧的一处院子赏赐给和珅。

对于李侍尧一案的处理不但显示了和珅的办事才能，而且显示了和珅甚解上意。从此乾隆帝对他更加宠幸，两人的关系也更加密切，和珅在仕途上进一步飞黄腾达了。

军机处官场历险

和珅被皇帝看中，迅速进入军机处，升官速度之快令人叹为观止。乾隆四十一年（1776）正月，和珅升为户部右侍郎。三月，对和珅喜爱有加的乾隆就迫不及待地任命和珅为军机处行走。

清代的"行走"是指凡以原官在不设专官的机构供职、任值或当差，称某处"行走"。军机处也是如此，军机处没有正式成员，只有皇帝临时任命的"行走"，即俗称的军机大臣。为了杜绝泄密，军机处的底层听差都由不识字的少年担任，王公大臣没有军机处行走的头衔不得擅入。其他人员不得靠近军机处，皇帝与军机大臣议事时无关人员不得在旁。宫内人路过军机处时，都是快步走过，违者立斩不赦，无须请命。

年轻的和珅成为军机大臣，这是他大权在握的第一步。不过，和珅的官场得意只是表面，他的第一次官场历险就在军机处。

和珅进入军机处后，少年得志，不免沾沾自喜，更兼皇帝宠幸，逐渐暴露出自己的贪婪秉性。加上朝中的大臣都看好他的前途，对他恭敬有加，争相巴结，和珅难拒诱惑，开始私下受贿。

和珅毕竟是个聪明人，加上资历尚浅，办事十分小心。有官员求他办事，他必然事先摸清对方的底细，对于交往不深、不可靠的官员，他必定公事公办，对其贿赂更是严词拒绝，极力标榜自己的廉洁。一时间京城到处流传着新任军机大臣和珅拒绝多位官员行贿的故事。

这种事情以前闻所未闻，加上和珅卖乖弄巧，终于让乾隆帝知道了。乾隆帝听多位大臣说和珅是一个刚正不阿、洁身自好、为官清廉的人，心中对提拔重用他之事更是得意扬扬，暗自庆幸没有看走眼。乾隆帝一高兴，又赏赐这位新任军机大臣白银5000两，并恩赐和珅在什刹海北岸筹建豪华的府宅——这就是后世的恭王府。

官场里的事，总是瞒上不瞒下的。不管和珅表现得多么铁面无私，只要真想受贿，总会有人想办法把钱送上门来。第一个送钱的是户部笔帖式安明。和珅是户部右侍郎，算是安明的直接领导。正是这个安明，差点儿断送了和珅的前程。

安明原是户部司务，不思进取，只求保住职位，多捞油水。户部新尚书到任，左右侍郎不把新来的尚书放在眼里，想架空他，安明也加入其中。

谁知新任尚书早已心知肚明，他暗地里缜密调查，收买人心，得到了两位侍郎在职期间的罪证，然后奏明皇上，成功把两位侍郎调走，安明也被降职为笔帖式。笔帖式只是个闲职，安明只好满脸堆笑，拼命巴结新尚书。可惜新尚书对安明这样的人厌恶之至，根本不理他。

户部侍郎空缺，于是和珅被提升为户部右侍郎，不久又被提拔为军机大臣。安明暗自思忖：这和珅年纪轻轻，背景不深，又无军功，鲜有政绩，凭什么升官那么快？30不到就任户部右侍郎，跻身军机大臣之列，这不合常理，肯定受到了皇帝的特别眷顾。

安明是个嗅觉灵敏的人，他连忙把目标对准了和珅。他每次见到和珅都十分恭敬。和珅初到户部，工作稍有不明之处，他就过去解释、帮忙。一听说和珅要在什刹海北岸筹建新宅子，安明立刻嗅到其中的机会，急不可待地前去拜会，想趁机巴结和珅。

和珅承认确有此事，安明连忙表示自己有个亲戚专营建材生意，一来可以把质量关，二来可以避免奸商敲竹杠，并大包大揽要负责此事。和珅假意推托一番就答应了。为了掩人耳目，免得被别人抓住把柄，和珅还假惺惺地让安明如实报价。

其实，安明并无什么亲戚经营建材生意，他只不过是找个机会巴结和珅而已。得到了和珅的默许，安明自己出钱出力，假托亲戚的名义，把材料的事悄无声息地办妥了，出了力也不张扬。事成之后，安明还做了一个账单，详细地列出了花费——事实上，这个账单只是掩人耳目。和珅这么精明的人岂能不知安明的“好心”？

从此以后，二人也就逐渐熟悉起来。安明经常到和府走动，时不时带一些礼物，却绝口不提任何要求。因为安明心里清楚，和珅是在考察他，火候未到，不好贸然开口。经过长期观察，和珅对安明的表现十分满意，已经把安明当作自己人看待。

有一天，安明又带重礼拜访和珅。和珅假装不经意地问道：“你办事利落、能力强，怎么只做了个小小的笔帖式？”

安明知道机会来了，连忙跪倒在和珅面前说：“原来的两位户部侍郎与新来的尚书不和，相互斗法，小人受到牵连才被降职为笔帖式。这是小人与尚书大人之间的误会，望和大人明察。”

和珅知道安明原来的职位是户部司务，不是什么高级职位，官复原职还是很容易办到的，于是就让安明耐心等待，待寻得机会就向尚书大人举荐他。其实，和珅在这里有所保留，以现在和珅户部侍郎的身份及尽人皆知的皇帝宠幸，只要跟尚书开了口，就没有被回绝的道理。只不过和珅心机颇深，认为不能答应得太爽快。安明自然千恩万谢。不久，和珅向户部尚书保举安明出任司务。尚书不愿得罪和珅，便做个顺水人情，答应了下来。安明终于成功复职。

恰在此时，安明的父亲病故。按照清制，官员若有双亲故去，必须回家守孝三年，三年期满后再重新分派职务。如果为了保住官位而隐瞒不报，不回家守孝，那就是犯了大不孝的杀头大罪。安明眼见着这户部司务的肥缺到手了，此时若回家守孝，官场风云变幻，三年后还得到处求人。官迷心窍的安明竟然真的为了官位而决定秘不发丧。

其实，官场就是这样，你的职位不知有多少双眼睛在盯着呢！况且是丧父这样的大事，谁人不知。有一位御史查实消息后，知道安明有和珅做后台，不敢直接报告给皇上，而是先禀报给太傅朱珪。

朱珪是后来嘉庆帝的老师，为人正直。当他知道安明“丧父而秘不发丧”的消息后十分气愤。他与吏部尚书永贵很有交情，加上本来就看不惯和珅的作派，便想请永贵出面弹劾和珅，这样显得更有分量。

永贵连年在外征战，颇有军功，是乾隆帝十分信任的大臣，与和珅向来不和。永贵听到安明迷恋官位而不愿回家守制，气得拍案而起，怕事有出入，他马上秘密派人去安明的老家探访，确认安明的父亲确实在不久前去世了，永贵便信心满满地认为这次一定可以扳倒和珅。

只可惜永贵的儿子伊江阿坏了他的大事。伊江阿认为父亲已经是老人了，而和珅是朝廷新贵，日后必定大富大贵，投靠和珅才能保证日后的富贵，于是经常讨好和珅。和珅清楚永贵的地位，也乐得结交伊江阿这样的权贵子弟，二人相互之间以兄弟相称。

永贵和儿子伊江阿对和珅的态度真是一个天上一个地下，二人经常争论不休。这天，永贵又数落伊江阿：“和珅这样欺上瞒下的人，举荐一些寡廉鲜耻之辈担任要职，父亲死了都敢隐瞒不报，和珅居然蓄意包庇，保举他升官，真是不知廉耻，我一定要弹劾他！”

伊江阿大惊失色，慌忙退下。他暗自想，现在和珅正受皇帝宠信，父亲肯定参不倒和珅，反而会引火烧身。于是，伊江阿决定给和珅送个人情，连夜求见和珅。和珅连忙将其请进书房，伊江阿神色慌张地说：“家父明日要参劾和大人，还望大人速速做好准备！”

和珅大惊失色，永贵是朝廷重臣，他要参劾自己可不是小事，连忙问原因。伊江阿道：“大人曾经保举一位官员，此人父亲去世，却为保住官位而隐匿不报，恐怕对大人不利。”

和珅立刻就想到了安明，连忙致伊江阿一礼，道：“我确实曾经保举过一个人，当时是看他办事得力，是个人才。至于是否死了父亲，我却不知道，定是受了这个小人的蒙蔽！多谢贤弟今日来告知此事，否则我有性命之忧，贤弟真是我的救命恩人！”伊江阿怕永贵起疑心，不等他多说就赶紧回去了。

对于永贵的地位，和珅还是十分清楚的。永贵是当之无愧的朝廷重臣，地位远比和珅这个官场新贵重要得多。如果永贵真要与他为难，还真有些麻烦。

和珅连夜派人叫来了安明，询问之下，果然如伊江阿所说。和珅训斥道："你真是糊涂，父亲去世这样的大事怎么可能瞒得住别人？明日永贵要弹劾你，必然连累我，治我一个不察之罪！"和珅叹口气，又接着说，"永贵亲自出面，这事将无法挽回！这是杀头大罪，事已至此，证据确凿。连我都跟着受害，势必受到牵连。我今天叫你来，只是提醒你安排一下后事，到时候你说话要有些分寸。"

安明知道事情已经无可挽回，请求和珅念在他忠心耿耿的情分上，对他的家眷儿女留心照顾。说罢，他低下头，默然而退。当天夜里，安明把家中贵重的钱物秘密送到和珅府上。和珅也在思考补救的办法，他决定先发制人，连夜写了一份揭发安明的奏折。

第二天早朝，永贵果然参了安明、和珅一本，奏折道："御史及户部司员属吏联名呈报，户部司务厅司务安明大逆不道，父死匿而不报。前次京察，户部侍郎、军机大臣和珅竟然仍保举此人为官，分明是与安明勾结，狼狈为奸，弄虚作假，欺瞒朝廷。"朱珪和其他一些平时对和珅不满的大臣也纷纷附和。

乾隆帝最痛恨的便是安明此种不孝之人，听后勃然大怒，立即质问和珅。谁知和珅毫不慌张，大声奏道："皇上圣明，安明丧父不报，欺瞒朝廷，大逆不道，奴才也受了蒙蔽。这几天这件事才流传出来，奴才与永贵一样，也是昨天才得到消息，知道了事情的原委。奴才本已经写好了奏本，不想永贵先奴才一步。"说罢呈上早就准备好的奏折。

和珅知道乾隆帝向来比较喜欢、重用自己，这次只要小心应付，不被抓住把柄，不难开脱。果然，乾隆一看和珅的奏折，确实是早已经写好的，且言之切切，愧疚之情跃然纸上，已经有了袒护之心。

永贵等人见和珅早有准备，心凉了半截。但既然已经打开天窗说亮话，就不得不继续下去。于是进一步说："皇上，安明父亲病故，秘不发丧，户部上下都知道这件事，和珅身为户部侍郎，却说刚刚知道，谁会相信？而安明这等不忠不孝之人，和珅居然保举他，分明是有意包庇，欺瞒圣上，不只是失察之罪。”

乾隆帝已有包庇和珅之心，自然会为他说话，加上和珅确实写了奏本，至少是个开脱的理由，于是就说：“和珅确实是受了蒙蔽，如果存心包庇，不会亲自写奏折参劾他的。再说，户部上下尽人皆知，为何早不见人提出此事？和珅是诚心认罪，就治他个失察之罪，以观后效吧。”永贵明知和珅是包庇安明，但苦于没有真凭实据，眼见乾隆帝有心放过和珅，只好不再坚持。最后，安明被凌迟处死、抄家，全部财产充公。和珅则大事化小，只定了个小小的失察之罪，降二级留任。

和珅善于观察分析，知道皇帝还是对自己比较信任的，于是放下心来，只要自己以后好好表现，继续升迁并非难事。

这次虽然化险为夷，但此事让和珅明白，自己还只是刚刚站稳脚跟，做事还须小心谨慎，要提防政敌抓住机会把自己打倒。

经过这次历险，和珅知道了乾隆帝的脾性，摸清了应对的办法：凡事都要预先留好后路，抢在乾隆帝知道真相之前，造成一种与自己毫无关联的假象。只要拿不到证据，一切都有回旋的余地。

和珅结怨福康安

福康安，字瑶林，富察氏，满洲镶黄旗，出身富贵之家。福康安的父亲傅恒是乾隆帝的第一个皇后　孝贤皇后的弟弟。傅恒战功赫赫，为乾隆所倚重，历任总管内务府大臣、户部尚书、汇典馆总裁、保和殿大学士兼首席军机大臣，封一等忠勇公。

福康安是傅恒的第三子，一出生就有尊贵的地位。福康安从侍卫起家，历任户部尚书、军机大臣，袭父封三等嘉勇男。后来跟随名将阿桂出兵金川等地，军功卓著，封一等嘉勇公，并获“嘉勇巴图鲁”称号，而且曾被授予三眼顶戴花翎，清朝近300年的历史中，能够得此殊荣者也只七人而已。

与背景显赫的福康安相比，和珅无论在根基上还是在地位上都大为逊色。福康安屡立战功，一步步赢得皇上的信任，自然看不起寸功未建就平步青云的和珅。

有一天，福康安因为军功受到乾隆帝的封赏。和珅自知羽翼不丰，有意结交权贵以巩固自身地位。于是退朝后，他特意在金銮殿门口等福康安出来。和珅向慢步走出的福康安行了一礼，满面笑容地口吐莲花："恭喜大帅又得封赏，大帅真乃国之栋梁，鄙人仰慕大帅已久，如大帅肯到鄙人府上一叙，定能蓬荜生辉，不胜荣幸。"

福康安知道和珅的底细，心中自然不服，也不堪与之为伍。于是冷冰冰地说道："和大人贵为大学士，怎敢受你的大礼？素闻贵府富丽堂皇，我恐怕无福消受，实在是高攀不起，拜访一事，以后再说吧。"说罢扬长而去。纵然和珅心中对福康安十分痛恨，却不敢得罪福康安，只好咬牙忍下这口气。

和珅担任崇文门税务监督的时候，对所有来往官员都收取一定的税金，行为十分猖獗。有一次，山东布政使陆中丞进京朝见皇帝，不知道规矩，经过崇文门税关时，一时间难以凑齐税金。陆中丞无奈之下，只好把随身行李放在京城之外，只带了一名侍从进城。陆中丞进城后，向友人借了衣服、被褥才能住下，实在狼狈不堪。

这件事很快就传开了，大家都知道和珅在崇文门定的关税过高，雁过拔毛，堂堂一省的布政使衣服都扔了才能进城，有失朝廷命官的体统。朝廷中的官员都知道和珅正受宠，不敢随便议论。

后来，福康安知道了陆中丞一事，心中实在难以忍受这等龌龊之事，就向乾隆帝禀告了此事，上奏请求改变崇文门收税过高的情况。因为如今地方官员俸禄微薄，大老远的来到京城，还要受盘剥，长此以往，官场风气恐怕将越来越差。

乾隆帝知道福康安所奏属实，但并没有责怪和珅，因为崇文门收税也是经过他同意的。和珅虽然没有什么损失，却更加记恨福康安了。但像福康安这样有权有势的人，谁敢对他怎样？和珅只好继续隐忍，但并未放弃报复福康安的心思。不久，和珅就给了福康安一个下马威，且操作得滴水不漏，让福康安哑口无言。

福康安常年在外带兵打仗，老部下李天培是他一手培养出来的，并做到了湖北按察使的职位。乾隆五十四年（1789）七月，李天培从湖北进京述职，他想趁机给自己的老上级福康安带些礼物，于是精心挑选了一些上等木料。由于要走水路，他就使用了朝廷专门用来调运官粮进京的漕船。按规定绝对不允许“公船私用”，可李天培以为这不是什么大事，就跟着上路了。

谁料天公不作美，李天培私自给漕运“加塞”，致使航道充盈难行。恰巧和珅的弟弟和琳当时是湖广道御史，专门负责监督官员，他很快发现了李天培的行为，一时间难以定夺。为什么呢？因为认真追究起来，这是假公济私的大罪，按照大清律，难免要牵扯到福康安。如果福康安不知情还好说，如果知情，二人都要被严惩；但是当时这种情况已经非常普遍，况且李天培假公济私并未造成太严重的后果，在蔚然成风的假公济私行为中，私自托运这点儿木料也不算什么，是可以睁一只眼闭一只眼的。

和琳不敢因此事弹劾李天培，害怕得罪其背后的福康安；但若要装作不知道而被别人发现，向皇帝告发，自己也难以承担罪责。

和琳犹豫不决，就与朝中的兄长和珅商量。和珅一听大喜，他善于把握皇帝的心思，知道乾隆最近有意整顿吏治。福康安又向来和自己不睦，此事证据确凿，正是打击福康安的绝佳机会，而且自己不会有任何损失。再说，只弹劾李天培假公济私一案，对福康安只字不提即可。只要钦差大臣继续追查，早晚会牵连到福康安，但那和自己的弟弟无关，真正感到棘手的是查案的人。

于是，和珅授意和琳利用御史的身份向乾隆帝上奏，告诉他只需弹劾李天培私自动用漕运船只、假公济私即可，不要提及福康安。

乾隆帝接到奏折大为震怒，命令阿桂彻查此事。阿桂作为主管此事的钦差大臣，知道其中的利害关系，感觉十分棘手。他心中十分清楚，这是和珅在向福康安示威。阿桂觉得不宜把此事扩大化，有意大事化小、小事化了，于是禀奏皇帝：“李天培擅用官船，理应受罚，但河道拥塞、航道迟滞并非出于他的本意；买木材是受福康安委托，但是私自动用官船是李天培的个人决定，福康安并不知情，臣以为应该治李天培的罪，但此事与福康安无关。"

和珅一听，知道阿桂这是在为福康安求情，连忙上奏："李天培假公济私，实属大罪，皇上应该严加惩治，否则就是纵容，难免有其他官员仿效。"乾隆帝也有心整饬吏治，加上对和珅向来欣赏，决心把李天培这件案子办成铁案，以儆效尤。

于是，他下旨严惩，着令重新判决："湖北按察使李天培，假公济私，致使航道阻塞，后果严重，革除一切职务，发配伊犁；福康安对部下约束不严，难辞其咎，念其作战有功，判决革职留任，扣罚总督养廉银三年，俸禄十年。"

此外，阿桂作为钦差大臣，有意包庇，其责难逃。乾隆下旨申斥阿桂："朕命你去办案，意在让你秉公办案。谁知你却一味包庇福康安，分明是亵渎大清例律！"这样，阿桂因拟罪过轻，同样受到了乾隆帝的处罚。

福康安在外作战，不仅没有受到表彰，还因一件自己都不明就里的小事就被罚没十年"工资"，心中很是郁闷。福康安回京后才知道是和珅在背后使坏，这才知道了和珅的手段，此后再也不敢对这个年轻人大意了。

和珅知道，福康安为人正直，战功显赫，不似李侍尧之流品行恶劣、贪婪无度，认为给他一个教训也就行了，大家同朝为官，最好还是化敌为友，过于锋芒毕露，反对自己不利。此后，和珅在朝中有意拉拢福康安，福康安也不愿得罪正受宠的和珅，双方关系趋于缓和。

甘肃贪官查贪官

和珅本人是个大贪官，但是他惩治起别的贪官来却毫不含糊，颇有手段。

乾隆四十六年（1781年），钦差大臣阿桂、和珅奉命在甘肃督军，天长日久，官兵军饷难以为继，粮草将尽，一时难以征集。甘肃布政使王廷赞早有贻误战机之嫌，这次害怕皇上怪罪，自作聪明，主动要求将自己多年积攒的“廉俸银”4万两白银充作军饷，以解燃眉之急。

王廷赞本以为会得到乾隆的嘉奖，谁知弄巧成拙。乾隆向来对贪污之风深恶痛绝，这次见王廷赞如此急于邀功，加上甘肃并非富庶之地，怎会有这么多银两；而且他曾经上报甘肃连续大旱，请求朝廷拨款救灾，和珅却同时上奏甘肃连降大雨。乾隆知道其中必定有徇私舞弊之嫌，于是密令和珅打探虚实。

和珅虽然对军事不在行，但查办贪官还是有一手的。和珅多年浸淫官场，知道这种上不了台面的事情只有自下而上才好查。他首先吩咐家奴刘全等人化装成外地商人，打听甘肃最近是否连续干旱。调查发现，甘肃这些年风调雨顺，从来没有旱情。同时打听到，甘肃规定监生把应捐的谷粮折为银子。本应捐粮43石，折合成银子就是47两。另外加收办公银、杂费银八两，所以每人得缴纳银子55两，这些银子名义上用于赈灾，既然没有灾情，去向自然不言自明。

和珅十分震惊，甘肃的官员竟然能把这么一件大事掩盖得毫不透风，实在令人难以置信。要是这个案子办得漂亮，那可是一件轰动全国的大案，自己就更有资本在皇上面前邀功得宠了。想到这里，和珅来了精神，他抓住线索，深入调查，发现了巨大的官场黑幕。

原来，甘肃从七年前开始上报朝廷称：甘肃地区连年大旱，请求捐监。乾隆帝当即责令当时的甘肃布政使王亶望负责捐收粮事宜。甘肃官员王亶望、勒尔谨、王廷赞等人早就已经暗中勾结，监生交来的钱粮全部被私吞。此后，甘肃官员每年都谎报旱灾，私吞银两无数。这些人不仅没有受到应有的惩处，反而个个升迁。如今，王亶望已经升为浙江巡抚，王廷赞则成为新一任甘肃布政使，他们官官相卫，竟然将此事捂得密不透风。

和珅一边写奏折急报皇上，一边制订自己的计划。首先要清查甘肃各地的监粮账目。甘肃捐监多年，国库内自然应该储存监粮；虽然并无灾情，但历年赈灾也需要有账目记录，否则无法向朝廷交代。只要清查存粮是否和账目一致就可以了。

说起来容易做起来难，清查存粮并非易事。此前，乾隆帝曾派刑部尚书袁守侗前往甘肃核查官粮。甘肃官员为了蒙混过关，将粮仓做了手脚，下面是空的，上层铺上一层木板，然后用粮食填满，袁守侗不明就里，还京复命时竟然奏称“仓粮系属实贮”。甘肃官员还假惺惺地上奏说粮仓不够用，需加盖26处仓房，实在是令人匪夷所思。

和珅知道，清查仓粮需要布政使的配合，由于甘肃布政使王廷赞前去热河觐见乾隆帝，于是和珅召见了兰州知府蒋全迪，要求他配合清查国库存粮。

蒋全迪当然知道和珅此次核查非同小可，有意拖延时间，谁知和珅早有准备，他以皇上有令，自己马上要还京为由，要求第二天就去核查。蒋全迪不知是计，答应下来。

到了晚上，和珅悄悄来到阿桂的军营，以办案为名向他借得亲兵一百名，以供调用。第二天，和珅带着亲兵，到粮仓和蒋全迪见了面。蒋全迪一见和珅身后的一群士兵，心里有些慌了，不知如何是好，但事已至此，只得下令开了仓门，100名亲兵立即涌入粮仓各处。和珅命令跟随的士兵仔细检查。士兵们很快就回报了和珅早就知道的结果——粮仓是空的。蒋全迪猝不及防，当场瘫软在地。

和珅二话不说将他带回营地连夜盘问。蒋全迪哪里受过这等折磨？很快就把事情的前后经过招了，至此，案件有了突破性的进展。

原来，甘肃捐监、冒领赈灾款都是前任甘肃布政使王亶望为了贪钱而想出来的办法。王亶望的父亲江苏巡抚王师为官清廉，谁知却生了个贪财的儿子。王亶望靠捐钱入官场，善钻营取巧，很快被提拔为甘肃宁夏知府，后来又成为甘肃布政使。王亶望视财如命，甘肃又没有那么多油水，怎么办？只有赈灾才能获得敛财的机会。他就勾结陕甘总督勒尔谨，谎报甘肃灾情，并假意让亲信蒋全迪作为兰州知府，授意各州县收来的捐监粮食交由蒋全迪处理。蒋全迪变本加厉，要求各级官员将粮食直接折成白银上缴。然后全部以赈灾的名义做假账开销，到了乾隆四十二年（1777年），已经开销监粮600余万石用来“赈灾”。乾隆帝不知道实情，看到一次次奏报，还以为王亶望真的赈灾有功，升其为浙江巡抚。

监粮折银是不符合捐监规定的，新任的甘肃布政使王廷赞立即上报总督勒尔谨，勒尔谨本来就是参与者，怎会处理？他还说服王廷赞参与进来，就这样雪球越滚越大，最终难以收拾。和珅本以为自己那些勾当就已经够贪心的了，没想到甘肃官员的行为令他大开眼界。他下定决心要把此案查个水落石出。

捐监本是一个省的大事，要想瞒住，肯定涉及面极广。蒋全迪供认，甘肃全省官员至少有100人牵扯其中，这实在是个惊天大案。经过数天的审讯，和珅终于查明了甘肃捐监冒赈的账目明细，又收集了必要的证据，押解蒋全迪到热河面圣。路上他把案情做了大概说明，呈了一份折子给乾隆帝。

乾隆帝接到和珅的奏折，大为震惊，几乎不敢相信。和珅一到热河，乾隆帝就急忙召见，问他有没有真凭实据。和珅胸有成竹，将实情一一道出：甘肃多年来并无旱情，甘肃国库不仅没有储存监粮，就连平时国库应存储的正项存粮都是亏空的；陕甘总督勒尔谨带头欺瞒圣上，贪污银两，不仅如此，他们还私分朝廷拨款；而所谓的监粮根本就是有名无实！

乾隆帝出离愤怒，腾地站起来："勒尔谨竟然如此大胆！这么重大的事情，勒尔谨怎么能瞒过他人，甘肃全省的官员全都是贪官吗？"和珅说："皇上莫动龙颜，甘肃冒赈一案牵连甚广，只怕大小官员都有参与。奴才已经将蒋全迪捉拿归案，这些都是他亲口供述的。另外，甘肃布政使王廷赞正在热河觐见，可以将他拿下审问，事情自然可以大白于天下。"

乾隆一时间难以回过神来，不自觉地自言自语："别人贪污，朕还可以相信，但这个王廷赞，朕一向知道他为官清廉，怎么会做出这等事情！王廷赞曾做过安定县知县，为当地做了很多好事，政绩卓著，名声很好。他怎么能贪污？"

和珅知道，说了这么多乾隆都难以相信，只因缺少证据，于是对乾隆帝说："皇上，根据兰州知府的招供，王廷赞直接经手办理的监粮，大约就有500多万石。兰州战事，王廷赞自愿捐出4万两银子作为军饷，以他的俸禄，不吃不喝也难以积攒这么多。”

乾隆觉得和珅对此案已经有所了解，于是命和珅全权负责审理此案。由于和珅准备充分，对甘肃冒赈案已经调查得十分清楚，所以审理十分顺利，王廷赞很快招供。远在兰州的阿桂也把进一步清查的结果写成奏折，急报乾隆帝：

从乾隆三十九年（1774年）开始至今，甘肃共有27万多人报捐监生，甘肃省收取白银1500多万两，甘肃官员借赈灾之名，侵吞赈灾钱粮折合白银将近300万两。受到牵连的甘肃官员达112名，贪污数量在1000两银子以上的县官63人，知州5人，同知3人，通判5人，县承2人。

乾隆帝气得浑身发抖，他向来标榜清廉。如今发生这种群体性的贪污案，可谓旷古未有。乾隆帝当即下旨：“主犯王亶望、蒋全迪主管其事，罪大恶极，立即处死；勒尔谨听任下属王亶望犯罪，且参与其中，念其曾经有功，赐其自尽；王廷赞发现前任官员的问题后，不但不弹劾，反而效仿贪污，判决绞监候！其他涉案官员，刑部根据清律，拟定判决。”旨意这等严厉，谁都看得出来，乾隆帝这次下决心大开杀戒了。

刑部尚书德福却十分为难，上奏说：“按照清律，贪污千两以上就要判处死刑，总不能把这60多位官员都杀了吧？”虽然法不责众，但乾隆帝铁了心要惩治一番：“受牵连的112位官员，抄没家产。其中，贪污白银2万两以上者，情节严重，斩立决；贪污白银2万两以下者，斩监候；贪污1万两以下者，刑部视情况酌情处理。”

最终，涉案的官员中：贪污2万两以上的被处死22人；贪污1万两以上处斩监候15人；贪污1万两以下、千两以上的26人，共67名省、道、府、州、县主官被送上断头台或入狱，100余名贪官家产被抄。

和珅这次去甘肃总算没有空手而回，还因为清查冒赈案立了大功。乾隆四十六年（1781年）十一月，乾隆帝任命和珅兼任兵部尚书；十二月，任命和珅兼职管理户部三库，有了这么大的政绩，和珅的仕途更顺风顺水了。

第四章　命断紫禁城

——一朝天子一朝臣

激众怒聪明一世

和珅是个聪明人，但是在进入官场十几年后开始飘飘然，尤其是四十不惑之后，更是屡屡犯浑，做出糊涂事。难道向来善于把握皇帝心思的和珅也遭遇了“官场平台期”？抑或是江郎才尽，难有大作为了？

乾隆越发老去，太子却迟迟未定。这是由于康熙立太子时的纷争给他留下了阴影，乾隆处理此事格外小心翼翼，从一开始就不立储，大臣们也都心知肚明，而且皇帝身康体健，谁人敢出来说话？直到乾隆四十三年（1778年）九月，眼看皇帝即将进入古稀之年，锦县一位不怕死的生员金从羲呈上“建储、立后”奏折。不想捋了龙须，乾隆以为这是咒他早死，龙颜大怒，将金从羲处以极刑。这样一来更无人敢提此事。

乾隆五十九年（1794年），乾隆自己都等不下去了，因为他登基时曾许诺不能超过圣祖康熙61年的帝王生活。况且按照惯例，十月初一要颁发下一年的《时宪书》，必须要有新皇帝的年号。所以，乾隆昭告天下立永琰为太子，至此乾隆才稍稍安下心来。

乾隆一安心，和珅可就慌了神。乾隆是他的靠山，如果忽然之间换了主子，自己一时之间难以得到新皇的宠幸，又无法摸透他的心思，那自己几十年的苦心经营就要付诸东流了。于是他用尽各种招数劝乾隆暂缓归政。

尽管和珅谀词如潮，列举了乾隆在位的种种好处，又大赞乾隆的英明神武，然而，这次乾隆是铁了心要退位——他不想食言而肥。善于见风使舵的和珅知道无法阻止新皇帝登基，马上转变方向，努力在乾隆与太子永琰之间找一个最佳结合点，既能讨好乾隆，又能得到新皇帝的宠爱，让自己成为“两朝股肱之臣”。

和珅为了讨好永琰，以送玉如意为幌子进行试探。永琰其实是个有心计的人，他明白即使自己做了皇帝，有乾隆这个实权派的太上皇在，还不是什么都得听他的？所以，永琰选择了隐忍，他为了稳住和珅，对和珅一味顺从，使和珅慢慢产生了错觉，以为此等孺子必可玩于股掌之间。

自以为是的和珅认为自己用一块玉如意就把新皇帝轻松拿下，却不知此时他正是“猪羊前往屠宰家，一步一步寻死来”。嘉庆四年（1799年），和珅终于看清了嘉庆帝的真面目，可惜为时已晚。

和珅做的另一件蠢事就是诬陷洪亮吉。乾隆五十九年（1794年）到嘉庆二年（1797年），连续三年应试会试，主考官居然是窦光鼐而非和珅，副主考是咸安宫官学的正总裁洪亮吉。当惯了这一职位的和珅一时间丈二和尚摸不着头脑，他本打算趁机搂一把，现在希望落空了。

他无法买通主考官，只好去找副主考洪亮吉，希望可以收服洪亮吉，让他为自己服务。照例接触之前要摸一下对方的老底，他发现洪亮吉居然是自己的政敌王杰的幕僚，而且洪亮吉已写了很多讥讽时政的诗：

幄殿趋朝夜向晨，宛南春首净无尘。
早闻内禅光唐宋，又见元年值丙辰。
全楚正欣秋再稔，史官应奏日重轮。
尧阶未在追陪列，尚愧西清侍从臣。

竟敢讽刺禅位！如此大胆，这还了得！和珅灵机一动，准备据此参洪亮吉一本，说不定还能扳倒窦光鼐，这主考官之位还是自己的。

定下计策，和珅似乎看到了白花花的银子已经向自己扑面而来。第二天早朝，他迫不及待地参奏：“微臣偶然见到一本诗集，其中诗作多有诬我官府，影射攻击朝廷之意！”并开始念洪亮吉的诗：

六王虽毕闾左空，男行筑城女入官；
长城东西万馀里，永巷迢迢亦无底。
官中永巷边长城，内外结成冤苦声；
入官讵识君王面，三十六年曾不见。
…………

乾隆帝一生作诗无数，这明明是写秦始皇的，他岂会看不出来？刚好王杰也在，他对洪亮吉的诗很熟悉，更知道和珅的意图。

他知道洪亮吉曾写过一首《万寿乐歌》，于是从和珅手中抢过诗集，把《万寿乐歌》呈给乾隆帝：“免钱粮，免漕粮，四次两次看誊黄。今年诏下恩尤厚，普免正供由万寿。三分减一十减三，前史盛事何庸谈。大农钱粟虽频散，耕九馀三积储惯，户部银仍八千万。”看到这儿，乾隆知道这是在歌颂自己。接着往下看，更是在歌颂自己勤于政事：“夜未央，乾清宫中烛煌煌。日将出，勤政殿前传警跸，机庭纶阁三两贤，日或一再瞻天颜。万几当昼皆周遍，七品宰官多引见。”总之，乾隆读完龙颜大悦，更是指责和珅乱告状，当着群臣的面责备了和珅一通。

坐在乾隆身边的太子已了然于胸：和珅这是冲着自己来的，洪亮吉是自己亲点的副主考，和珅明着是告洪亮吉，暗地里是责怪自己失察、用人不明，更是对和珅怀恨在心。

和珅偷鸡不成反蚀把米，左右都不讨好，算是走了一个昏招。

和珅虽然对嘉庆比较放心，但还是有所提防的。为了明白永琰的真实意思，和珅对他实施监控。

他首先派吴省兰为嘉庆帝的侍读，以为嘉庆帝整理诗文稿件之名，行监视之实。其次，借太上皇之手，限制嘉庆的行为和心腹，同时大力培植自己的骨干，形成以自己为中心的权力网络。

如此，还真让和珅抓住了把柄，和珅将其报告给乾隆，乾隆差点儿把嘉庆帝给废了。嘉庆不但受到太上皇指责，更得了一句“你若下诏，须奏朕知晓，不得擅专”。起初，嘉庆没有意识到危险性，他见军队毫无战斗力，就又擅自作出决定，要举行冬季大阅兵。和珅知道这是乾隆的痛处，赶紧奏明乾隆，乾隆以军队尚未准备好为由下令停止。

嘉庆终于明白，只要太上皇在，自己就不过是个木偶。他知道这一切都是和珅搞的鬼，更对和珅满腹怨气。其实和珅也是迷了心窍：新皇帝再没有权力，那也是暂时的，太上皇都奔九十了，指不定哪一天连下旨的力气都没了，你还死死抱住不放，难怪最后被赐死抄家。可谓聪明一世，糊涂一时。

挟太上皇以令皇帝

和珅喜欢读书，他当然知道历史上曹操曾经“挟天子以令诸侯”。他对曹操是非常欣赏的，加上自己和曹操的经历相似，所以等到嘉庆登基，和珅就想到要“挟太上皇以令皇帝”，实现自己掌控大权的目的。

嘉庆帝即位时已经36岁，胸怀大志而又不失沉着稳重，他吸取了曾祖父康熙时期皇太子立而复废、废而复立的教训，就算登基后也是对乾隆小心在意，不敢有半点马虎。就算他有时并不赞同乾隆帝的做法，也从不露半点声色。对于太上皇的宠臣和珅，嘉庆帝内心充满了怨气与不满，看不惯他的所作所为。但他知道和珅在时时注意和提防着自己，稍有差池就会立刻被太上皇知道。为了不让和珅抓住把柄，巩固嗣皇帝的皇位，嘉庆帝一直韬光养晦，听任和珅恣意妄为，专横跋扈……其实心中已经把算盘打得噼啪乱响，一切只待秋后算账。

和珅在对嘉庆进行试探后认定，这个皇帝对自己不会构成威胁，加上太上皇让位不让权，自己仍然是朝廷的实际掌控者，于是更加踌躇满志，得意忘形。太上皇精力不济，一切事务仍交由和珅办理，和珅趁机“挟太上皇以令皇帝”，更加权倾一时，从中央的“部院群僚”到地方的“督抚提镇”等文武百官都是和珅的部属幕僚，受他掌控。

乾隆末年，湖南、贵州苗民起义，一时之间尚不能镇压。不料，嘉庆元年（1796年）正月，湖北、四川、河南、陕西、甘肃等省又爆发了历史上著名的、影响深远的白莲教大起义。在乾隆去世之前，一切军事用兵大权，都掌握在和珅手里，一切军报都必须先向他汇报，然后才转达给太上皇和嘉庆帝，将领的任用、兵士的调遣及军需开支等也由其控制。

其实如日中天的和珅也曾想到一旦太上皇归天，新皇帝嘉庆可能不会信任自己，因此，他也做了提防嘉庆帝的准备，但是由于嘉庆帝表面上庸庸碌碌，无所作为，把自己的城府埋藏得很深，所以和珅也就放下了心。

和珅贪财甚至达到了丧心病狂的地步，朝野上下许多人对他敢怒不敢言，有的阿谀奉承，有的敬而远之，有的嘴上不说，心里嫉恨。即便如此，文武官员也无人敢公开与之抗衡，甚至连乾隆帝的诸皇子都对他望而生畏，不敢得罪。和珅为了拔高自己的地位，借着太上皇脾气古怪暴戾，喜怒令人捉摸不定，竟然骄横到随意恐吓诸位皇子皇孙的地步。宫中的人经常见到他在太上皇召见后故意散布消息："今天'老佛爷'（乾隆帝）很生气，要对××阿哥杖几十，要对××阿哥进行惩罚……"常常吓得皇子、皇孙们惶恐不安。这还不算，他还时不时敲打嘉庆帝，气焰十分嚣张。

乾隆帝虽然已经人至暮年，仍不甘心放权，但毕竟年老体衰，视力衰退，精力不济，批奏折也是丢东忘西。和珅见得多了，竟然常常建议太上皇如何如何，有时还让乾隆重新拟旨，这其实是君臣之间的大忌。后来，嘉庆帝亲政后，给和珅定的罪名中就有这么一条："皇考力疾披章，批谕字画，闲有未真之处，和珅胆敢口称不如撕去，竟另行拟旨。"显然，这在封建专制社会中是绝对不能容忍的。当然，和珅不敢随便矫诏，大多数场合还是利用太上皇的权势来达到自己不可告人的目的。

阿桂去世后，和珅虽然已是首席军机大臣与文华殿大学士，也就是一般所说的内阁首辅，即"真宰相"，但他还不满足，因为他只是个伯爵。于是，他借勒保"生擒"白莲教起义军首领王三槐一事，想给自己晋爵，请求太上皇乾隆帝恩准。乾隆此时对他几乎已经言听计从了，当然满足了他的要求，很快就晋封他为公爵。这么重大的事，他居然压根就没有通过嗣皇帝嘉庆，嘉庆帝虽然心里十分不满，却也无可奈何。

这种事情发生得多了，就会给人造成一种印象，太上皇可以直接提升、加封官吏的职位和爵位，嗣皇帝只能默许、认可。而太上皇所作的决定，又大都受和珅的影响，嗣皇帝嘉庆实质上并无多少实权，纯粹是个傀儡。嘉庆帝对此也十分清楚，只好诸事让和珅三分。

虽然朝中也有不少大臣气不过，偷偷向嘉庆帝告状，但嘉庆都一笑了之，并不生气，反而常常在大臣面前表示自己要依靠和珅处理政务。当时来华的朝鲜使节有这样的一段记载："皇帝登基以后，虽恶和珅，而无一言相及。一日和（珅）筵奏太上皇减太仆寺马匹，皇帝独自语曰：从此不能复乘马矣。筵臣之旁闻者，知珅之必无幸焉。"这表明嘉庆是个有心计的人，处处给足和珅面子，对和珅的为所欲为不加干涉，并不时表示对和珅的尊重，利用一切机会放松和珅的警惕。史料也有确切记载：嘉庆帝"自丙辰（1796年）即位以来，不欲事事，和珅或以政令奏请皇旨，则辄不省曰：唯'皇爷（乾隆帝）处分，朕何敢与焉'"。

嘉庆帝的这种俯身隐忍，获得了时人的赞许，都说嘉庆帝聪明、智慧，有城府，说他："自即位以来，知和珅必欲谋害，凡于政令，惟珅是听，以示亲信之意，俾不生疑惧，此智也。"嘉庆帝这种唯唯诺诺的表现，既麻痹了和珅，又让嗜权如命的太上皇十分放心，顺便还给自己博得了一个"孝"字，可谓一举多得。

嘉庆知道和珅一直都在试探自己，所以嘉庆帝每遇有事向乾隆帝奏报时，都请和珅"代言"；每当身边有人反映和珅种种不法行为时，他常常故意申斥他们："朕方倚相公（和珅）理四海事，汝等何可轻也。"表现出对和珅的极大信任。

和珅聪明一世，却被嘉庆轻易骗过，不得不再赞叹一声嘉庆的聪明机智。对于嘉庆，和珅一方面采取拉拢、套近乎的办法，想为自己谋条后路。例如，在嘉庆帝即位前，通风报信，并呈上如意，积极表明自己的拥戴之意，并向嘉庆帝说："皇上今后衣食住行全部由臣负责，不用动用国库帑金。"以博得嘉庆帝的好感。另一方面在嘉庆帝周围布置亲信，名为辅佐，实为监视嘉庆的动向。谁知嘉庆帝早就看透了他的伎俩，不仅没有让这些人看出真实用意，还趁机在他们面前夸赞和珅，从而巧妙地瞒过和珅，为日后亲政立即扳倒和珅打下了基础。

钓鱼者终被钓

嘉庆在与和珅的几次斗争中失败后，终于明白了他一国之君的地位不过是个虚的，太上皇只要一息尚存，和珅就会一直得意忘形，自己就永无出头之日，但是此刻还不是出手的时候，只能先忍下这口气，不让和珅看出自己的宏图远志，以免受害。

怎样才能不引起和珅的怀疑呢？嘉庆想起了老师朱珪对他说的话："不喜不怒，沉默持重，唯唯是听，以示亲信。"他明白了：自己地位尚且不稳，和珅又常常提防自己，形势可谓十分险恶。此时只能涵养身心，虚己以待，谋定而后动。要做到"不鸣则已，一鸣惊人"，只能先不暴露自己的弱点和真面目，心平气和地潜伏下来，全神贯注地寻找敌人的破绽。然后俟机而动，静候瓜熟蒂落，水到渠成。

嘉庆决心把种种心机深深埋藏于心底，整日服侍在太上皇左右，国家大事也都唯太上皇之命是从，乾隆对此很满意。但是如何让和珅放松警惕呢？嘉庆也进行了详细的谋划：嘉庆知道自己身边的人都是和珅的耳目，没有一个人是可以信赖的。从这点上讲，嘉庆是孤独的、无助的，所以，一切事情必须亲自办理，不敢交由他人去做，而且行动也是处处留心，唯恐露出马脚，让和珅抓住把柄。

侍读吴省兰名为老师，实际上是和珅的耳目，何不利用他来麻痹和珅？嘉庆想到自己在被立为储君前，和珅曾经送玉如意来示好，就故意写下数首《咏玉如意》，以此表达对和珅的尊重和感激之情。

如嘉庆所愿，这些诗通过吴省兰一首不落地进入和珅的耳朵里，和珅本来就是让吴省兰监视嘉庆，看嘉庆对自己如此感恩戴德，高兴得心花怒放。加上吴省兰还不时送来《静坐》《宋徽宗临古》等诸多表明嘉庆帝"颓废、疏于朝政"的诗句，和珅看在眼里，喜在心头。和珅由此断定：嘉庆能当上皇帝已经心满意足、怡然自得了，对政权没有更大的奢望和野心。

嘉庆是个细心的人，他觉得一味地拍和珅的马屁会引起他的怀疑，所以他偶尔也写一些小诗，不痛不痒地讽刺和珅一番。无非就是抽大烟，满身烟味不说，还弄得手和牙齿都变得焦黄了。最后还不忘说一句：和珅的妻妾会不会反感他抽大烟？和珅看到这些诗句，对只会玩脂弄粉、不理政事、毫无大志的嘉庆都有点儿看不起了，更加认定嘉庆无所事事，胸无城府，最多写几首诗自娱自乐罢了。可以说，嘉庆的烟雾弹是非常成功的，他终于瞒过了和珅。

嘉庆二年（1797年）九月初八，嘉庆的发妻皇后喜塔腊氏因病逝世，留下一子旻宁，就是后来的道光帝。嘉庆异常悲痛。可是太上皇乾隆忌讳死亡，嘉庆只好做了一个决定："皇后葬礼简单办理，辍朝五日，嘉庆可素服七日，遇奠祭时，方可摘绥，各衙门章疏及引见折，照常递呈。……"嗅觉敏感的和珅当然不会错过打击嘉庆的机会，他马上派福长安严加监视嘉庆，若见其有"不孝"之事，立即禀报太上皇，太上皇也让和珅观察嘉庆是否"重情爱而忘孝义"。

嘉庆这几年隐忍惯了，不在乎再被多冤枉一回，对太上皇和和珅对他的监视与刁难也已经视若无睹。失去了爱妻，他虽然心痛欲裂，也不敢再表现丝毫，还强作笑颜对内阁下达诏谕来迎合太上皇心意，谕道："朕日侍圣上，昕夕承欢，诸取吉祥。礼以义起，宫中之礼亦得遵义而行。故王公大臣等，奏事如常，服饰如常。天下臣民等，自当若喻朕崇奉上皇孝恩，敬谨遵行，副朕专降尊养至意。"

之后，嘉庆一如继往地服侍太上皇，表面看不出丝毫不恭敬和过度的伤心，七天守孝期过，总算又逃过了一劫，但是他对和珅却更加憎恨。

《清史稿》记载，有一次，和珅携宜绵报来的前线奏折奏见嘉庆帝时故意长跪不起，五体投地，嘉庆忙道："和相请起，以后见朕，不是公开场合，不必行此大礼。"和珅本来也是试探嘉庆的，现在见皇帝这么说，当然就不再坚持了，于是又奉上奏折曰："请皇上御览圣批。"嘉庆知道这是和珅的第二次试探，忙道："朕刚刚登基，一时之间尚不能主政，此等军政大事，和相处置便是，不必报于朕，朕于政事不谙，于军事更不熟悉，诸事都要请教太上皇，仰赖相公，相公今后当不吝教辅才是。”和珅听后非常满意，这才转身离去。看着和珅离开的背影 ，嘉庆拭去额头的冷汗，暗下决心：这场戏在太上皇驾崩之前一定要做到底。

嘉庆经常对自己身边的侍卫、伴读、仆役等人说：“尔等有所不知，朕方依靠相公治理国家，哪能慢转相待呢？朕正要厚待尊重和相，使其尽力辅弼朕。如果相公对朕略有松懈，朕如何治国？朕还能靠谁呢？”这些话当然都传到了和珅耳中，和珅彻底对嘉庆放松了警惕，携妻带妾去踏青了。

嘉庆见自己按老师朱珪教导的“不喜不怒，沉默持重，唯唯是听，以示亲信”的战略果然令和珅放松戒备。现在只等自己亲政，然后彻底清算。

太上皇寿终正寝

乾隆85岁退位后，开始了训政生活。当时他身体还算健康，饮食、睡眠等尚属正常；每年除在皇宫、圆明园住些日子外，还到热河避暑山庄走走……只是精力已大不如前。

嘉庆四年（1799年）正月初三，带着对权力的不甘和大清辉煌之梦，老态龙钟的太上皇乾隆帝终于走完了他89年的人生历程，安详地、永远地离开了成就他的辉煌、令他难以割舍的朝堂。

乾隆是中国历史上最长寿的皇帝。曾为平定大小和卓而自豪不已；他亲自组织中国历史上规模最大的丛书《四库全书》；他曾经六下江南……就连即位之初的愿望他也实现了：在位60年，并亲手将国家权力交给自己的儿子。但是他交给嘉庆的，是一个被他折腾光了的摇摇欲坠的帝国。

对于这位自诩“十全老人”的皇帝逝去，官员和平民百姓的反应都非常平静，“皇城之内，晏如平日，少无惊动之意，皆曰此近百岁老人常事。且今新皇帝至孝且仁，太上皇真稀古有福之太平天子云”。

乾隆执政60年，他的去世毕竟是非常有影响的一件大事，朝鲜使者作了详细的记录：

正月初一五更，臣等诣乾清门外等候。天明，皇帝率三品以上行贺礼于太上皇帝，而殿庭狭窄，诸王贝勒于门内行礼，三品官及外国使臣于门外行礼。礼毕后，臣等由右上门至太和殿庭。少顷，皇帝出御太和殿受贺，三品以上官至外国使臣，行三拜九叩头礼，一如太上皇帝前贺仪。盖太上皇帝自昨冬有时昏眩，不能如前临朝云矣。初三日卯时，太上皇帝崩逝于乾清宫。当日戌时仪注来到，而主客司移付，以朝鲜、暹罗使臣等处，备颁大布一匹，随时成服云。而初四日昏后礼部知会朝鲜、暹罗使臣等，每日辰、午、申三时前赴景运阁随班举哀云。

嘉庆帝虽然遭受丧父之痛，但是作为一个嗣皇帝，终于可以亲政，放开手脚去施展自己的抱负，再也没有羁绊，可以按照自己的意志处理军国大事，这是他一直梦寐以求的。乾隆帝的离去终于结束了嘉庆只能名义上接班而无实际权力、一直小心翼翼躲在父皇身后的尴尬局面。同时，一场政治权力的重新分配势在必行。前方的考验将非常残酷，对此他也早有思想准备。

太上皇在世时，嘉庆素知和珅借太上皇之威，大肆贪污受贿，但是和珅在朝中的势力盘根错节，自己无法撼动。乾隆病逝的第二天，嘉庆帝在安排好父亲丧事的有关事项后，就迫不及待地下令夺去和珅军机大臣、九门提督之职，并命他与福长安一起守值殡殿，名为尽孝，实际上是限制他的行动，为惩处他作准备。朝鲜使者徐有闻记载："正月初四，既削和珅军机大臣、九门提督等衔，仍命与福长安昼夜守值殡殿，不得任自出入。又召入大学士刘墉、吏部尚书朱珪。珪则为珅中伤，方巡抚江南云。"

事后，嘉庆召见和珅，并怒斥他专权跋扈，和珅闻听此言，情知有变，放声大哭。嘉庆表情淡定地问："皇考待你如何？"和珅泣不成声："先帝恩典，天高地厚，奴才没齿不忘。"嘉庆帝说："皇考向来视你为股肱之臣，一刻离不开你。皇考弃天下时留下遗诏，让你随他而去。你不是也常常在皇考面前说要誓死相随吗？皇考待你不薄，你以身殉死，也是义不容辞的责任。不过是略报隆恩，毕竟是死得其所，算是死而无憾了。”

和珅一听，知道嘉庆这是要杀人灭口，吓得面如土色。跪在嘉庆帝面前，叩头如捣蒜，并痛哭流涕：“奴才家还有老母妻儿，奴才死了，老母再无生理，妻儿也难有生计；奴才死不足惜，让他们怎么办呢？”

嘉庆帝嘴角泛起一丝冷笑：“你的阿谀奉承之言尚未落地，岂可转眼就忘？你的表现实在是辜负皇考对你的信任啊！”说完，就喝令和珅出去，和珅终于明白大难临头了。同时，嘉庆帝还以官方形式评价了乾隆帝的历史功绩：

我皇考临御六十年，天威远震，武功十全，凡出师征讨，即使是边远的部落，无不立奏荡平。就算有乱民王伦、田五等，偶尔出来搅乱一番，也不过是数月之间即被消灭，从未有经历数年之久，浪费粮饷至数千万两之多，却仍不能成功的事情。原因就在于带兵大臣及将领们全不以军务为重，只顾着玩兵养寇，借以冒功升赏，损公肥私。即使是在京中的谙达、侍卫、章京等人，遇有军务事件，无不设法前往。而当他们从军营回京时，即使是平日里称穷乏的官员，也会马上发达起来，往往托词请假，并非实有祭祖省墓之事，不过是用所蓄之资，回家乡添置产业。此皆朕所深知。可见各路带兵大员等有意拖延，皆蹈此藉端牟利之积弊。试想一下，肫私之资财，无不是勒索地方所得，而地方官吏又必取何止一次？而且你们每次奏报打仗情形，小有所获，即虚报战功，纵然受挫打败仗，也总是千方百计地掩饰罪过，并不据实陈奏。推测他们的意思，总以为皇考年事已高，所以只将吉祥的话语入告。但军务关系紧要，并不容人稍有掩饰。他们历次奏报说斩贼数千名至数百名不等，有何证验？也不过是任意虚捏而已。如果稍有失利处，尤其应当据实奏明，以便指示机宜。似此掩败为胜，岂不贻误重事？军营积弊，已非一日。朕综理庶务，综名核实，止以时和年丰，平贼安民为上端，而于军旅之事，信赏必罚，尤不肯稍从假借。特此明白宣谕：各路带兵大小各员，均当洗心革面，力图振奋，务于春令前一律剿办完竣，绥靖地方。如果仍旧蹈袭欺骗掩饰、怠玩故辙，再超过此次定期，也只好按军律从事。言出法随，不要以为幼主可欺！

这表面上揭露了和珅专权下的种种积习流弊，实质是对和珅的批判。再结合当日剥夺和珅军机大臣、九门提督职务的一系列举动，加上太上皇刚刚去世，嘉庆就采取这么大的动作，朝中聪明人也不少，很快就看出嘉庆帝有拿和珅开刀的意思，故朝中大臣开始纷纷上奏弹劾和珅的种种不法行为。嘉庆帝便顺水推舟，开始了对和珅的清算。

阶下之囚受人怜

正月初八，乾隆去世后第五天，嘉庆帝知道和珅长期把持军机处，任意封锁消息，恣意妄为，下谕指出：

内阁、各部院衙门文武大臣，及直省督抚、布政、按东二司，凡有奏事之责者，及军营带兵大员等，以后有陈奏事件，都应直达朕处，不许另有副封奏报军机处。各部院文武大臣，也不得将所奏之事，预先告知军机大臣。即如各部院衙门奏章呈递后，朕可即行召见，面为商酌，各交该衙办理，不关军机大臣指示也。何得豫行宣露，至启通同扶饰之弊耶？

同时以给事中王念孙、御史广兴等弹劾为根据，宣布夺大学士和珅、户部尚书福长安职，下狱治罪，特命仪亲王永璇、成亲王永　前往宣旨，由护军统领阿兰保监押以行；并命永璇总理吏部、永　总理户部及三库，为铲除和珅做了充足的准备。

王念孙是江苏高邮人，是原吏部尚书王安国的儿子，乾隆四十年(1775年）进士，历任工部主事、郎中、陕西道监察御史、吏科给事中等职。因弹劾和珅有功，升任直隶永定河道。后来因发生永定河水漫堤事故，引咎辞职，于道光年间去世。他同时是清代著名的古文字学家，一生著作丰富，有《导河议》《读书杂志》《分逸周书》《汉隶拾遗》等著作流传。

广兴是满洲镶黄旗人，大学士高晋的第十二子，以捐纳为礼部主事。因敏于做事，背诵案牍如泻水，很受大学士王杰的器重。因第一个上奏弹劾和珅罪状升任副都御史，累官至总管内务府大臣、署刑部侍郎等职。后因内库绸缎缺额罢职，又被以苛求供应、收纳馈赠等罪状处死抄家。

十一日，嘉庆帝为和珅问题特发上谕指出：

朕亲承付托之重，此时突遭皇考去世大故，守孝之中，每思《论语》所说三年无改之义，如我皇考敬天法祖，勤政爱民，实心实政，四海内外，人所共知，方将垂示万年，永为家法，何止三年无改？至皇考所简用的重臣，朕断不肯轻易更换，即使有获罪者，稍有可宽恕的地方，无不想法予以保全，此确实是朕的本意，自必仰蒙皇考明鉴……今和珅罪情重大，并经过科道诸臣列款参奏，实有难以宽恕之处。所以朕于恭颁遗诏之时，即将和珅革职拿问，胪列罪状，特降谕告知大家。

同时将和珅二十项罪行公布于众：

昨于乾隆六十年九月初三日，蒙皇考册封皇太子，尚未宣布谕旨，和珅于初二日在朕前先递如意，泄露机密，居然以拥戴为功，其大罪一。上年正月，皇考于圆明园召见和珅，伊竟骑马直进左门，过正大光明殿，至寿山口，无父无君，莫此为甚，其大罪二。又因腿疾乘坐椅轿抬入大内，肩舆出入神武门，众目共睹，毫无忌惮，其大罪三。并将出宫女子娶为次妻，罔顾廉耻，其大罪四。自剿办川楚教匪以来，皇考盼望军书，刻萦宵旰，乃和珅于各路军营递到奏报任意延搁，有心欺蔽，以致军务日久未竣，其大罪五。皇考圣躬不豫时，和珅毫无忧戚，每进见后，出向外廷人员谈笑如常，其大罪六。皇考力疾披章批谕，字画间有未真，和珅胆敢口称不如撕去另行拟旨，其大罪七。前奉皇考敕旨，令伊管吏部刑部事务，嗣因军需销算，伊系熟手，是以又谕令兼管户部，题奏报销事件，伊竟将户部事务一人把持，变更成例，不许部臣参议一字，其大罪八。上年十二月，奎舒奏循化、贵德二厅贼番聚众，在青海肆劫，和珅竟将原折驳回，隐匿不办，全不以边务为事，其大罪九。皇考升遐后，朕谕蒙古王公未出痘者不必来京，和珅不遵谕旨，令已、未出痘者俱不必来，全不顾抚绥外藩之意，其居心实不可问，其大罪十。大学士苏凌阿两耳重听，衰迈难堪，因系伊弟和琳姻亲，竟隐匿不奏；侍郎吴省兰、李潢，太仆寺卿李光云曾在伊家教读，保列卿阶，兼任学政，其大罪十一。军机处记名人员，和珅任意撤去，种种专擅，不可枚举，其大罪十二。昨将和珅家产查抄，所盖楠木房屋僭侈逾制，其多宝阁隔段皆仿照宁寿宫制度，其园寓点缀与圆明园蓬岛、瑶台无异，不知是何肺肠，其大罪十三。蓟州坟茔设立享殿，开置隧道，致附近居民有和陵之称，其大罪十四。家内所藏珍珠手串二百余，较大内多至数倍，并有大珠较御用冠顶尤大，其大罪十五。又宝石顶非伊应戴之物，伊所藏数十，而整块大宝石不计其数，且有内府所无者，其大罪十六。银两、衣服等件数逾千万，其大罪十七。且有夹墙藏金二万六千余两，私库藏金六千余两，地窖内藏埋银两三百余万，其大罪十八。附近通州、蓟州有当铺、钱店资本又不下十余万，以首辅大臣下与小民争利，其大罪十九。伊家人刘全不过下贱家奴，而查抄家产竟至二十余万，并有大珠及珍珠手串，偌非纵令需索，何得如此丰饶？其大罪二十。其余贪纵狂妄之处尚难悉数。着将胡季堂原折发交在京文武三品以上官员，并翰詹科道阅看，悉心妥议具奏。如有自抒所见者，另折封陈。

同时，嘉庆委派由仪亲王永璇，成亲王永瑆，大学士刘墉、朱珪等人组成强大的审理班底，对和珅的罪行进行审理。虽然具体审理过程难见记载，但是李孟符在《春冰室野乘》中也有所体现。

一问和珅：“现在查抄你家产，所盖楠木房屋，僭侈逾制，并有多宝阁，后隔段样式，皆仿照宁寿宫安设，如此僭妄不法，是何居心？”

一问和珅：“昨将抄出你家藏珠宝进呈，珍珠手串有二百余串之多。大内所储林串，尚只六十余串，你家较大内多至两三倍，并有大珠一颗，较之御用冠顶苍龙教子大珠更大。又真宝石顶十余个，并非你应戴之物，何以收储如许之多，而正块大宝石，尤不计其数，甚有极大为内府无者，岂不是你贪墨的证据么？”

一纸系和珅供词，凡三条。

奴才城内原不该有楠木房子，多宝阁及隔段式样是奴才打发太监胡什图到宁寿宫看的式样，仿照盖造的。楠木都是奴才自己买的，玻璃柱子内陈设都是有的，总是奴才糊涂该死。

又，珍珠手串，有福康安、海兰察、李侍尧给的。珠帽顶一个，也是海兰察给的。小些的给了丰绅殷德几个。其大些的有福康安给的。至大珠顶是奴才用四千余两银子，给佛宁、额尔登布代买的，亦有福康安、海兰察给的。镶珠带头是穆腾额给的，蓝宝石带头系富纲给的。

又，家中银子，有吏部郎中和精额于奴才女人死时，送过五百两。此外寅著、伊龄阿都送过，不记数目，其余送银的人甚多。自数百两至千余两不等，实在一时不能记忆。

再，肃亲王永锡袭爵时，彼时赍住（布）有承重孙，永锡系赍住（布）之侄，恐不能袭王，曾给过奴才前门外铺面房两所。彼时外间不平之人，纷纷议论，此事奴才也知道。以上俱是有的。

又一纸亦系供词，而问词已失。凡14条。

大行太上皇帝龙驭宾天，安置寿皇殿，是奴才年轻不懂事，未能想到从前圣祖升遐时，寿皇殿未曾供奉御容，现在殿内已供御容，自然不应在此安置，这是奴才糊涂该死。

又，六十年九月初二，太上皇帝册封皇太子的时节，奴才选递如意，泄漏旨意，亦是有的。

又，太上皇帝病重时，奴才将宫中秘事向外廷人员叙说，也是有的。

又，太上皇所批谕旨，奴才因字迹不甚识，将折尾裁下，另拟进也是有的。

又，因出宫女子貌纳娶作妾，也是有的。

又，去年正月十四，太上皇帝召见时，奴才一时急迫，骑马进左门，至寿山口，诚如圣谕，无父无君，莫此为甚，奴才罪该万死。

又，奴才家资金银房产，现奉查抄，可以查得来的。至银子约有数十万，一时记不清数目，实无千两一锭的元宝，亦无笔一枝、墨一盒的暗号。

又，蒙古王公原奉谕旨，是不出痘的不叫来京。奴才（决定）无论已、未出痘都不叫来，未能仰体皇上圣意。太上皇帝六十年来抚绥外藩，深仁厚泽，外藩蒙古原该来的，总是奴才糊涂该死。

又，因腿痛有时坐了椅轿抬入大内，也是有的。

又，军报到时，迟延不即呈递，也是有的。

又，苏凌阿年逾八十，两耳重听，数年之间由仓场侍郎用至大学士，兼理刑部尚书，伊系和琳儿女姻亲，这是奴才糊涂。

又，铁保是阿桂保的，不与奴才相干。至伊犁将军保宁升授协办大学士时，奴才因系边疆重地，是以奏明不叫来京。朱珪前在两广总督任内，因魁伦参奏洋盗案内奉旨降调，奴才实不敢阻抑。

又，前年管理刑部时，奉敕旨仍管户部，原叫管理户部紧要大事，后来奴才一人把持，实在糊涂该死。至福长安求补山东司书吏，奴才实不记得。

又，胡季堂放外任，实系出自太上皇帝的旨意，至奴才管理刑部，于审情实缓决，每案都有批语，至九卿上班时，奴才在围上并未上班。

又，吴省兰、李潢、李光云都系奴才家的师傅，奴才还有何办呢？！至吴省兰声名狼藉，奴才实不知道，只求问他就是。

又，天津运司武鸿，原系卓异交军机处记名，奴才因伊系捐纳出身，不行开列也是有的。

和珅此前何等风光，如今能够承认这么多项“指控”，可见是遭受了不少牢狱之苦。所审问内容多又围绕事先罗列好的二十大罪展开，和珅当然要承认。那个飞扬跋扈、不可一世的和珅早就一去不复返，牢狱之中，只剩下一个威风丧尽、听凭摆布的囚犯，如此而已。

一条白练了此生

和珅的案子是嘉庆帝主抓的，效率当然非常高，很快其罪行就被确认下来，接下来便是发交各省督抚进行议罪了。嘉庆的这套借大臣之口弹劾，然后皇上再以顺天应民之意迅速除掉权臣、政敌的把戏，在中国历史上已经屡见不鲜，但是却屡屡奏效。

常言说：六月的天，孩儿脸，说变就变，其实那些当官的见风使舵的能力也不弱。和珅得意时，一个个趋之若鹜，唯恐落于人后，就在乾隆驾崩当天，还有些毫无政治灵敏度的官员，竟然直接绕过嘉庆帝，前往和府劝慰和珅要“节哀”，谁知十日不到，竟会有天壤之别，那些官员也纷纷倒戈，真是莫大的讽刺。

和珅在朝中经营20多年，从来没被人直接弹劾过。可是等到嘉庆帝下定决心要收拾和珅时，朝中大臣又人人争相控诉，个个表白自己曾如何受过和珅的迫害和打击，唯恐皇帝不信，更有甚者在大殿之上竟然痛哭流涕，对和珅进行血泪控诉。态度变化之快，让嘉庆帝目瞪口呆。

从前与和珅过从甚密者自然急于表白自己；素来就看不惯和珅为人者更是群起而讨伐之，纷纷要求将和珅凌迟处死，方解心头之恨。最突出的是直隶总督胡季堂，他在奏折中说：“和珅丧尽天良，非复八类，种种悖逆不臣，蛀国病民，几同川楚贼匪，贪墨放荡，实在是个无耻小人，丧心病狂，目无君上，请依大逆律凌迟处死。”虽文辞水平一般，但其处死和珅之意志坚决，让嘉庆帝非常满意。嘉庆帝立即批示在京的三品以上官员讨论这个意见，其实这就已经定下基调，就是让大家对这个论断进行表决。众人好不容易抓住一根救命稻草，当然纷纷靠拢。

见大局已经无可挽回，下嫁和珅儿子丰绅殷德的固伦和孝公主，“涕泣请全和珅肢体，屡屡恳请不止。大臣董诰、刘墉也乘机进言，认为和珅罪大恶极，虽千刀万剐犹属轻罚，然而是曾任先朝的大臣，请从次律”，嘉庆帝见朝中大臣对自己已经俯首帖耳，知道已经达到了目的，不想过于深究，以妨大臣说自己过于严厉，失了仁慈之心。于是在量刑上做了一些小小的变通。

嘉庆在传达处罚的谕令中说：

和珅种种悖妄专擅，罪大恶极，于法实无丝毫可贷。因思圣祖仁皇帝之诛鳌拜，世宗宪皇帝之诛年羹尧，皇考之诛讷亲，此三人分位与和珅相等，而和珅之罪尤为过之。从前办理鳌拜、年羹尧皆蒙恩赐令自尽，讷亲则因贻误军机于军前正法。今就和珅罪状而论，其压搁军报，有心欺隐，各路军营听其意指，虚报首级，坐冒军粮，以至军务日久未竣，贻误军国，情罪尤为重大，即不照大逆律凌迟，亦应照讷亲之例立正典刑。此事若于一二年后办理，断难宽其一线，唯现当皇考大事之时，即将和珅处决，在伊固为情真罪当，而朕心究有不忍。且伊罪虽浮于讷亲，究未身在军营，与讷亲稍异。国家本有议亲议贵之条，以和珅之丧心昧良，不齿人类，原难援八议量从未减，姑念其曾任首辅大臣，于万无可贷之中，免其肆市。

其实，受尽和珅窝囊气的嘉庆本欲将和珅凌迟处死，唯有如此才能一出心头那口恶气。但既然有公主和大臣为其求情，嘉庆帝就仿效康熙诛鳌拜、雍正诛年羹尧的前例，恩赐和珅于狱中自尽，并宣称是为国体，并非针对和珅本人。当日，和珅即在狱中被勒令自尽。

乾隆时期，和珅的运气太好了，以致在乾隆后期盛极而衰。嘉庆元年（1796年）以后，和珅的家人接二连三地遭到不幸。嘉庆元年七月初七，先是和珅刚满两岁的次子夭折了；仅仅两个月后，和珅的弟弟、时任四川总督的和琳又在军中染病身亡。紧接着第二年，和珅的孙子也夭折了；第三年二月，陪伴和珅30年的结发妻子冯氏也撒手人寰。之后不到一年，他本人也一命归西。和珅死后，他的儿子丰绅殷德在河北蓟州找了一块地，草草掩埋了事，生前身后对比之强烈，实在让人不胜唏嘘。

嘉庆不是老眼昏花的乾隆，他自己也是委曲求全了好几年才主持朝政大权的，所以任何伪装都逃不过他的眼睛。那些与和珅关系密切的人，无论怎样辩解都无法逃脱被处理的结局。和珅的弟弟和琳虽病死军中，但嘉庆认为“有罪无功”，削去所赐公爵，撤出太庙，拆毁所立专祠；其子丰绅殷德因系固伦和孝公主之额驸，加恩留袭伯爵，“在家闲住，不许出外滋事”；侍郎吴省兰、李潢降为编修；勒令大学士苏凌阿、太仆寺卿李光云原品退休；左都御史吴省钦革职返乡。

朝廷经历了一场大地震，难免会生出诸多事端。为迅速稳定政局，防止有人乘机挟嫌诬陷，避免案件的扩大化，嘉庆于处死和珅的第二天，及时发出了禁止株连的上谕：

和珅任事日久，专擅蒙蔽，以致下情不能上达，若不立除元恶，无以肃清庶政，整饬官方。今已明正其罪，此案业已办结。因思和珅所管衙门本多，由其保举升擢者自必不少，而外省官员奔走和珅门下，逢迎贿赂，皆所不免，若一一根究，连及多人，亦非罚不及众之义。且近来弊端百出，事难悉数……倘臣工误会朕意，过事搜求，尚复攻击阴私，摘发细故，或指一二人一二事以实其言，则举之不胜其举，并恐启告讦报复之渐。是除一巨蠹，又不免流为党援门户陋习，殊非朕之本意也。

和珅被捕，确实有很多他的门生故吏惶惶不可终日，嘉庆这一行动迅速打消了他们的顾虑，朝廷的日常秩序迅速恢复。当时人们对嘉庆处理和珅一案的评价良好。朝鲜使臣曹锡中有记载：

和珅处置后，人皆谓皇帝有三达德。自即位以来，知和珅之必欲谋害，凡于政令，唯和珅是听，以示亲信之意，俾不生疑惧，此智也。一日裁处，不动声色，使朝著一新，奸宄屏息，此勇也。不治党羽，无所诛连，使大小臣工，洗心涤虑，俾各自安；皇妹之为珅子妇者，另加抚恤，此仁也。

嘉庆干净利落地处理了和珅，并且没有引起大的骚动，可见其政治能力非同一般。所以，清朝在他手中仍然缓慢向前发展着。

和珅家人及后代

和珅事败后，其子丰绅殷德受到很大影响，被削去了一等公与贝勒的爵位，只保留伯爵。嘉庆帝还专门下了一道谕旨：“丰绅殷德系固伦额驸。且公主最为皇考钟爱，自应仰体恩慈，曲加体恤，若此时丰绅殷德职衔斥革，齿于齐民，于体制亦觉未协。和珅公爵，系因拿获王三槐所得，应照议革去，着加恩仍留其伯爵，即令丰绅殷德承袭，在家闲住，不许外出滋事。”以此表示对丰绅殷德的宽宏大量。

然而，丰绅殷德并未因此高枕无忧。随着抄家的继续深入，定亲王绵恩等在抄和珅家时，查出他家藏有正珠手串200余挂，同时查出正珠、朝珠一挂，其数量比宫内还要多，其质量比皇帝用的更大更好。嘉庆帝知道后，非常吃惊。因为正珠、朝珠是皇帝专用的，一般人严禁拥有，现在和珅居然拥有这么多上好的朝珠，岂不让嘉庆疑心？于是责令绵恩等人审问和珅家人。据和珅家人交代：“和珅日间不敢戴用，往往于灯下无人时私自悬挂，临镜徘徊，对影谈笑，其语言声息甚低，即家人亦不得闻悉。”

嘉庆帝据此认为和珅有图谋不轨之心，说：“如果这件事发现在正月十八以前，即使不照叛逆罪凌迟处死，也要处以大辟。现在事情已经过去，又有皇妹恳请，故开恩维持原判。”嘉庆帝认定丰绅殷德知情不报，派绵恩等人多次查问，但是丰绅殷德坚持说“实不知情”，并且一直请求皇上开恩，宽大处理。嘉庆帝拿不到丰绅殷德知情不报的证据，再加上皇妹和孝公主的面子，于是才下谕旨“加恩免其追问，赏给散佚大臣衔，当差行走”，并且免去了丰绅殷德的伯爵爵位。

丰绅殷德看到万贯家业与崇高的社会地位顷刻间烟消云散，不禁百感交集，受到极大打击，从此便心灰意懒，大有看破红尘的味道。故每天在家中吟诗作赋、写字作画、练习武功，并苦读《道藏》，除此之外，他还沉湎女色，虚度时光。他的一首自咏小诗很深刻地表现了他的心情：

朝亦随群动，暮亦随群动；

荣华瞬息间，求得将何用。

形骸与冠盖，假合相戏弄；

但异睡着人，不知梦是梦。

嘉庆八年（1803年），和孝公主府的长史奎福被辞退，因而怨恨丰绅殷德，于是向内务府诬告丰绅殷德“演习武艺，图谋不轨，并欲害公主，还将小妾带至坟园，于‘国服’内妾生一女”。嘉庆帝命董诰、缊布等留京王大臣及刑部堂官进行会审，结果除了“国服”内妾生一女事自认不讳，其他纯属为泄私愤恣意捏造。

嘉庆帝为平息丰绅殷德的情绪，下旨道：“此案缊布奏上时，朕即知事实虚诬，但所控谋逆案事关重大，朕若少露意旨，即使审讯实系诬控，而外间无识之徒妄生臆度，必以朕过于仁慈，不忍遽兴大狱，而承审大臣亦似有心迎合，转不足以破群睫，而成信谳。当即特派董诰回京，与王大臣等会同秉公研讯，兹据王大臣等连日详鞫，惟丰绅殷德在国服内生女一节已自认不讳，此外如公主疑心饮食下毒，佥供实无其事。额驸与公主和睦，诬妄实属显然。至演习白蜡杆，始自乾隆五十九年（1794年），藉以练习身体，并非起自近日其私放利债，尚非违例盘剥，即引进高升、郑二戏耍杆棍，亦止少年不谨。所作诗文，经保凝等亲至府内查出封固进呈，多系嘉庆三年（1798年）前所作，唯《青蝇赋》一篇，系四年（1799年）在坟茔栽树，闻外间有大动工程之语，忧谗畏讥所作，详细检阅无怨望违悖语句，实系奎福因革去长史心怀怨恨，捏词诬控，今爰书已定，丰绅殷德并无谋为不轨之事，其罪惟在私将侍妾带至坟园，于国服一年妾生女，实属丧心无耻，前已降旨革去公衔所管职任，仍著在家圈禁，令其闭门思过，如此惩办已足蔽辜，其他俱属轻罪不议。”嘉庆的这道谕旨算是为丰绅殷德洗脱了罪名。

丰绅殷德在中年之后，由于在家禁锢多年，更加无欲无求。他专心道教，经常与方士、道士往来，崇尚无为，习拳弄棒，操练武术，大讲养生之术，自号“天爵道人”。此外，他还纵情声色，消极避世，曾在诗中表露心迹，“功名事业俱泡影，埋骨何劳墓志铭”，看来他是真的磨平了性子，看透了世间沧桑。

正是丰绅殷德有这种无欲无求的表现，让嘉庆非常放心。嘉庆十一年（1806年），嘉庆帝就以和孝公主夫妻感情尚好，丰绅殷德也表现得老实听话为由，授予丰绅殷德“头等侍卫，擢副都统，赐伯爵衔”。此时他已经有病在身，不久，他以散佚大臣之职奉命出京，到西北边疆的乌里雅苏台地区任职，“星驰瀚海，日近斗魁，秉公执法”。

嘉庆十五年（1810年）二月，丰绅殷德的病情进一步加重，实在难以坚持，于是请求解任回京。虽经多方求医，但终因不治于当年五月去世，终年36岁。在他临死之前，嘉庆帝“念其平日小心供职，赏给公爵衔”。丰绅殷德一生无子，只有二女，他去世时二女尚年幼。后来和孝公主过继了一个儿子，名叫福恩。福恩承袭了三等轻车都尉世职。

和珅事败后，丰绅殷德一蹶不振，家事疏于打理，和家的一切事务几乎都落到了和孝公主身上，她事无巨细，都要关心。因为她是皇亲，所以嘉庆帝及后来的道光帝都很关照她家，曾经多次赏赐银两、物品，并派内务府官员帮助她家收租、理财等。和孝公主十分干练，治家有方，家人及其他人都说她管理和府“内外严肃，赖以小康”。

道光三年（1823年）九月，和孝公主因病去世，终年49岁。道光帝赐银资助料理丧事，并亲临公主灵堂祭奠。

和琳之子丰绅宜绵，原名良辅，号有谷。他稍懂诗文，而且“善堪舆”。所谓堪舆就是看风水，经常被有钱有势的人家请去勘察风水宝地，很受欢迎。在和珅被赐死后，他的公爵之职被夺，只留个三等轻车都尉的世职，赋闲在家。

由于和珅的关系，他在政治上无法得到皇帝的信任，因此闷闷不乐，年纪轻轻就精神不振。平日更是借酒浇愁，频繁出入风月场所，日久天长，身体渐渐难以支撑，没过几年就过世了。留下一儿一女，尚年幼。此外，和珅有一女嫁给了贝勒永鋆；和琳的一女嫁给了质亲王绵庆。

因为受到和珅的连累，其家人和后代都迅速滑向一般人家，但没有被惩处和充军外地。家业虽然大部分被查缴入官，但因皇帝开恩，并没有彻底破产。和珅的家人及后代虽然淹没在芸芸众生之中，但还是平安地繁衍了一代又一代，流传了下来。

第二篇

八面玲珑，为人狡黠

——和珅的为人处世之道

第五章　攀附上司

——善解人意，善养君欲

奴才要有奴才样

对于那些敢于犯颜直谏、刚正不阿的自清之人，作为官场老油条的和珅从来都是不屑一顾的。和珅之所以能够把乾隆服侍得舒舒服服，自己也扶摇直上，其实就是做到了一点——做一个善于媚上之人。

和珅是个老奸巨滑的人，为了得到皇帝的宠幸，从而达到弄权的目的，他可是下了一番苦功夫的。他对主子百依百顺，对主子的需求考虑得非常全面，甚至能做出主子都不一定想得起来的事，给人一种毫无主见的奴才相的感觉。而那些所谓忠臣良将因为有自己的信念和“框框”，所以，朝廷中的军机大臣往往极为看重自己的身份，即使向皇帝上奏，也要注重维护自己的尊严，诸事都会有所考虑，从来不“出格”、不“越轨”，这样一来，既限制了自己，也疏远了皇帝。

其实和珅最清楚不过，那些所谓的“框框”永远都是为别人准备的，至于别人如何看待自己则无足轻重，只要能够得到主子的赏识就行。为了能让主子高兴，没有什么不可以逾越的“框框”，而且效果非常明显。经过种种旁人难以逾越的障碍后，能够达到主子的目的，从而被主子所赏识，当然，他也会得到别人无法获得的宠幸和荣耀。

乾隆时期，朝中大臣各个身怀大才大德，和珅在其中只能算个陪衬。要知道与和珅同朝为官的大臣中，名垂千古的就有好几个。例如，大学士阿桂战功赫赫，在朝中不怒自威，而才高八斗的刘墉更是出身名门、誉满天下，还有才华出众、满腹经纶的纪晓岚……这些人哪个都不是省油的灯，凭实力和珅如何能盖过他们？但是和珅之所以能够“出类拔萃”，并非完全依靠自己的真才实学。

说实话，和珅的才学也是非常不错的，可惜当时朝中能人极多，就显得和珅差了一截，要想胜过他们，他必须独辟蹊径。所以，和珅尽量不在刘墉、纪晓岚面前卖弄文学，不和阿桂谈论军事，而是在乾隆面前表现得唯唯诺诺，即便后来做了军机大臣，在乾隆面前也是以奴才自称，极大地满足了乾隆的虚荣心。和珅还以日常表现博得乾隆的好感，弥补自己的不足。史书上就有这样的记载：“皇帝每有咳唾，和珅则以溺器进之。”可见，和珅在生活细节上，对乾隆也是伺候得面面俱到。他还常常和乾隆一起聊家常，讲一些乾隆难得一听的市井笑话，逗得乾隆开怀大笑，使乾隆更加觉得难以离开和珅了。

和珅还有一个长处，就是总能正确把握乾隆的心思。封建王朝的帝王，尽管自诩为天之骄子，但也是有感情、有思想的血肉之躯，碍于森严的规章制度，他们常常深感孤独和寂寞。加上乾隆执政六十年，亲眼看见自己的股肱大臣相继离开，朝廷中大多是新近迁升的官员，而乾隆的皇子们各个为了自己身后这个位子明争暗斗，致使亲情不在，加之孝贤皇后又先他故去，心中更是无奈和寂寥。善于察言观色的和珅趁机弥补了这个空缺。情感毫无依靠的乾隆突然多了一个了解自己的和珅，怎能不大感安慰？因此，乾隆在生活中几乎时时处处都离不开和珅，和珅也凭借着乾隆的宠幸为所欲为。

当然，和珅为了达到接近皇帝的目的，成为乾隆的代言人，必须在乾隆面前表现得服服帖帖，让乾隆放心，要做到这一点并不容易，这是以不断丧失道德底线为代价的。

他在朝中大臣们的冷嘲热讽中磨厚了脸皮，对他人的嘲笑和不屑一顾能够淡然面对，当然也要背负“寡廉鲜耻”的名声！

和珅既然下定决心要当乾隆的奴才，就努力在乾隆面前表现出一个合格奴才的样子来，为了平衡自己扭曲的心理，他就会让众大臣像他对乾隆一样对待自己。《清史稿》中有这样的记载：和珅对于“不附己者，伺隙激上怒陷之；纳贿者则为周旋，加以开脱或者是故意的拖延其事，等到皇帝怒气已过，才若无其事地提出来，以求不了了之”。就这样，和珅靠着在皇帝面前心甘情愿地放弃自己做人的尊严，换取了大臣们的依附，使整个朝廷都逐渐笼罩在他的淫威之下。

精明能干美姿仪

乾隆中期以后，伴随权力的越发集中，统治疆域的不断扩大，人口的增长，统治阶层需要处理的国家行政事务不断增加，皇帝和军机处每天要批阅的文件越来越多。与此对照的是，统治集团金字塔的塔尖乾隆帝却日益衰老，精力不济，开始沉醉于享乐生活，从而将大部分事务推给军机处处理。军机处本来就事务缠身，这下更没有喘气的机会了。繁杂的政务和高强度的工作压力要求军机处的工作人员具有较强的身体素质和充沛的精力，否则难以胜任。幸运的是，和珅正值壮年，两个条件他都具备。

和珅第一个优点就是年富力强。军机处的日常安排非常紧张：每日寅时（4~5点），军机大臣及章京先后到岗，内奏事处太监发放经皇帝批阅过的奏折，军机章京分送给军机大臣翻阅。一般情况下，汉大臣只看汉字折，满大臣只看满字折，此即“接折”。卯刻（6~7点），皇帝晨起进膳，膳后批阅部院本章及各督抚折子，大约辰刻（8~9点），开始召见大臣，日必四五起。军机章京先已将奉“另有旨”“即有旨”的奏折另储一黄匣，待“叫起”时交军机大臣捧入请旨，此即“见面”。军机大臣见面后退出，即召军机章京面授旨意，并分令诸章京撰草，人各一通，如有字数过长、急需缮递者，则数人分纸速写，共成一通。旨稿缮毕，即交达拉密（领班章京）核校后储于黄匣，送军机大臣详酌无误后，始交内监递进，此即“述旨”。往往述旨未竟，内监先已络绎来催；而军机大臣或又奉召见面，复有谕改，日至于再三。由于这项工作直接与皇帝衔接，在工作过程中还要常常考虑皇帝能否满意等，其脑力耗费和体力耗费是非常巨大的。这就要求办事官员年轻化，并且精力充沛。

实际情况如何呢？军机处的汉人军机大臣年龄偏长，如乾隆三十八年（1773年）在值汉人军机大臣：刘统勋75岁、刘纶63岁、于敏中60岁、袁守侗51岁、梁国治51岁，这样的年龄应对繁忙的军机事务实在有点儿勉为其难。满族军机大臣情况稍好些：舒赫德64岁、阿桂60岁，阿思哈、丰额、索琳年龄不清楚，福隆安约40岁、庆桂39岁、和珅27岁、福康安约28岁、明亮38岁。

可见，乾隆帝是有心要培养一批年轻、精力充沛、具有敏锐政治眼光、处事干练决断而又忠于自己的人才。这些人有一个共同点：年轻而且是八旗子弟，世代在朝为官，这是出于忠心的考虑。

军机大臣虽然在外面风光无限，但由于事务繁忙，而且身处机要部门，出任军机大臣必须具备的第一个条件就是要博闻强记、反应快。因为要当面奉旨、快速准确地记下皇帝的指示，所以需要有很好的记忆力，这一点恰恰是和珅的特长。《清稗类钞·异禀类》就记载说：“和珅记性绝佳，每日谕旨，一见辄能默记，乃至中外章奏连篇累牍，仓猝批阅，皆能提纲挈领，批却导 ，以故与闻密勿，奏对咸能称旨。此所谓才足济奸，聪明误用者矣。”

除了上述优势，和珅的另一大优点就是特别机灵，而且在满族贵族子弟中算是有学问的人。清人《随园诗话补遗》卷十中就记载：“和珅聪明绝顶，口才便利……虽是小人，却有本领。”

另外，我们常说，“好的外貌是成功的一半”。和珅具有漂亮的外表。相貌本身就是封建社会选拔人才的一个必要条件，免得有损国威。有学者研究指出，当时，军机处的军机大臣中，任职时间较长的王杰、于敏中、董诰、梁国治、福长安等人据说都是仪表堂堂的俊杰之士。和珅不仅外貌招人喜爱，而且性格机敏，头脑清醒，口齿伶俐，所以能在27岁时即官至军机大臣，掌管国家内政外交，赢得乾隆帝的绝对宠幸，成为清王朝的实权人物。就连英国使臣马戛尔尼在《乾隆·英使觐见记》中也有关于和珅的记载：和珅“相貌白皙而英俊，举止潇洒，谈笑风生，樽俎之间，交接从容自若，事无巨细，一言而办，真具有大国宰相风度”。

这一点与汉臣刘墉、纪昀等人相比后更加鹤立鸡群。刘墉、纪昀才学虽高过和珅很多，但是刘墉驼背，纪昀更是貌寝（丑陋）短视，不能体现国威，因此长期不受重用。邓之诚先生的《骨董琐记》卷三《乾隆时侍从之臣》中就有相关记载：“于时大臣向用，颇以貌取。”看来乾隆尤其重视相貌这方面。这样想来，“面貌俊秀，性情温顺，举止从容，且口齿极其伶俐”的和珅，自然更容易获得乾隆的好感。

处事谨慎表忠心

和珅长期担任朝廷要职，而且皇帝不断地让他担任重要职位，充分体现了乾隆对他的信任。和珅之所以能让皇帝如此放心，一个很重要的点就是他虽然贪财，但一向谨小慎微，不与人交际，特别是不与人结成政治同盟关系。

军机处是国家的特别部门，保密是该处办公人员的首要条件。为保证国家机密不外泄，政府还设置了军机御史负责督查军机处纪律，防止闲人靠近军机处。由于这层原因，清代军机处人员都有一个普遍的特点，就是处事非常低调，向来不与内外大臣交往。例如，乾隆年间深受皇帝器重的军机大臣张廷玉被称为“门无竿牍，馈礼有过百金者辄却之”；讷亲则是“虽苛刻而门庭峻绝，无有能干以私者”；汪由敦“凡书牍多为作答”，“馈节不过葛纱而已”；傅恒虽然看上去挺随和，平易近人，“然外吏莫能登其门”；就连普通办事员军机章京也是“即在京部院官亦少往还”。

由于军机大臣权力地位特殊，往往成为内外大臣争相结交的对象，因而最容易与内外大臣形成利益上或政治上的同盟关系，威胁国家政局稳定。

清代对于历代危害皇权稳定的朋党问题非常敏感，常常积极地予以严密防范，一有苗头，严厉打击。早在清朝开国之初，康熙帝就曾这样表示：“人臣服官，惟当靖共匪懈，一意奉公。如或分门立户，私植党与，始而蠹国害政，终必祸及身家。历观前代，莫不皆然。在结纳植党者，形迹诡秘，人亦难于指摘。然背公营私，人必知之。凡论人议事之间，必以异同为是非，爱憎为毁誉，公论难容，国法难宥。百尔臣工，理宜痛戒。”

康熙时期的朋党问题非常严重，主要起因是太子之争。此事越闹越大，日益威胁到朝廷的政治稳定。所以，雍正帝于雍正二年（1724年）完成《御制朋党论》，目的就是限制朋党的发展，其中开宗明义地指出：“朕唯天尊地卑，而君臣之分定。为人臣者，义当唯知有君，唯知有君，则其情固结不可解，而能与君同好恶，夫是之谓一心一德而上下交。”其中强调了臣节，并将其作为评定优劣的最高标准。在这一思想指导下，雍正帝对封疆大吏的看法是：“有猷、有为、有守，三者并重。但恃其操守颇廉，以为可以博取名誉而悠悠忽忽，于地方事务不能整饬经理，苟且塞责，姑息养奸，此等之人，贻害甚大……但洁己而不奉公之清官巧宦，其害事较操守平常之人为更甚。”这样一来，“操守颇廉”的查弼纳、杨名时、张楷、魏廷珍等人受到指责，而敢于迎合皇上的李卫、朱纲之流则被雍正看作心肠好、实心任事的“大能人”。

乾隆帝即位之初，军机大臣、雍正朝遗臣张廷玉被赶出军机处的一个很重要的原因，就是他长期担任军机大臣，却因为是雍正朝的大臣而犯了骄横的毛病，逐渐与外臣结交。乾隆对长期担任军机大臣、一度担任军机处汉人首席军机大臣的于敏中，也多有怨言，就是因为他“作为军机大臣已久，颇接外吏，通声气”，不仅如此，他为了获得世袭爵位，竟然频频向内廷太监打探消息，犯了官场大忌，让颇为看重权力的乾隆深恶痛绝。

和珅操纵朝中大权20多年，因拥有空前的权势和皇帝的宠信，所以有不少各级官员巴结他。他贪财好物是出了名的，但他与官员的接触仅限于聚敛财富，对结党营私这根高压线向来很敏感。因为他知道这是皇帝的一大禁忌，所以决不轻易与同僚结交，尤其是在任首席军机大臣时更是如此。

嘉庆四年（1799年），皇帝给和珅列出了二十大罪状，件件都可致其于死地，但其中却没有结党营私一说。嘉庆帝还曾就此问题专门询问过曾任军机章京的直隶布政使吴熊光：“人言和珅有异志，有诸？”吴熊光断然否认：“凡怀不轨者，必收人心，和则满、汉几无归附者，即使中怀不轨，谁肯从之？”这也说明，和珅就算在得意时身边围绕着很多巴结他的人，但是他确实没有政治上的利益同盟，只是一心捞钱。

和珅政治敏感性强，一向注重不与内外大臣结盟，总是埋头把权，一心捞钱，所以在官场上留下“贪财、刻薄、跋扈”的坏印象，但是这一点在皇帝眼里却是难得的政治优点。因为没有“异志”，自然就是皇帝最放心的了，所以他把事务都交给和珅去打理，自己也落得逍遥快活。

照顾全局的和珅

和珅能够长期受到乾隆帝的欣赏和信任，其中一个原因就是和珅做事圆通灵活，具有大局意识。

作为一个政治家，面临重大事件的概率当然高，而如何处理自然就成了问题。这些问题一大部分都非常复杂，很难用简单的是与非进行划分。此时就需要决策者有大局意识，能够从大的方面看待某一具体问题，抓住事物本身的内在矛盾，提纲挈领，尽快作出判断并果断出台相应决策。如果纠缠于细节，只能影响事情的处理。有些急需处理的事情还需要具体问题具体分析，万不可生搬硬套。也就是说，做事一定要圆通灵活，具有全局意识，能够做到灵活应变。

乾隆帝在用人问题上就特别注意这一点，从不从一时一事去考察一个人，而是从处理问题的方法和手腕上考量他是否适合某一职位。乾隆朝有许多著名的文学之士和学术名流，如王昶、卢文、王鸣盛、钱大昕、余萧客、翁方纲、陆锡熊、余集、邵晋涵、桂馥、孙星衍、王念孙、段玉裁、朱筠、姚鼐、彭元瑞、窦光鼐等，都始终没有获得重用，原因是乾隆对文人的政治才干心存疑虑，或者从内心就不相信他们在政治上能有大的作为。

最著名的就是一代文学大家纪晓岚，曾具体负责《四库全书》的总体编纂事务，成就了乾隆帝的“文治之盛”，是乾隆在文化教育方面的顾问。就是这样一个众人景仰、皇帝倚重的人，在数十年的仕途发展上，却始终不尽如人意。在乾隆帝眼中，纪晓岚虽满腹经纶，但毕竟只是一个学者型人才，这类人缺乏经世之才，往往纠缠于事务的具体细节而没有大局观，不可委以大任。

乾隆三十三年（1768年）四月，纪晓岚循例迁贵州都匀知府时，乾隆帝以“用非所长”为由将其留在京师，并授予四品衔，留为左庶子。当时他的理由还是非常光明正大的：“剧任恐掩佳才。”乾隆五十年四月，员外郎海升殴死妻子吴雅氏。当时纪晓岚任左都御史，他因失察而遭到乾隆帝呵斥，话说得非常刻薄难听：“其派出之纪昀，本系无用腐儒，原不足具数。”正因如此，纪晓岚此后一直混迹于礼部、兵部、都察院，未曾进入事务性较强、地位较高的吏部、户部、刑部、工部等衙门任职，更别提大学士等职务了。

和珅则不同，他做事圆通灵活，虽属于读书人，行事却不受约束，做事方式也是多种多样，以达到目的为宗旨，政务能力很强。这一点不仅表现在日常事务的处理上，更表现在对李侍尧等地方大员贪污案件的处理上。乾隆中期的一系列大案的出现，原因多种多样，但起决定性作用的是俸禄太少，而应酬却大幅增加，所以往往不够用。清朝制度中，官居一品的大学士的年薪也只有180两白银左右，比苛刻的明王朝还要少，难保他们不贪污。所以这项制度实施之初就有人提出异议：“禄薄则廉者不能自润，而贪者以削小民；秩卑则高才无用表见，而污者苟且流竞以矜侥幸，安望其养廉耻、建功名乎？”虽然有官员建议增加俸禄，以刹住贪墨之风，可惜，康熙还是强行推行开来。

康熙时期，官员们既要来往应酬，俸禄又少，所以贪污之风一直非常盛行。正是鉴于此种情况，雍正对固有薪给制度做了大幅度的改革，给地方官员增加了养廉银。所谓的养廉银就是从各省布政司库的耗羡银中抽出绝大部分，按官级和政务的繁简程度等分配给各级地方官，作为他们的私人生活和衙门公务的开支。实行这一改革的目的是止住当时上级衙门对下属的苛取勒索及州县官对民间的私征加派，从而缓和社会矛盾。而其实质则是将“灰色收入”透明化。

虽然朝廷不再追究，但是官员得到的银两实际上是减少了。就拿河南巡抚衙门来说，原有各项规例银不下20万两，养廉银制度推行后的雍正三年（1725年），只剩下2.89万余两，雍正十年（1732年）更是减少到2万两。到了乾隆朝，乾隆帝对养廉银额加以调剂，削减督抚养廉，此时，河南巡抚的相关款项只剩下1.2万两。这样一来，养廉银就徒有虚名，官员的开销用度只好靠向下级摊派或横征暴敛维持，以致“养廉者其名，而养不廉者其实也”。

此外，地方上的各级官员还要负担每年向朝廷的进贡及地方上的临时之需，官员当然不能自己创造财富，所以这些负担都最终落在了百姓头上，或者挪用公款。在此过程中，地方官员还不忘捞取好处。这样一来，吏治腐败，贪污盛行，地方财政入不敷出、寅吃卯粮。李侍尧贪污行为的出现也就不足为奇了。

乾隆帝对李侍尧案出现的原因当然是一清二楚，所以，在处理李侍尧贪污问题时其内心是非常矛盾的——既要严肃处置李侍尧的贪污行为，以警示其余官员，遏制日益严重的贪污问题，又要对这个年年向自己进贡的人网开一面，以免断了自己的财路。和珅向来善于揣测皇上的心思，可以说对乾隆帝的心思十分明了。和珅十分清楚这其中的利害关系，虽然乾隆帝有心放过李侍尧，但和珅也要把场面做足，免得让人抓住把柄。所以他在努力将李侍尧案件搞清楚的同时，并没有严格按照大清律的规定将李侍尧即行斩决，而是提出了处以斩监候的建议。虽然很多大臣对此表示不满，但他仍坚持斩监候的处理意见，给乾隆帝留下灵活掌握的空间，最终得到了乾隆帝的认可。

和珅为了不让乾隆帝过于难做，从而影响到全国的官场大变动，很好地控制了局面。和珅这件事办得令乾隆帝非常满意，使他此后日益获得乾隆帝的专宠。

让主子离不开我

能够让皇帝离不开自己，除了主动表现得卑躬屈膝，获得皇帝的注意外，还要有高明的手段。

乾隆特别宠幸和珅的原因很多，这一直是人们津津乐道的话题：年轻而毫无政绩、功绩的和珅是怎样让乾隆这般看重，以致连年升迁？其中一个重要原因就是和珅有一套敛财的非凡本领，能满足好虚荣、爱面子、好场面的乾隆。

乾隆在执政前期是一位英明的帝王，到了后期他渐渐喜欢追求泱泱大国的皇家气派和豪华场面，但仍然想给世人以严谨勤俭、爱民如子的明君形象。这是一个矛盾，但是和珅总能很好地解决这个矛盾，为乾隆献上许多敛财的办法。乾隆明处下令不要铺张，和珅却怂恿各级官员、各地富商加紧捐贡，既保留了乾隆帝“廉洁持政”的高大形象，也为他聚敛了大量财富，乾隆越发自鸣得意。有一段时间，内务府财务紧张。在和珅的主持操办之下，只一年内务府就扭亏为盈，国库中的存银也多了起来。于是乾隆更加离不开和珅，逐渐把权力下放给他，和珅在朝中更加有恃无恐。

和珅敛财的方式多种多样，其中最重要的是和珅独创的“议罪银”制度：官员犯了错误，可以按照程度深浅纳多少不一的银赎罪，免去处罚。“议罪银”制度得到的巨额银两有八九成是不入国库的，这就为乾隆提供了挥霍的资金。

乾隆统治前期，国力强盛，加上康熙、雍正留下的庞大家底，国库也较为充裕，但抵不住他中晚年以后的无限制挥霍和恣意用兵。眼看着国库日见难支，为了满足好大喜功和粉饰太平的欲望，他急需一位能为他广开财路的能臣，和珅及时填补了这一空白。

当时，上自清政府各部官员，下至封疆大吏、知府、知县及盐商、行商、票商，每年都要把他们搜刮来的大量钱财和稀世珍宝献给皇上，借此获得更大的功名，这种行为甚至达到了疯狂的程度。尤其在皇太后、皇后、皇子公主的生日时，朝廷更是趁机向各级官员和富商搜刮，而官员和富商也是乐此不疲——反正自己不出一分钱。好面子的乾隆还曾几次下谕旨，表示反对贡献，其实这只是表面文章，暗地里乾隆照收不误。不仅如此，就连周边国家，如朝鲜、安南、琉球、吕宋、缅甸及英国等周边的使臣也进贡了大量珍宝。

和珅在不大动用国库库存的情况下就满足了乾隆奢华享用的需要，乾隆当然十分高兴，就越发觉得和珅聪明、能干，是他的得力助手，一刻也离不开了。当然，和珅在这一过程中也趁机给自己聚敛了巨额财产。其实这些钱财既不是这些官吏自己努力所得的，更不是把自己的家私拿来贡献给皇上。他们只是挪用大量国库金银，反过来再向人民巧取豪夺，所以广大人民的生活水平在一片歌舞升平中实际上下降了。

和珅为了能多收入、少开支，确实动了不少脑筋。我们知道，他是个“吝啬的富翁”，他对于钱财可谓精打细算。为了增加收入，他几乎到了“雁过拔毛”的程度。他所掌握的重要进财口——崇文门税关设在今崇外上三条至四条胡同之间。明朝时，北京内城九门均设有关卡，向过往客商、官员及进京的举子收取课税。到了清朝，九门征税改为崇文门统一征税，另设有几个巡查税口。崇文门税关的税务监督一职应该由内务府包衣出身的官员担任，但到乾隆时期，皇帝为了表示对某位大臣的看重，往往把这一进财肥缺委任给他的亲信大臣，和珅作为乾隆的宠臣自然担任了这一职务。

据陈康祺在《郎潜纪闻》中的记载：“天下榷税之关，以京师崇文门胥吏为最侈且暴。”按税务规定，凡小商贩携带的箕筐、笤帚、鞋袜、米面、布匹、菜蔬、瓜果、食物等物可免税入城，上有政策，下有对策，实际上在具体操作时并非如此，而是照纳不误。当时京畿一带的商民、百姓入城时，均在帽檐边上准备好两文钱，经过城门时税吏自行拿取，双方并无言语沟通，几乎成了一种“潜规则”。《燕都杂咏》中就有一首诗，讽刺了当时这种现象：“税榷九门全，权归阉寺专；村氓挑状至，任取鬓边钱。”

崇文门税关不仅负责收税，还承担着其他任务，如代替宫廷变卖被抄没的王公大臣等人的家奴和财产等。这些都是有油水的衙门，是直属朝廷的肥缺。正因为崇文门税关每年的收入可观，所以视财如命的和珅才牢牢把持，一直不愿松手。他辞去了崇文门税务监督一职后，又让其子丰绅殷德接任，可谓换汤不换药。

和珅聪敏练达，善于理财，能够源源不断地供给乾隆大量金银财宝，供其消费挥霍，又加上他善于揣摩乾隆心思，所作所为迎合上意，所以乾隆对他非常满意，对他也很放心，晚年更是达到了“依毗益笃”的程度。当时整个国家的财政大权都由和珅一人把持，他先后任户部侍郎、户部尚书、管理户部三库、内务府大臣等多年。因兼职太多，乾隆让他辞去了户部职位。但不久后发生的湖南、贵州苗民起义及紧接着的白莲教起义，使军费骤然紧张。“嗣因军需销算，伊系熟手，是以又谕令兼理户部题奏报销事件。伊竟将户部事务一人把持，变更成例，不许部臣参议一字”。和珅的独断专行由此可见一斑。

和珅在全国疯狂敛财，其中一个重要原因就是满足乾隆无休止的需要。乾隆八十大寿时，和珅理所当然是操办庆典的主要负责人，他也想乘机大捞一笔。于是他让各级官员纳贡，以此讨乾隆欢心。乾隆当然知道和珅的贪墨行为，但在他眼里，只有和珅才是自己最信赖的人，是值得依靠的。

乾隆与和珅在这一点上相互依靠：乾隆把和珅看成招财进宝有方的财神爷，缺钱、用钱就向他要；和珅则打着乾隆的旗号发号施令，趁机大捞特捞。乾隆离不开和珅给自己撑面子，和珅也离不开乾隆给自己撑腰，双方对此乐此不疲。

做到侍君如待父

和珅与乾隆接触较多，他是真心地爱戴、关怀、尊敬乾隆帝的。他把乾隆看得比任何人都重要，每天都悉心照顾，躬亲服侍，把乾隆当作自己的父亲一样小心伺候，所以乾隆终生视其为最可信任之人，从乾隆对他的态度也能看出，二人的关系真的已经超越了君臣，情同父子了。

封建君主为了将儒家的仁、义、忠、孝等美德推广至天下，总是以身作则，为世人做出榜样。乾隆又是个爱面子的人，更是不甘人后。

每当太后大寿之时，乾隆总是不惜财力把寿庆办得隆重喜庆，博得太后高兴。当时的一篇文章写道：

十余里中，各有分地，张设灯彩，结撰楼阁，天街本广阔，两旁遂不见市廛。绵绣山河，金银宫阙，剪彩为花，铺满为屋，九华之灯，七宝之座，丹碧相映，不可名状。每数十步间一戏台，南腔北调，备四方之乐，侲童妙伎，歌扇舞衫，后部未歇，前部已迎。左顾右惊，右盼复眩，游者如入蓬莱仙岛，在琼楼玉宇中，听《霓裳曲》，观《羽衣舞》也。其景物之工，亦有巧于点缀而不甚费者。或以色绢为山岳形，锡箔为波涛纹，甚至一蟠桃大数间屋，此皆粗略不足道。至如广东所构翡翠亭，广二三丈，全以孔雀作屋瓦，一亭不啻万眼。楚省之黄鹤楼，重檐三层。墙壁皆用玻璃高七八尺者。浙省出湖镇，则为广榭，中以大圆镜嵌藻井之上，四旁则小镜数万，鳞砌成墙，人一入其中，即一身化千百亿身，如左慈之无处不在，真天下奇观也。

这篇文章事无巨细地描述了乾隆庆祝皇太后六十大寿时的情景，从街市到亭台楼阁一一提及，以此表现出当年祝寿的盛况，也可以看出乾隆对母亲极尽孝心。

爱写诗的乾隆留存下来的万余首诗中很多描绘了母子共享天伦之乐的情景，表达了他对母亲的无限尊敬和爱戴。其在《新正重华宫侍皇太后》中写道：

凤辇临龙阁，新年第一祥。
彤庭增喜气，绿野遍春光。
欣荅初韶令，钦称万寿觞。
枌榇兰百和，胜帖燕双翔。
彩服孙曾绕，遐龄日月长，
宫中行乐养，欲以化群方。

这首诗描述了新春佳节之际，乾隆与太后欢聚一堂的热闹情景，同时流露了祝福太后健康长寿的真情，让我们了解了皇宫之中难得的其乐融融的场面。另一首诗这样写道：

快霁天中景丽鲜，宜人都为利农田。

轻阴乍转招凉牖，永昼如迟竞渡船。

斜叶蕉云亭畔卷，低枝榴火沼中然。

五丝彩缕随风俗，愿比慈宁寿算绵。

这首诗描述了五月石榴花开，端阳佳节到来时，乾隆兴致勃勃地与太后到圆明园观赏龙舟的热闹场面，同时表达了祝福太后万寿无疆的殷殷之情。

为了接近乾隆，拉拢与乾隆的关系，和珅尽心尽力服侍乾隆的母亲——皇太后。和珅在太后面前总是百倍尽心，他心里明白，只要能够把太后伺候得舒舒服服，让她在皇上面前夸赞自己，乾隆就一定会很高兴。太后的一个赞许，比那些冷冰冰的金银财宝更管用。

和珅不仅对太后、皇后恭敬有加，对皇帝身边的人，甚至地位远远低于自己的侍从也是低声下气。总而言之，只要那些人能够和皇上说得上话，他都一律小心对待，也好让他们有机会向皇帝说自己的好话。

每当皇太后的寿诞之日，和珅都会放下自己大臣的架子，与低等的侍卫们一起抬着太后的凤辇前去接受百官的祝贺。这一切，乾隆都看在眼里，虽然表面不说什么，但不由得更加看重和珅。乾隆六十七岁时，崇庆皇太后崩逝，年近古稀的乾隆内心非常悲痛。当即下定决心剪发，并身着白绸孝衣，在舍清斋为太后守孝，终日茶饭不思、悲伤不已。和珅见此情景，更是表现得无限悲痛。作为人臣，他的举动本来到此即可，但是他却与乾隆同哀同悲，陪侍在乾隆身边痛哭，把太后当成自己的亲人一样去哀悼。这些都大大增加了乾隆对和珅的好感和信任，此后，乾隆对和珅愈发宠幸了。

就这样，和珅对上卑躬屈膝，对下却滥施淫威，整个朝廷渐渐落在他的掌控之中。和珅就是这样一步步掌控这个帝国的命运的。这一点，连乾隆朝时来使的英国副使也看在了眼里，他记述：“和珅总是随着皇帝御驾后面。当皇帝停下轿子向特使（马夏尔尼）慰问的时候，几个官员跳过沟去到和中堂轿前下跪致敬。值得注意的是，除了和中堂之外，没有其他大臣和皇帝亲人及侍从跟随着皇帝陛下，足见和中堂地位之特殊。”

和珅对乾隆就像对待自己的长辈一样伺候着，终于换来了无上的权力，达到了他的个人目的。

说皇帝愿听的话

和珅最善于说皇帝喜欢听、愿意听并且相信的真话。

乾隆执政六十年，创下了丰功伟绩，不仅平定了大小和卓、大小金川之乱，而且很好地安置了土尔扈特的东归事宜，其历史功绩善莫大焉，不得不说他是一代明君圣主。虽然他好大喜功，爱让人吹捧，喜欢铺设场面，从而劳民伤财。但瑕不掩瑜，他的功绩绝非历史上那些暗弱的君主可比。

乾隆心机深重，那些一眼就可以看出的虚妄不实的谀词，在他那里不但不会讨到便宜，还很有可能被爱面子的乾隆斥责一顿。和珅深谙此道，他知道乾隆爱附庸风雅，喜欢与人谈论文学诗词，所以，他在乾隆面前评古论今，纵横春秋的时候力求引经据典，让皇帝心服口服。时间久了，乾隆就觉得满朝文武中，和珅不仅算是一个勇于直言的骨干之士，而且还是个胸有才华的饱学之士。当然，和珅讲的那些只限于乾隆爱听的。

乾隆一向自信满满，对自己一生的所作所为也颇感满意，认为自己不仅实现了执政60年的夙愿，而且成就颇丰，对以后也有深远影响；而且自己身历四朝，可谓看透一切政治玄机；加上他在执政期间，多次平定西南、西北和东南等地少数民族的起义，这些文治武功加在一起就成了他始终挂在嘴边的“十全成功”，他也自称“十全老人”，并亲自六下江南巡视，虽实质上是游山玩水，但也为确保中央政权对江南的控制，保证江南作为国家经济中心的发展起到了重要作用。

作为诗歌大国的一国之君，他自认文采风骚不输唐宗宋祖。他平生性喜吟诗作赋，撰文著述。他的诗作流传下来的就有四万余首，平均下来，每天都有一两首问世。一个日理万机的执政者能有如此成就，可谓是个多产“作家”；在他的主持下，朝廷还编纂了巨型的丛书《四库全书》，更可谓前无古人的功业。所以，他评价自己时曾说：“更慎思之，三代以上弗论矣，三代以下，为天子而寿登古稀者，才得六人，已见之近作矣。至乎得国之正，扩土之广，臣服之普，民庶之安，虽非大当，可谓小康。目前代所以亡国者，曰强藩，曰外患，曰权臣，曰外戚，曰女偈，曰宦寺，曰奸臣，曰佞幸，今皆无一仿佛者，即所谓古稀之六帝，元、明二祖，为创业之君，礼乐政刑有未遑焉。其余四帝，予所不足为法，而其时其政，亦岂有若今日哉，是诚古稀而已矣。”

这段话总体是在年逾古稀之际，回溯整个中华民族的历史，自尧、舜、禹三代以下，年纪超过古稀之年的皇帝，一共只有6个人。然而，说到国家的强盛，领土的广大，四方的邻国纷纷前来臣服，天下的百姓都能够安居乐业，虽然现在还不能说是尽善尽美，但总可以称得上是小康之世了，而且，以前历朝历代亡国的原因，如国家中有独立存在的强大藩国，外有蠢蠢欲动的强敌，朝中有僭越掌权的大臣，还有诸如外戚掌权、女优祸国、宦官专政、奸臣当道等原因，现在一件都没有。即使在那6位年过古稀的皇帝中，元世祖和明太祖都是开国创业的君主，他们治下的礼、乐、政、刑都有不够完善的地方，其他的就更不用提了。相比较而言，自古以来真的是没有如今日一样的太平盛世啊。言外之意，乾隆自己是前无古人的千古第一明君。

乾隆喜欢把自己向明君圣主靠拢，不仅爱好众多，而且力求精益求精。而和珅能在乾隆林林总总的爱好中抓住主要部分，游刃有余地穿梭其中，常常能博得乾隆的称赞，这是下了一番苦功夫的。

和珅知道乾隆喜欢把自己与祖父康熙帝、父亲雍正帝相比，就常在他面前言语中肯地比较他们祖孙三代作皇帝的功绩，讨得乾隆欢心。

康熙帝八岁登基，十四岁亲政，面临着顺治帝遗留下的诸多困难和朝中大权尽归鳌拜的不利局面，加上平西王吴三桂、平南王尚可喜及其子尚之信和靖南王耿仲明及其子耿继茂、孙耿精忠组成的“三藩”各霸一方，对抗朝廷。挑战不能说小，但是他展现了少年天子的雄才大略。

先诛鳌拜，紧接着调兵遣将攻打三藩，经过长久的艰苦的攻战，又平定了“三藩”的叛乱，一代明君之相尽现。

紧接着，他收复台湾，真正统一全国，并迅速平定叛乱，同时实行了休养生息的政策，并废止了清军入关以来满族贵族强行霸占土地的圈地行动。另外，他还注意治理河患、改革赋役等一系列稳定民心的政策，加上他本人对西方科学持欢迎态度，并亲自学习几何学，对全国疆域进行了精确测量……文治武功，无不泽被后代。在他的统治下，国家一改明末以来的动荡、凋弊之态，开始变得安定富足，所谓的“康乾盛世”就是从康熙帝统治的中期才开始的。

和珅知道乾隆总把康熙作为自己的标杆，凡事都向康熙学习，所以，他把康熙的一生研究得非常透彻，常常在乾隆面前夸赞圣祖康熙的文韬武略，而且往往在讲述完康熙的业绩后，特意拿乾隆期间的历史事件和功绩进行对比，并特别强调乾隆的强项——文采。康熙时期，毕竟清朝开国不久，刚刚入主中原，难免偏重于骑射和骁勇善战的武功，对文学确实不重视，尤其在吟诗作赋上，更是无法与乾隆相比。

这就给乾隆一种感觉，自己不仅在治理国家上不输于圣祖，在文采上更是胜过一筹，看看当时世人对康熙的夸赞，他似乎已经感受到后人对自己的无限仰慕之情，由此，心理上得到了极大的满足。

和珅常常能讲真话，而且是皇帝爱听的真话，从而能够轻而易举地博得乾隆的欢心，以至于乾隆对他的恩宠也与日俱增，一生都不曾改变。

摸透皇帝的心思

和珅得势的一个重要原因就是善于揣摩皇帝的心思。

和珅在乾隆身边20多年，加上他善于揣摩乾隆的心理，从乾隆的一举一动中总结出他的脾性，从而将乾隆的内心世界揣摩得一清二楚，每走一步都恰好落到乾隆的心坎上。

和珅从小就知道乾隆爱吟诗作对，因此，早在他还在咸安宫官学念书的时候，就四处搜罗乾隆的御诗加以研究。和珅把乾隆所有的诗都了然于胸，这也许是他能够准确领会乾隆意思的重要一环。不仅如此，他还刻意模仿乾隆的笔法。和珅经过多年的体验观察，了解到身为万圣至尊的乾隆鲜为人知的内心世界。知道他也是一个普通的人，同天下任何一个普通百姓一样，有着平凡的幸福和喜怒哀乐，也有普通人的种种小毛病，如强烈的虚荣心等。所以，和珅对待乾隆也许比其他人更能把他当作一个普通人来看待，与他一起高兴，一起悲伤。

无论是对高高在上的天子来说，还是对终日劳作求生存的蚁民来说，亲情都是最重要的。和珅从乾隆“老吾老，以及人之老；幼吾幼，以及人之幼”的人之常情出发，知道乾隆对他的母亲和自己的众多儿女也充满了一个普通人应有的亲情。这时，那个挥斥方遒、指点江山的乾隆化身为一个孝子，一个慈父，享受着人伦之乐。

和珅的儿子丰绅殷德有幸娶了乾隆最喜爱的固伦和孝公主为妻，和珅对待固伦和孝公主就很少拘谨，完全像对朋友的孩子一样，在恭敬中透着一份关爱和亲切，使她的童心得到满足，作为父亲的乾隆也非常高兴。

和珅知道乾隆还是一位附庸风雅的君主，他性喜收藏古董，稀有的画册、墨迹比多少金银都能令他高兴。和珅为此利用各种机会四处搜罗，将各地的官员、富商进献给他的珍稀古玩进行挑拣，喜欢的自己留下，然后挑其他的进贡给乾隆。很快，各地欲向和珅行贿的官员也都知道和珅喜好古董，纷纷进献历朝历代的古董字画、名人佳作。乾隆四十五年(1780年)，“京城内有佛铺子，互相买卖，朝臣用此作为贡献，皇帝亦以赏赐贵臣，千秋节晨朝，有进贡覆黄帕架子，盛以金佛一座，长可数尺许，舁入阙中，闻户部尚书和珅所献”。

和珅对乾隆的了解可谓深刻，从一件事可见一斑。乾隆末年，嘉庆初年，襄阳地区掀起了声势浩大的白莲教起义，起义军气势浩大，给清廷造成极大震动。令已经禅位归政、自称“十全老人”的乾隆寝食不安，耿耿于怀。

乾隆弥留之际，仍然挂念此事。有一天他单独召见和珅，和珅进入后宫时，发现乾隆面南而坐，而当时已登基称帝的嘉庆帝只坐在乾隆身边的一个小凳上，和珅跪在地上，过了很久也不见乾隆说话，乾隆闭着眼睛好像睡着了一样，只是口中念念有词，好像在说什么，嘉庆侧起耳朵，努力想听清楚，却终究听不清楚，不明所以。过了一会，乾隆忽然睁开眼睛大喝道："那人叫什么名字？"跪在地下的和珅不假思索地回答道："徐天德，苟文明。"乾隆于是不再言语，继续闭起眼睛默默念诵着什么，过了一个时辰才打发和珅出来，其间没有同和珅说一句话。嘉庆帝感到非常吃惊。过了几天，他秘密地传见和珅，问他说：上一次，父皇召你进宫，他说的是些什么，而你回答的那六个字又是什么意思。和珅颇有些得意地说：太上皇背诵的是西域流传的一种秘密咒语。据说，默诵这种咒语，被诅咒的人虽然远在几千里之外的地方，也会突然死去，所以，当时太上皇问及的时候，我用白莲教匪首徐天德和苟文明的名字来应对，他自然非常满意。嘉庆听了更加惊愕，没想到和珅竟然擅长这种妖术，所以乾隆驾崩之后没几天，他就把和珅诛杀了，以免他动用妖术，诅咒自己。

乾隆临死之际的话就连嘉庆也难以分辨，而和珅竟然能够与其心灵相通，连乾隆会西域咒语这种事都知道，并且深明其意。由这件事，可以窥见和珅对乾隆已经到了"心思一动，无所不知"的程度，能对乾隆了解到这种地步，乾隆又怎么能不引他为左膀右臂呢。

肯为皇帝背"黑锅"

历史上对乾隆的评价很高，这主要是根据他前期的功绩。但是，到了晚年，他变得脾气暴躁、行为乖戾起来。他逐渐喜欢追求泱泱大国的皇家气派和豪华场面，并且一意孤行，稍有不如意就大发脾气。其实这大部分是因为他年老精力不济，尽管如此，他却要以严谨勤俭、爱民如子的明君形象示人，听不得半句逆耳之言。就在这样"严峻"的形势面前，和珅仍然能够一帆风顺，显示了和珅非凡的处事才能。那么，和珅是怎样做到这一点的呢？

和珅知道乾隆好大喜功，而国家财力却难以支撑，怎么办呢？这难不倒和珅，他为乾隆想出许多敛财的办法，从而满足乾隆的虚荣心。但是这些办法都不是勤政安民的政策，自然会引起人民的不满，和珅心甘情愿地替乾隆背上奢侈的“黑锅”。他和乾隆之间好像形成了默契，乾隆在朝堂上冠冕堂皇地下令不要铺张，大唱红脸；和珅却私下里疯狂敛财，接受各级官员的捐贡。官员也知道捐贡可以得到皇帝与和大人的青睐，自然趋之若鹜。所以，乾隆后期，国家财政的危机常常被和珅化解。

乾隆有了银两，心中自然高兴，便在枯燥乏味的皇宫中坐不下去了，又打起了南巡的主意，但是却顾虑被人冠以贪图享乐、挥霍无度的名声。这岂能瞒过和珅的眼睛？和珅知道皇上心中极想出去走一走，看一看，考察一下在自己多年的统治下天下百姓的富足生活，之所以犹豫不决，是怕大臣和人民的议论。

善于体察圣意的和珅想出了一个主意为乾隆排忧解难，他向乾隆担保说，江南各地物产丰盛，官员和富商们蒙皇上圣恩，才得以一切安泰，早就有心回报恩泽，若皇上垂驾江南，一应费用，都由江南的官员和富商们承担，这样一来，可以不必动用国库，那些说乾隆享乐的人就无话可说了。乾隆之所以迟迟未作决定，所虑者唯有此事，见和珅这么说，不禁大喜。他当然知道和珅与江南各级官员的小九九，只是和珅能如此为他着想，实在令人感动，于是他当即决定令和珅全权安排南巡事宜，御驾即刻启程。

和珅见皇上愁云顿散，知道自己的猜测是对的，再次获得皇帝的恩宠。总领南巡事宜，可谓风光无限，于是他向江南各地发出通知，言明皇上要巡视江南，各地官商务必细心准备，并鼓励商人捐钱捐物，作为乾隆一路上的花费和消耗。虽然公文中没有强求，但既是皇上南巡，又是和珅的主意，当然要郑重其事。官员们纷纷不惜工本大兴土木，唯恐哪里不能让皇帝如意。那些想趁此机会更进一步的官吏，更是大肆进贡，以讨好和珅和皇帝，以谋得升迁。

于是江南官员上下送礼成风，他们当然不会掏自己的腰包，到最后，各种负担还是转嫁到了百姓头上，而且，百姓们还要服徭役，出工出钱疏通运河，建造行宫，修葺龙舟，以供乾隆玩乐。江南景色一时间装扮得焕然一新，然而，在这无数美景的背后是人们对和珅和乾隆的极大不满和愤懑。

终于，心情愉快的乾隆开始南下巡视了，所经之处一片莺歌燕舞，百姓纷纷跪拜谢恩，乾隆的自尊心、虚荣心得到了极大的满足。江南秀丽的景色也让他陶醉，他心中不禁感叹，大清国在自己的统治下好不气派，得意之间又作诗多首，免不了自我表扬一番。

整个江南之行在和珅的精心安排下，几乎没动用国库一分一毫就圆满完成了，好诗文、尊崇文化的乾隆还到曲阜祭拜了孔府、孔庙和孔林，向天下人表明他尊师重道的仁德。乾隆将江南千百万百姓的血汗都当成了和珅的功劳，对他越发喜爱，更加器重他，任命他为户部尚书，把整个国家的财政管理权都交到了和珅手中。由于乾隆行前就下了谕旨要求各级官员不得骚扰百姓，所以百姓都认为乾隆之所以会这么铺张浪费，完全是和珅的责任，纷纷把矛头指向和珅，所以和珅的名声越来越差。所以当嘉庆帝赐死和珅时，更是有人放鞭炮欢庆。

和珅对百姓的指责当然了然于胸，但是他的宗旨就是：能够得到皇帝的青睐和信任，背多大的黑锅都能忍受，反正自己是得到了实惠。至于名声，那就顾不得许多了。

就这样，和珅“忍辱负重”多年，为满足乾隆帝奢华享用的需要不知背了多少黑锅，但他自己也获得了恩宠，趁机积攒了大量的财富，可谓一时春风得意，好不威风。

找准时机迎上意

皇帝希望把交予大臣的事情都如愿完成。但有才华者又不能锋芒过露，咄咄逼人，锋芒太露则易断，逼人急则自己也难周旋，和珅就深知此理。

所以，善于隐藏的和珅除时不时显露些许聪敏外不显露一点锋芒。和珅发迹的故事就是一个明证。

和珅刚到上虞备用处的时候，在所有侍卫中属于特立独行的人。与周围那些心如死灰、吃喝等死的八旗子弟不同，他上进心强，肯于动脑筋，因此颇受大家的喜爱。

有一次，乾隆有一个大规模的外巡活动，侍卫处的大部分侍卫都参加了，相比之下上虞备用处的侍卫显得微不足道。

乾隆欲巡幸河南，其目的是视察河务。古时所说的河务主要指黄河工程。黄河是中国第二条大河，它从中游即河南开封向东，所过之地尽属平原，由于没有峡谷峻岭的约束而经常决口改道。

清初，黄河屡次决口，河水自上而下横冲乱撞，使附近山阳、高邮、宝应、泰州、盐城、兴化、如皋七州县饱受水灾，尤其是黄河因水流不畅，形成倒流直入运河，使漕运受阻。这就直接威胁到清朝的统治，因为清政府每年需要从东南运送400万石粮入京，以养活人口众多的王公贵族和八旗子弟。所以清朝历代皇帝都很重视对黄河的治理。

和珅随乾隆大驾一路来到山东，驾临曲阜，河督萨载、山东巡抚苏绩迎出几里地。沿路百姓更是夹道欢迎。加上微风轻拂，幽香阵阵，鸟鸣雀跃，一片祥和气象。御驾所过之处迎驾百姓跪于道旁，口呼“吾皇万岁”，喊声惊天动地。

乾隆到达行宫后，稍事休息，即召见河督萨载、山东巡抚苏绩以示勤政。乾隆照例对河务、河赈、天象等一一过问。

萨载在下面更是谨慎地洗耳恭听，不敢有丝毫走神，回答问题也是恭敬有加，生怕皇上对他的回答表现出不满，山东巡抚也偶尔补充回答几句。

过了一会儿，领侍卫内大臣阿桂说有边报送来。一名侍卫从阿桂手中接过边报，走到乾隆身边，恭恭敬敬地展开边报，让乾隆阅览。

乾隆暂时中断了对山东官员的问话，仔细阅读起边报来。边报上并无重要的军事情况，但奏明了有一名朝廷要犯从拘囚地脱逃的事。乾隆帝看到此处，不禁皱起双眉，脸现微怒之色，目视前方，缓缓说道：“虎兕出于柙！”

乾隆说这句话时声音很轻，周围的大臣知道他说了一句话，但听不清具体是什么。阿桂、河督、山东巡抚及离乾隆最近的侍卫们一时之间不知道该怎么办，不免心中紧张。他们担心乾隆刚才的话是有什么旨意要传达，要是这么重要的事没有听清，罪过可就大了。

“虎兕出于柙！”他的思绪好像仍停留在边报上，乾隆又缓缓地说了一遍，目光仍没有离开手中的边报。

周围的大臣和侍卫这次都听清了，却不理解这句话是什么意思，不敢随便插话。只有和珅知道，这是《论语》中的一句话。这句话实际上是下了一道委婉的口旨，要查办这位要犯典守者的过失罪。照理，领侍卫内大臣应对这道口旨做出一种礼节性的反应，然后等有空再通知军机处拟旨查办此事，但众人却毫无反应。和珅碍于自己的身份，更不敢随便在诸位高官和皇帝的对话中插话。

这样一来，大殿上显得十分安静，大家因猜不透皇帝的心思而连大气也不敢喘，生怕殃及自己。就连阿桂也毫无反应，和珅不由得向阿桂望了过去。

阿桂虽然非常着急，可是苦于无法理解这句话的意思，不敢出声，他向萨载和苏绩投去求援的目光，无奈这二位也是一脸迷茫，暗暗摇头。三位朝廷大员一向疏于读书，没料到乾隆帝会引用《论语》中的句子传达旨意。

阿桂虽然不知道皇帝的意思，但是从乾隆脸上的怒容可以看出，定是边报上的事情引得乾隆不快，他生怕与自己有牵连，一时间不免冷汗直冒。阿桂越想越害怕，顿时站立不安起来。

和珅看在眼里，急在心头。他有心想帮阿桂一把，阿桂毕竟是他岳父英廉的好朋友，而且在挑选侍卫的前前后后，阿桂对自己很是照顾。

“虎兕出于柙！”乾隆见无人做声，于是提高了嗓门说了第三遍，这一次，他的语气非常坚决。阿桂、萨载和苏绩的脸上是又窘又急，他们都憋红了脸。和珅看了看周围的侍卫们，个个都是懵懵懂懂，不知所措。看来，只有自己能解阿桂之围了。

于是，和珅不紧不慢、沉着地回答：“圣上是说典守者不能推卸其责任。”他的声音并不大，一来是从未在如此多的高级官员前说过话，二来怕惊扰了皇帝的思绪。

阿桂听和珅这么说，才恍然大悟，原来皇上是要他追究典守者的责任。他的心中非常感激和珅的当场提醒。

乾隆见有人理解了自己的意思，终于舒展眉头，不免长叹一口气，朝廷大员竟无法理解《论语》中的话，实在令他伤心。他身为帝王，总不能当着这么多人的面把“虎兕出于柙，龟玉毁于椟中，是谁之过与？”这三句话都说出来，再解释给侍卫内大臣听。

乾隆见自己身边的一个小侍卫竟然能够懂自己的意思，颇为惊讶：没想到侍卫中竟有熟读《论语》者。乾隆示意阿桂询问这个侍卫的身份，阿桂马上向乾隆禀报说：“这是三等侍卫和珅！”

聪明的阿桂见乾隆脸上洋溢着欣喜的神色，便知道和珅这次出言很中皇上的意。这件事既让和珅露了“脸”，又给皇帝及阿桂等人解了围，不失为绝妙之事。从此，和珅开始平步青云。

攀附靠山不放松

和珅认为，自己在乾隆身上进行了巨大的感情投资，已然取得旁人难以获得的信任，自己和乾隆已经在一条船上，算是找到了终身的靠山。于是，他总是尽一切努力使乾隆仍然大权在握，从而保全自己。

《大清会典》中也有记载：“（乾隆）践祚之初，即焚香默祷上天，若蒙眷佑俾得在位六十年，即当传位嗣子，不敢上同皇祖纪元六十一载之数。”乾隆自己也多次表示：“回忆践祚之初元，曾默吁上苍，若纪年周甲，当传位嗣子，不敢仰希皇祖以次增载。今敬迓洪厘，增符初愿，朕康强逢吉，九旬望 ，五代同堂，积庆延祺。”至于这样做的原因，他也曾明确提到：“昔皇祖御极六十一年，予不敢相比，若邀穹苍眷佑，至乾隆六十年乙卯，予寿跻八十有五，即当传位皇子，归政退闲。”兑现誓言是乾隆要禅位的原因之一。另外，乾隆自觉在位六十年，各项事业都有进展和成就，功绩卓著，也算是对得起祖先和天下百姓了。所以他余年就想实行训政，过上一段太上皇的生活。

太上皇是中国历史上早已有之的一种制度，历史上的太上皇也是因境遇有天壤之别而让乾隆顾虑重重。于是他把准备让出皇位、归政于子的消息最先告诉了和珅。乾隆退位之事对于和珅来说，事关重大。于是他开始运用巧言善辩的技巧，想让乾隆回心转意，至少要保留权力。

和珅为什么对乾隆禅位十分敏感呢？因为对和珅来说，失了乾隆这个大靠山，而新帝又不信任自己，自己的万贯家财、权倾朝野就要付诸东流，官位、前途不明朗。因此，和珅本意极不愿乾隆退位，可是这会涉嫌妄议国事。于是，和珅忙上书一本：

吾皇万岁，内禅大礼，合乎仁义，昭乎日月，前史之中虽多有所闻，然未见有多少荣誉，惟尧禅位于舜，舜禅位于禹，方算是千古盛典，但考究尧传舜之时，在位七十三载，帝舜三十征庸，三十在位，又三十余载方行禅位之礼，当今我主，精神矍铄，威风不减，定寿比尧舜，如此一二十载之后，再传位太子，也不为迟，况且四海之内，视万岁如父母，人心齐仰，如日昭昭，皇上御宇一日，四海即仁被一日，百姓感恩一日，奴才等近沐恩慈，尤愿皇上永护。

和珅本来就是乾隆肚子里的蛔虫，知道乾隆怕放权后自身难保，所以犹豫不决。他的这番话正中要害，不能不让乾隆想起历史上的几位太上皇的经历：唐太祖李渊被迫传位李世民，之后被软禁；唐肃宗在灵武即位后，玄宗又不得不做太上皇。宋朝时，金兵南下，宋徽宗不得已才传位于太子。历史上的朝廷就是个争权夺利的名利场，权势的诱惑可以让任何一个人的心灵扭曲，所以禅位移交权力的下场可想而知。和珅这些话说得非常委婉，是希望乾隆以此为鉴，知难而退，但说得又毫不刺耳，让人听来还觉得想得周到。最后，又说不仅是自己希望皇上不要退位，天下的百姓也都深感圣恩，乾隆继续在位是顺乎天意、合乎民心之举。

和珅的这番话深深地触动了乾隆的虚荣心。于是，乾隆决定让位不放权，自己要做一个真正的太上皇。他还在乐寿堂前门内自撰并亲笔书写了一副对联：“乐在人和，肯寄高闲规宋殿；寿同民庆，为申尊养托潘园。”自比宋高宗和明代官僚潘恩。不仅如此，他还仿效宋高宗的德寿宫起居注，决定要做太上皇起居注，而且决定在新皇帝登位后，在朝廷上用嘉庆的年号，内廷依然用乾隆的年号，也就是说，宫里是存在乾隆六十一年的说法的。

和珅利用乾隆有心继续把持朝政的心理，轻易保住了自己的权势，并且继续把持权柄，地位丝毫没有动摇。和珅想在太上皇归天之前把自己和新皇帝嘉庆的关系搞好，以期达到顺利交接的目的。所以他尽可能地向新皇帝献媚取宠，希望成为两朝的股肱之臣。他想，只要有乾隆这个依靠，加上自己善于揣摩上意，应该不成问题，和珅计议已定，心里不免美滋滋地畅想自己的光明前程。

一切安排妥当，乾隆于六十年（1795年）九月初三日发布上谕，将他要做太上皇的来龙去脉、内禅的步骤和训政的意图一并表达出来，说明只是把皇位让出来，但决不交出实权，是中国历史上最有权威的太上皇。与此同时，他还通过和珅发布上谕："明年降旨归政之后，凡内廷人等俱称上万万岁。"他的谕旨应称为"敕旨"。

有名无实的嘉庆帝登基了，但正如乾隆所说，他并未颐养天年，而是孜孜训政，毫不倦怠。乾隆虽然表面上是禅位给嘉庆，但实际上是实行更进一步的专制了。他说："归政后，凡遇军国大事及用人行政诸大端，岂能置之不问？仍当躬亲指教。"凡事无巨细，嗣皇帝仍要向他奏报，由他来裁决，下达指令，并规定："凡有缮奏事件，俱著书太上皇帝，其奏对著称太上皇。"太上皇并没有到宁寿宫居住，而是依然住在养心殿中，他仍一如往日自称为"朕"。嘉庆帝的权力受到了严格的限制，没有行政权，没有用人权，更不能单独接见外藩和贡使，成了一个不折不扣的儿皇帝。

和珅见嘉庆帝对乾隆百依百顺，自己的大靠山乾隆仍然勤政，并把一些重要事务交由自己办理，心中不免更加得意。同时对自己佩服有加——自己这个靠山可是没选错！

风趣幽默悦龙颜

风趣幽默的言谈是和珅受到乾隆帝欣赏的一个重要原因。和珅平生爱开玩笑，即“善谑”。昭　在《啸亭杂录》中就提到了和珅这方面的特点：“和珅虽位极人臣，然殊乏大臣体度，好言市井谑语，以为嬉笑。尝于乾清宫演礼，诸王大臣多有俊雅者，和相笑曰：‘今日如孙武子教演女儿兵矣！’”

“孙武子教演女儿兵”就是我们常说的“孙武练兵”。在春秋战国时期，兵圣孙武在吴国向吴王夫差展示自己统军作战的才能，吴王夫差不信，开玩笑说他能不能根据自己的理论训练宫女，孙武说只要纪律在，什么人都可以训练成上阵杀敌的勇士。夫差就命孙武以宫女代替士兵列队操练。孙武指定吴王最宠爱的两位美姬为左右队长，让她们带领宫女进行操练。孙武不管宫女的好奇和嬉笑打闹，认真宣讲操练要领。宣讲两遍后，宫女仍然不听从号令，队形大乱。孙武便不顾吴王夫差的求情，下令斩杀了两个队长。然后又下令操练，宫女们的动作就完全符合要求了。孙武凭此征服了吴王夫差，成为吴国的军师。和珅把参加演礼的内外大臣称为女儿兵，自是为了活跃气氛的玩笑话。

不仅如此，和珅在军机处值班时，喜欢和自己的同僚开玩笑。有一次他看见军机大臣、东阁大学士王杰在军机处认真值班，便有心捉弄他一番。和珅凑过去拉起王杰的手摸来摸去，嘴里还夸张地发出赞叹：“你的手真是又白又嫩啊！”这虽然是一句玩笑话，但是却让人听了不舒服，好像有意要说王杰的手像女人的手，这在封建时代是侮辱性的言行。王杰素来看不起和珅趾高气昂的样子，加上和珅贪财爱财的名声在外，便嬉笑着回敬了他一句：“我的手好是好，但就是不会捞钱啊！”结果和珅一听就铁青着脸走开了，自讨了一个没趣，这算是他玩笑不成功的例子吧。

其实，大臣同朝为官，相互开玩笑是很正常的事，还能与同事保持和谐的关系。当时的许多文人、学士，如纪昀、刘墉、朱珪等都是善于开玩笑的人，关于他们爱开玩笑的记载也不少。

纪昀负责《四库全书》的编撰工作，他经常手持一杆大旱烟袋锅，一边抽烟一边写书。有一年夏天，天气炎热，他便脱去上衣，赤膊上阵。不巧乾隆帝来视察，他来不及迎驾，只好随手用一块布裹在身上，钻到桌子底下，不敢衣冠不整地面君。谁知乾隆帝看到已经写好的《四库全书》非常喜爱，便顺手翻看起来，迟迟不离开房间，使得纪昀在桌子底下非常难受，又不敢吱声。好不容易乾隆帝离开了房门，纪昀便慌忙从桌子底下钻了出来，嘴里还抱怨地说："老头子终于走了！"不想这句话被刚出门的乾隆听见了，他又折返回来。纪昀知道躲不过去，只好急忙穿好衣服，连连向乾隆帝谢罪。乾隆帝见他对《四库全书》非常负责，心情好，非要他解释"老头子"三字的意思，否则不予恕罪。纪昀知道这是乾隆在试探自己的才学，心中不免得意，于是张口就来："万寿无疆为老，顶天立地为头，父天母地为子。皇上，您难道不该被称为老头子吗？"纪昀这一说把乾隆帝逗乐了，于是他哈哈大笑着转身回宫了。

时人朱珪也善于滑稽自容。他晚年喜欢闭目养神。他的门生、部下看望他时，他总是倚靠着桌子坐着，用拐杖支着脑袋，随时准备一块青色手帕，以便及时擦去眼睛里的污秽之物，总是眯着眼跟人开玩笑。翰林院有一座纪念昌黎的文公祠，朱珪曾以前辈翰林吴鸿代替文公，以资取笑。有一年他主持祭孔典礼后路过文公祠，在轿子中就对着外面拱手行礼："老前辈有礼了！"引得旁人大笑。

有一年除夕，他的门生姚元之前往问安，朱珪正在拄着拐杖发呆，见弟子来了，就举起胸前的荷包说："可怜这里空洞无物，不能给你1文钱的压岁钱。"刚说完，仆人来报："有门生送银子30两。"朱珪刚说过不给姚元之压岁钱，所以干脆不认："这几个人太呆了，我从不认识他们，为什么要拿这些钱财打水漂啊。"性情中人的言语举动跃然纸上。

洪亮吉的笔记《北江诗话》中记载着刘墉的这样一件事：刘墉在外多年任职，终于入京为官，"时和方炙手可热，文清委蛇其间，惟以滑稽悦容其间"。一天，他在军机处吃饭，同僚中有人追忆唐宋时宰相吃堂餐的故事，刘墉笑嘻嘻地说："但使下民无殿粪，何妨宰相有堂餐？"周遭同坐之人为之喷饭。

我们从以上的事例中可以看出，他们的玩笑都以自损来达到自保的目的，这从一个侧面也反映出乾隆的高压统治下的官员面貌。与他们不同，和珅的说话方式和语调很对乾隆的口味。所以他常常趁机在皇帝面前表现自己。有一次，安南国王向乾隆进贡一座金狮象，和珅先接过来准备转交给乾隆，他发现底座是空的，故意很认真地说：“惜其中空虚，不然可得黄金无算也！”逗得乾隆帝和在场的人都哈哈大笑。老年的乾隆，有和珅在身边不时地说市井幽默之语，往往龙颜大悦，感到轻松，难免会越发依赖和珅。

给皇帝买名立“德”

和珅之所以能在乾隆面前获得无上的恩宠，在于他处处为乾隆着想，抓住时机替乾隆换取好名声，替乾隆立“德”。这对把名节看得很重的乾隆来说恰如锦上添花。乾隆六十年（1795年），年迈的乾隆决定发布谕旨，诏告天下，大意是他要禅位于嘉庆，自己做太上皇。于是，朝廷内外、举国上下开始准备第二年元旦的禅位归政大典。

因为禅让的典礼没有可参考的历史依据，如何办得隆重、庄严并显示出乾隆帝的仁君风范，着实让和珅伤透了脑筋。这么大的仪式肯定要辅之以相应的活动、宴会和全国性的庆祝活动。其中最让乾隆满意的是和珅提议的“千叟宴”。

“千叟宴”就是要召集官员、缙绅中70岁以上的高寿老翁在皇宫中举行酒宴，与皇帝同乐。古语有“仁者寿”，众多白发垂髫的老者济济一堂，共叙君臣之谊，既可以体现出乾隆的年高德劭，又可以呈现一派四海升平、百姓得长寿的欢庆场面。

正月初四，“千叟宴”按照和珅的安排在宁寿宫皇极殿如期举行，声势非常浩大，朝野反应热烈。这一壮观的景象为乾隆赚足了人气和逢迎之词。和珅的这一动作为乾隆赢得了天下盛誉，让乾隆看在眼里，喜在心头，对他更是放心。

乾隆一生喜欢大手笔，他不只是想留得当世的盛名，还希望能够万世不朽。他决定不仅要超过他的祖父康熙帝编纂《古今图书集成》的大业，而且要超过以前的历代君王编书的“功德”。他模仿宋代的《太平广记》《太平御览》《文苑英华》以致明代的《永乐大典》的体例，编纂了一部《四库全书》。

《四库全书》是乾隆帝亲自组织的中国历史上一部规模最大的丛书。编纂工作于1772年开始，经十年编成。丛书分经、史、子、集四部，故名四库。据文津阁藏本，该书共收录古籍3503种、79337卷，装订成36000余册，保存了丰富的文献资料。“四库”之名源于初唐，初唐官方藏书分为经、史、子、集四个书库，号称“四部库书”或“四库之书”。经、史、子、集四分法是古代图书分类的主要方法，它基本上囊括了古代所有图书，故称“全书”。

这套书从乾隆三十八年（1773年）起，至乾隆四十七年（1782年）初步完成，共经历了十年，负责《四库全书》馆的总裁绝不仅是饱学之士，更要能够对书籍的入选与否、版本的择定等一系列事务作出决定。此事非饱读诗书、泛览经史的大学者不足以担当。总裁官几经换人。到了乾隆四十五年（1780年），和珅受命担任总裁，当时的档案中记载：“乾隆四十五年十月十五日，内阁奉上谕，和珅着充一四库馆正总裁。钦此。”和珅的学问当然会受到人们的诟病，不过他为人机智精明，而且他向来唯乾隆马首是瞻。所以和珅非常重视此事。他兢兢业业，一丝不苟，和学富五车的纪晓岚相互配合。

和珅在担任正总裁后，对书本内容的审核比较严格，多次上书建议乾隆严加查缴书籍。对有悖逆之词，对皇帝不敬，对清廷不利和有反清复明口号的书籍一律加以销毁。即使是编入《四库全书》的书籍，其中的很多也做了大量的删减或修改，将所有对朝廷、对皇帝不利的词句一律加以修改、删除。所以，我们今天看到的《四库全书》本的各种图书，都是经过修改后对清廷有利的洁本。

无论如何，乾隆修《四库全书》是功大于过的。《四库全书》确实为乾隆功绩又添上了浓重的一笔，一直到今天，《四库全书》还被人经常使用。和珅在其中确实付出了大量的劳动，为乾隆的这一盛世之举出了力。

和珅一生在文化上的贡献很多，除了充当《四库全书》总裁，还负责修订了很多图书，如《清开国方略》《钦定日下旧闻考》《清三通》《热河志》《石经》《大清一统志》等，为乾隆在文学方面的历史功绩发挥了极大的作用。

和珅这些支持乾隆的行为确实让乾隆心满意足，并为皇帝的德行立下大功，同时体现出和珅为人乖巧，善于笼络人心的一面。

有备无患施麻醉

深得乾隆宠信的和珅，在皇上面前也并不总是一帆风顺的，也会被斥责和怪罪。不过在这种时候，和珅总会在不知不觉中就让乾隆站在他这一边，加上和珅痛陈自己的过错，保证下不为例，况且皇帝对和珅向来宠爱有加，并无真心要惩罚。于是事情很快就会过去，和珅遭遇的几次险情无一不是如此。

每当和珅被皇上斥责的时候，他总能找到不同的理由为自己开脱。有一次，乾隆派和珅到甘肃去调查当地捐监的实际情况，和珅向来是个欺上瞒下的高手，他到了甘肃之后，整日花天酒地，大肆收受奇珍异宝，根本不体察民情，对当地官员虚假上报、行为不轨的举动也是视而不见。从没有进行过实地考察的和珅，就向乾隆递上了一份详细的奏章，把甘肃的官员们夸奖了一通，乾隆对此也没有表示怀疑。

但是，后来甘肃爆发了“苏四十三起义”，乾隆派阿桂领兵前去镇压，阿桂到甘肃后才发现事情的真相，并将捐监的实情禀报了乾隆，乾隆知道事情后，当面质问和珅。

谁知和珅早有准备，他镇定地对皇上说：“奴才到达甘肃之后，确实细细核对过府库账目，并没有发现什么不实之处，现在想来，一定是奴才无能，受了蒙蔽，那些粮仓肯定做了手脚。”乾隆自然不信他的这份辩解，追问他是否受贿。和珅装一脸无辜地说道：“奴才确实收下了勒尔谨送与的四颗宝石，那是因为这几颗宝石异常夺目，是稀世珍品。

奴才想，只有公主才能佩戴，奴才这才收下，现在已经送给公主了，请皇上明察。奴才当时太过自大，被甘陕的官员稍一吹捧，就有些飘飘然了，被他们的假账本、假仓库蒙骗了双眼。恳请皇上治奴才的不察之罪。”说完，和珅双膝跪倒，泣不成声。乾隆本来就无心治他，看此情景更是不忍，心想：和珅讲的也不无道理，想必是那些奸猾狡诈的地方官，看他年轻气盛，有心捉弄于他，他又初次办案，没有经验，被人蒙蔽也是有可能的，既是无心犯过，就不能全部怪罪在他头上了。这么大的一桩案件，和珅用三言两语就把自己推得一干二净。

由此可见，和珅的麻醉剂方法还是非常有效的，它的妙用就在于抢在事发之前，先在乾隆面前表现出一种与己无关的假象，要么自己早就发现了别人举报的案件，要么就是自己被人蒙在鼓里，反正不知者不怪罪，这样，重大的责任就可以推脱干净了。剩下的类似不察之罪的小过失则不妨应承下来，不但不会有什么损失，反而能增进和乾隆之间的信任。

和珅的管家刘全，在和珅很小的时候就跟着他，在和珅穷困潦倒时也不曾弃他而去。和珅发迹后，刘全经由各种途径，也积攒了大笔财富。于是在日常的吃穿用度上不免奢侈起来，他在家中大张旗鼓地建造了一个与管家身份不符的大院子，一家人出入所用的车马规格也超出了管家的范围。很多人碍于和珅的情面，睁一只眼、闭一只眼，不计较此事。但是御史曹锡宝却是个认真的人，他经过一番调查，向乾隆呈递了一份奏折，弹劾刘全用度逾制，并想通过这件事杀杀和珅的威风。

和珅对此毫无准备，他从曹锡宝的同乡吴省钦那里得到消息后，立刻意识到这件事的严重性，他派人找来刘全，命他火速把家中一切不合规矩的东西统统销毁。连夜拆掉房屋，处理掉豪华的出行车马，转移、销毁不应穿戴的衣物。

等到刘全一切处理妥当后，他立刻给乾隆上了一道奏折，说他听说曹锡宝弹劾刘全的事以后非常气愤，马上责问刘全。刘全矢口否认有这些不轨之举，并称自己虽然平素难免有过失，但是对待家人却从来都很严厉。家人还常常因生活过于俭朴背地里埋怨过他，所以从没发现有过奢侈豪华之事。那刘全即使果真如曹锡宝所言，多有逾制之举，恐怕也是私下里的个人行为，并没有招摇过市，况且自己忙于政事，对刘全的所作所为并不清楚。这样一来，和珅一方面趁机让乾隆明白，自己家风严厉，不事奢华，同时也为自己开脱：既然他平日对家人甚严，那他的家人应该不会胆敢在外招惹是非；再者，他没有说明白刘全到底有没有违制，这也为开脱刘全做好了铺垫。

乾隆本来就觉得事情不是特别大，听了和珅的话，马上就信以为真了。最终，曹锡宝以未明查即诬告他人的罪名被革职查办。乾隆在裁决书中道："锡宝未察虚实，以书生拘迂之见，证为正言陈奏，姑宽其罚，改革职留任。"就这样，在和珅的能言善辩面前，乾隆失去了往日的理性，被他的"麻醉剂"弄得是非不明，不辨黑白。

第六章　收服下属

——恩威并用，结党营私

收人心不惜血本

和珅发迹之初，只是一个一时受皇帝赏识的新人，他的官职直线上升，固然让人羡慕，令朝中的大臣们刮目相看，心中产生畏惧的情绪，然而，不免让人觉得此人没有根基，在朝中难有自己的一方势力，言行难免不被采纳和揶揄。和珅对此当然也是心知肚明，所以他一开始就非常注意培植自己的亲信，为此，他有时竟然到了不惜血本的地步。

和珅的死党国泰原本是一个纨绔子弟，生得肥头大耳，给人一种笨拙迟钝的感觉。一个很偶然的机会，他结识了和珅。他心中不禁一动，认为和珅与众不同。和珅也觉得此人必定不俗，因为世上多有这样的人，外表憨厚，实际上精明到了极点，国泰一定就是如此，所以，和珅有心拉拢他。

可是，怎样才能笼络住他的心呢？要知道，国泰家资殷实，金钱俗物是很难令他动心、甘愿伏首帖耳地效忠自己的。况且自己收服国泰的一个目的就是通过他获得更多的财富和权力，现在倒要先“倒贴”他，未免有点背离他的初衷了，况且那样只能暂时拢住他，却无法真的使其心服口服，后来苏凌阿一个有意的安排终于让他如愿以偿。

苏凌阿，他他拉氏，是满洲正白旗人，乾隆六年（1741年）中举，被任命为内阁中书，后来离京到江西饶广做道台。苏凌阿认定此地穷山恶水，早就打定主意要离开，但自己没有门路，要想通过他的政绩上达朝廷，让皇帝调他进京做大官，无疑是痴人说梦。但他知道，如果自己再不想办法往京城调，就有可能在江西了此一生了。

苏凌阿思来想去，找到了一条自认为是捷径的路：既然不能直接面圣，那么借助皇帝身边的宠臣来达到目的也未尝不可，而当时最得宠幸的，举朝上下非和珅莫属。

于是，苏凌阿很快向朝廷寻了个托辞，顺利回到京城。回京后，他想尽办法先与和珅的弟弟和琳拉拢感情，每日不惜花费银两，与和琳花天酒地，走动颇为亲密，不久之后，二人就已经称兄道弟了。后来他终于借和珅的儿子过生日之机，随和琳一起见到了和珅，并送上了四千两银子作为贺礼。谁知，这份贺礼在那些为巴结和珅而进献的礼物中非常不起眼，和珅根本没有记住苏凌阿。于是苏凌阿决心要让和珅对自己留下深刻的印象。

他有意把自己的女儿纳兰赠予和珅，又怕名声不好，于是他就想邀请和珅到家中做客，趁机让纳兰与和珅相见。和珅知道苏凌阿是在巴结自己，就高兴地答应了。到了那天，就在他在众人的簇拥下步人苏凌阿家中的大厅之时，一个十三四岁的小女孩蹦跳着跑到和珅面前。和珅见小女孩长得粉雕玉砌一般，非常喜爱。打听之后，方知这女孩就是苏凌阿的女儿，名唤纳兰。和珅手抚着女孩的头发，赞不绝口。

苏凌阿是官场老手，岂能放过这等大好机会？于是他当下命纳兰拜和珅为干爹。自此纳兰便经常出入和府，和珅对她也是非常喜爱。纳兰与和珅名为父女关系，实际上纳兰是和珅的小妾，和珅对纳兰一时非常喜爱。这样，苏凌阿与和珅的关系自然而然就近了一步。后来，和珅得知国泰对纳兰情有独钟，就忍痛割爱，找个机会把自己的“义女”介绍给了国泰。

没多久，在和珅的主持下，国泰与纳兰举行了婚礼，正式成亲，国泰当然对和珅大为感激。婚后不久，和珅就为国泰谋得了泗城县令的职位，而苏凌阿也被和珅提拔到吏部任侍郎，可谓皆大欢喜。和珅一下就有了两个亲信，心中自然非常高兴。和珅之所以让苏凌阿去吏部，是因为吏部掌管着官员的甄选任命权。

自此，国泰作为和珅忠实的爪牙被深深地安插在地方上，为朝中的和珅搜集消息，聚敛财富。和珅此后在政坛上历经风雨，几次历险，都是因国泰从中穿插安排才得以逃脱的。

和珅为了收服国泰，不惜将貌美如花、自己喜欢的纳兰相赠，虽然一时间难以割舍，但赢得了国泰的信任和衷心。这也体现了和珅能从大局出发而忍痛割爱，为自己赢得后路的先见之明。如果他仅是一味地贪图享受，则绝不会赢得他人的信任，更不会有人为其奔波卖命。

征服异己狠为先

古往今来成就大事者，都不是遇事犹豫不决的人，他们大都办事果断决绝，没有“妇人之仁”。和珅做起事来更是心狠手辣，决不手软。对待那些敢于与他作对的人，他常要置人于死地方才安心。

和珅当道时，常有人因胆敢对和珅的所作所为有所质疑而落得丢官归田，甚至家破人亡的下场。其中武虚谷的遭遇就是一个典型的例子。

武虚谷，又名武亿，河南偃师人，乾隆五十七年（1792年）出任博山县知县，而当时的和珅身兼步军统领一职，负责维护京师一带的社会治安。当时社会上盛传乾隆三十九年（1774年）率众起义的农民领袖王伦没有死，正在招兵买马准备造反。于是，和珅以搜捕王伦、铲除后患为借口纵容部下肆意烧杀抢掠。他们不仅在京师一带活动，有时甚至跑到王伦的起兵地点山东一带寻衅滋事。

刚刚出任县令的武虚谷就遇到了和珅派来的官兵，官兵在乡间肆意伤害百姓、抢夺钱物，民怨极重。武虚谷是个耿直的人，见不得这些人的耀武扬威。于是派人将他们拘捕到县衙。谁知这些人仗着和珅撑腰，以官差自居，傲慢无礼，见了武虚谷也不下跪，并向他暗示自己是和中堂的属下，让他把他们放回去。

武虚谷自认并不理亏，于是厉声说道：“朝廷派你们来是为了抓捕逆贼，不是让你们来滋扰百姓的，你们到达我县，胡作非为，还有什么可说的。"说完便命令左右把这群人痛打了一通，并赶出了博山县。

这些人回去后添油加醋地向和珅回禀，说博山县知县对和中堂傲慢无礼，口出狂言，没有丝毫恭敬之心。和珅知道这件事后对武虚谷怀恨在心，没过多久竟然寻了一个借口，革去了他的官职，把他发配到了东北为奴。

和珅自从得到乾隆的青睐之后，朝中有很多大臣对他不敢轻慢，而是执礼甚恭。但也有一些性情耿直的官员认为和珅出身发迹不是正途，只是靠讨好君王才得以荣显，对他颇为轻蔑。

一次，江西巡抚海成来京述职，到了军机处，他对所有的人都作揖，对和珅却傲慢无礼，并且说道："没想到几日不见又多了一个军机大臣，看来是有人能耐大，坐了炮竹升上了天。"和珅当时并未发作，但决心要灭一下海成的气焰。

乾隆时盛行查缴"禁书"，海成向来唯朝廷的命令是从，所以对收缴"禁书"也十分卖力，并颇有成效，还说"尚不能一时尽净"，并表示还要继续努力，因此他还受到了乾隆的赞赏。正所谓成也萧何，败也萧何，他差点儿就因查缴禁书而丢了性命。

当时有本书叫《字贯》，作者是王锡侯，本名王侯，害怕自己的名字让朝廷忌讳，遂改名锡侯。他年近40才中举，后因屡试不第，决心弃考著书。乾隆四十年（1775年），他花费了17年心血，终于写成了《字贯》一书，并刊行面世。该书分为天、地、人、物四类，是一部简明的字典。他对自己的这本书也是非常满意，并在序中提到："天下字贯穿极难，诗韵不下万字，学者尚多识而不知用。今《康熙字典》增加到46000多字，学者查此遗彼，举一漏十，每每苦于终篇掩卷而茫然。"所以，他著这部书就是为了能够将天下字贯通联系起来，使学者便于查找。

谁知，就是他序言中提到的《康熙字典》有诸多不便，给他带来了杀身之祸。王锡侯的同乡以此书诬蔑贬低圣祖康熙帝的名义告官。经办此案的正是海成，他认为王锡侯目无圣祖，胆大狂妄，建议乾隆先革去其举人身份，再审拟定罪。乾隆仔细看过《字贯》后，对此并不在意，遂将此事暂时搁在一边。

谁知此书辗转落到和珅手中，他恨不得能从书中找到对皇家不敬的只言片语，以期获得乾隆的重视和宠幸。终于，他在书中的“凡例”中看到圣祖、世宗的庙讳及乾隆的御名字样同其他的字同样一一列出，于是抓住把柄，立即向乾隆参奏。乾隆听说书中竟有如此大逆不道的行为，对皇帝的名字不加避讳，触犯皇家的威严，于是下令把王锡侯处斩，子孙6人处死，全家21人连坐；这还不算，他还痛斥了海成不细心办案的过错，革去了他的职务，并交刑部治罪。

和珅在这一次次的“壮举”中，打击、扳倒了自己的政敌，而他本人却一次次升迁，并在乾隆面前邀宠。他的行为连其他国家的使臣也有所耳闻，朝鲜的使臣回国后在史书上记载：陕西有一个书生，因对和珅贪赃枉法、结党营私的罪行看不下去，加上亲见官场的昏暗和人民的痛苦，于是不顾个人安危向乾隆上书，痛陈和珅的种种恶行，希望乾隆按律治和珅的罪。

书生的奏折最后终于到了乾隆手中，但乾隆此时正对和珅恩宠有加，哪里听得进半点良言？他对和珅依然是坚信不疑。但是和珅却不能容忍有人如此对他，于是派人打听到这个书生的下落，杀死了书生的全家。满朝文武见和珅如此恣意妄为而仍受到皇帝的宠幸，哪个还敢对他不尊敬？一时间官员们见了和珅都是战战兢兢、唯唯诺诺，和珅一来，如同皇帝驾临一般。

其实，如果我们换个角度去想，就会发现和珅之所以对人施展这么毒辣的手段，也是因为他没有高贵的出身，也不是科举出身，所以，他尽管官职高高在上，却得不到相应的尊敬，心里难免不平衡。如果他不对那些政敌痛下毒手，给自己立威，他在官场上恐怕是没有好日子过的。后来他为了取悦皇帝，巩固自己的地位，做了不少不义之事，惹得官怒民怨。此时他只好靠严酷的手段打击别人，杀一儆百，让别人不敢对他轻举妄动。否则就会被人联合告倒，早早结束他的政治生涯甚至生命了，然而，聪明一世、饱读诗书的和珅怎么会不知道这样做就是违背天下的公理？他这样做，岂不是“防民之口甚于防川”，自寻死路？可见和珅也有利令智昏的时候。

罗织党羽结帮派

和珅在文学方面，比不过刘墉、纪晓岚；在带兵打仗方面比不上阿桂等人……但是他能够深入了解一个人的心理。他懂得属下愿意为他效命的原因不过是“拉大旗，找保护”。他正是紧紧抓住了人们的这种心理，建立起他的人情“关系网”。

其实，就连和珅自己也是找了乾隆“拉大旗，找保护”。他深知，自己之所以平步青云，飞黄腾达，甚至有人称他为“二皇帝”，是因为他是乾隆身边的红人，说白了，他能笼络一大帮人为他做事靠的是他与乾隆的“特殊关系”。乾隆就是他的靠山，他的保护伞，他正是在伞下悠闲自得的那个人。和珅也正是从他与乾隆的关系上领悟了要编织自己的“关系网”的必要性：他对乾隆的阿谀奉迎，正如属下对他的溜须拍马一样，而且，自己有了乾隆这个最大的大树作为依靠，这是其他人求之不得的，也是别人敬他、靠他的根本原因，更是他能够在全国“结网”的优势。

乾隆自我标榜和好大喜功的行为给和珅提供了拉帮结派的机会。和珅正是借着他的绝对权威，“擅弄威福，大开贿门”，以致犬牙遍及全国各地。

和珅深知，正是由于乾隆的宠幸和庇护，他才能飞扬跋扈。因此，他在乾隆面前百般弄巧，博得乾隆对他的欢心和宠幸，得到实权。然后转身就打着皇帝的旗号胡作非为，纠偏党羽。

事实上，在和珅当政时期，清朝前期一些成法、制度的变革都是打着乾隆的旗号，由皇上出面进行的。比如，军机章京不设具体定额，而由军机大臣自己选用，不必向皇帝引见和关白；大臣的奏章要一式两份，一份直送皇上，一份（副本）送军机处，其实就是送给和珅；“议罪银”制度的实施；规定御史出缺，一律提名60岁以上的老臣充当；等等。这一系列变革和措施，都是和珅为建立自己的“关系网”和巩固自身的特殊地位而出台的，这也很好地钳制了舆论，不得不说是和珅的大手笔。

在乾隆这把大伞的保护下，和珅很快就为自己编织了一张很大的关系网，控制了官吏的言行。朝鲜使者记载："阁老和珅，用事将二十年，威福由己，贪黩日甚，内而公卿，外而藩阃，皆出其门。纳赂谄附者，多得清要。中立不倚者，如非抵罪，亦必潦倒。"可见和珅这张网结得是多么结实。

和珅在乾隆面前越发表现得恭敬有加，乾隆就越有意抬高和珅的身份，如乾隆帝特意把他家从正红旗抬入正黄旗，使他家列入上三旗，使他处于一种特殊的地位。乾隆每次外出巡幸、秋狝，和珅都会伴随皇上而行。朝廷内外见和珅如此受乾隆恩宠，更加对和珅这个靠山趋之若鹜，而和珅的这张关系网也越结越大、越结越结实。

其实，那些攀附和珅的大臣们向他献媚、行贿，大多并非心甘情愿，但都对和珅身后的乾隆敬畏三分，而人们又知道乾隆就是权力的象征，乾隆只宠幸和珅一人，所以，只要乾隆在，和珅就会大权在握。所以，人们要拜的不是和珅，而是他身后的乾隆和那高高在上的权力，和珅只是乾隆的代言人，只有通过和珅，他们才能有机会见到乾隆，这是这部分官员与和珅建立起庞大"关系网"的逻辑，也是这张关系网的内在凝聚力。

就这样，和珅靠着自己的头脑和三寸不烂之舌讨好皇帝，哄得他开心，获得他的信任。然后再向下笼络各级官员。就这样，上至乾隆帝，封建王朝的最高统治者，下至各地州县的官吏——政府政策的基层贯彻者，和珅全都有紧密的联系。他自己也被乾隆多次任命为不同部门的官员。所以，在中央政府的各个要害部门中，和珅不是亲自担当要职，就是选派自己的亲信掌权，如任命年老昏庸的苏凌阿掌管吏部任吏部尚书，将朝廷的选官大权操纵在股掌之中。

就这样，朝廷上下的大部分官员相互纠结，形成了一个以和珅为纽带、环环相扣、紧密相联的巨大关系网络。所以，一旦有任何对和珅不利的事情发生，就会立刻传到和珅耳中。这样，他就可以从容部署应对之策，将危险化解于无形之中。

和珅的结局是注定的，但他通过"结网"来固权的目的还是有一部分达到了。就连他死后的各项财产的分割和处理问题也牵连到很多人，以致嘉庆帝即使有意铲除他，也要深思熟虑。仓促行事，就有可能朝野震动，这是嘉庆帝不愿看到的。可见和珅关系网牵连之广、影响之深。

昔日老师成门生

和珅笼络不同的人有不同的办法。比如，有真才实学的孙士毅，他就没有拐弯抹角，而是摆出自己的实力，很快就让他心悦诚服了；对待那些寡廉鲜耻之徒，他就略微给予他们一些好处，很快就把他们收服了……况且，以和珅的地位，拉拢下层官员并不需要费很大的功夫，而且对方大多会送上门来，而自己只需要略施好处，就能与对方建立稳定的利益关系。和珅对待一般的官员如此，就连对待自己的老师也是如此。

和珅的老师吴省钦、吴省兰兄弟虽然人品一般，甚至可称得上低劣，但都自幼聪慧，学富五车，并非一般人。

吴省钦，字冲之，号白华，生于雍正七年（1729年），江苏南汇人。吴省钦精于诗文，著有《白华初稿》，以文学词赋闻名。凡遇国家盛大典礼，他进献的诗文都能得皇上的嘉奖，并被钤上御玺，珍藏在内府中。吴省钦一生历任内阁中书、翰林院侍读、上书房行走、光禄寺卿，贵州、广西、湖北、浙江、江西乡试正考官、会试同考官、顺天学政、顺天府府尹等，以及礼部、工部、吏部侍郎和督察院左都御史，等等要职。

吴省兰，字泉之，是吴省钦的弟弟。先考取咸安宫官学教习的职位，后升国子监助教。乾隆四十三年（1778年）参加会试，名落孙山。乾隆得知后亲自下旨说："国子监助教吴省兰学问优秀，且在四库馆校勘群书颇为出力，现特别恩准他与本科中试的举人一起参加殿试。"吴省兰在殿试中的结果列第二甲第三名，获得进士身份。

吴省兰在担任咸安宫教习的时候，与和珅的舅舅伍弥乌逊交好，二人经常一起谈诗作对。后来，伍弥乌逊从中介绍，这样，吴省兰就成了和珅的启蒙教师。和珅在吴省兰面前行弟子的礼节，刻苦读书学习。和珅自幼聪明，学习不到半年就有明显的进步，对吴省兰教习的课文也能快速背诵出来。吴省兰本来对八旗子弟没有好感，认为他们都是提笼架鸟、出入风月之地的纨绔子弟，和珅的表现使他眼前一亮，所以他对和珅非常欣赏和喜爱。

很快，和珅、和琳兄弟进了咸安宫官学读书，吴氏兄弟都是他的老师。和珅兄弟二人因为没有生活来源，所以非常俭朴，但二人学习用功、勤奋，而且和珅很早就显出了不一般的聪明才智。不过，和珅也显示出了强烈的功名心。他还向吴省兰请教满族凭借骑射入朝为官的问题。吴省兰却教导他马上可以得天下，但却难以守天下，并列举商汤、周武的例子使他明白文治武功并用才是长治久安的办法。清朝自康熙帝以来，也开始推崇汉学，尊师重道，求贤若渴。所以不仅要学好骑射之术，更要学习四书五经。和珅深受启发，于是就文武并进，为自己以后的发展奠定了牢固的基础。

和珅发迹后官运亨通，但并没有忘记吴氏兄弟尤其是吴省钦，他虽然满腹经纶，可惜科举屡试不中，颇感无奈。后来和珅官运亨通，权势日隆，有一年吴省钦参加乡试，和珅恰好是阅卷官。吴省钦虽然做过和珅的老师，但为了能够获得和坤的照顾，就在考试前登门拜见和珅，并给和珅下跪道："弟子特地来拜见先生！"

和珅虽然为官多年，但面对老师的这种举动仍然大吃一惊，连忙说："老师，快快请起，你是我的老师，何故对学生行此大礼？"

吴省钦说道："和大人您是主考官，按规矩，参加考试的都是学生，要称主考官为老师，这也是古已有之的传统了。我现在的确是您的门生啊！"和珅心中虽然有些别扭，但还是应承了下来。

和珅其实也有自己的打算：他在朝中虽然位高权重，毕竟根基不稳，需要笼络一些有才学的人作为党羽。虽然吴省钦的行为已经表明他的人品不佳，但他毕竟还是可以为自己出谋划策的。就这样，吴省钦由和珅的老师成了和珅的门生。二人各取所需。

考题是由皇帝亲自出的，保密性很强，和珅却手眼通天，通过皇帝身边的太监获知内容，并透露给了吴省钦，这样吴省钦高中举人，双方皆大欢喜。吴省钦见识了和珅手眼通天的手段，对和珅更加佩服，与弟弟吴省兰一起成为和珅的党羽，对和珅十分忠心。吴家兄弟不仅学识高，而且也有办事能力，他们甚至帮助和珅打击自己的同乡曹锡宝。因此，和珅对吴省钦兄弟更加信任，在和珅的举荐下，二人作为主考官主持各地乡试，捞了不少好处。有了和珅的照顾，二人的官路也是十分顺畅。

吴省钦多次主持乡试，对舞弊成风的现象非常不满。于是他向乾隆上奏请求增加试卷用纸，避免携带作弊用的资料等，他的一系列合理化建议得到了乾隆的嘉许。

吴省兰比他哥哥更加顺利，他先后担任四库全书馆的分校官、文渊阁的校理，并升迁为南书房行走、内阁学士、礼部侍郎、工部侍郎、浙江顺天学政、顺天乡试同考官、浙江乡试正考官、殿试读卷官、会试副考官等。

吴省兰有为官的才能，也有很高的才学。他曾被和珅派到嘉庆帝身边，名为陪读，实为监控。幸好嘉庆帝奉行韬光养晦的策略，对此欣然接受。嘉庆帝处处小心，吴省兰一时抓不住把柄。谁知，嘉庆帝即位后，立刻向昔日的恩师朱珪写信，表示“想请老师早日回京，助朕一臂之力”。吴省兰很快看到了这首诗，马上报告了和珅。和珅知道这触犯了乾隆的大忌，立刻秘密上奏给太上皇乾隆。

乾隆刚刚交出大权，心中非常烦闷，闻听此事，震怒不已。认定嘉庆帝这是在收拢人心，培植自己的心腹，要把他这个太上皇架空。于是就问大臣董诰该怎么处理。董诰知道这是乾隆刚刚退位一时难以适应而已。其实嘉庆帝这么做也没什么不对，但是又不敢顶撞乾隆，于是董诰非常聪明地说：“臣听说过，圣主无过言。”这句话简直无懈可击，嘉庆帝已经即位，当然有权决定任何人事调动，董诰为人臣子，不能挑皇上的毛病。乾隆帝知道这是董诰在善意地提醒自己，只好顺水推舟，勉励董诰好好辅佐嘉庆帝。最后，和珅从中作梗，朱珪还是没能调回京城。

和珅倒台后，吴氏兄弟受到牵累。后来嘉庆帝找了个由头，下令将吴省钦革职还乡。吴省兰则降职为编修，撤去学政、南书房行走等职。后其因才学突出，官复原职。嘉庆帝不计前嫌，对他仍很器重，数月之后，还任命他为日讲起居注官，提督湖南学政。

吴省兰为报嘉庆帝之恩，从此兢兢业业，在公务上不敢有丝毫怠慢，还经常提出针砭时弊的建设性意见，颇得嘉庆帝信任。嘉庆九年(1804年)，吴省兰因为年老体衰，荣归故里。

伸手不打送礼人

世人对和珅的第一印象就是他是个大贪官，和珅是怎样在短短二十几年的时间内聚集起大量财富的呢？他的敛财方法非同凡响。

权和钱向来不分家，有权就为有钱准备了充足的条件，有钱则可以买到权。权钱交易在中国封建时代十分普遍，有些甚至是政府允许的。乾隆中后期，这种现象更加猖獗，甚至到了疯狂的地步。和珅深谙做官之道，就是一定要在明处给人一种两袖清风的感觉，背地里却做着那些见不得人的勾当，不破坏官场的“潜规则”。这样一来，自己的地位才能牢固，才能深得皇帝的信任。他就是这样一步一步爬到权力的顶峰的。

和珅因为受到乾隆的恩宠，各级官员纷纷前来巴结。所以逢年过节，和坤家总是门庭若市，送礼的人甚至要排队进入，可见和珅之大胆。和珅也来者不拒，吩咐管家呼什图和刘全记好账目，将来好按图索骥，根据送礼的轻重授予不同的官衔和给予不同程度的照顾。

和珅的官越做越大，所以送礼的人也越来越多，送的钱财珍宝也越来越多，可是和珅并不满足。他认为，光靠别人送礼终归是被动收钱，他要主动求财。为此，他打着乾隆的旗号大张旗鼓地聚敛财富，大发横财。

乾隆帝中后期日渐好大喜功，而社会矛盾又日渐尖锐，汉民、苗民常常揭竿而起，军事镇压也耗费了大量钱财，加上乾隆本人的生活越来越腐化，好场面盛大之事，再殷实的国库也经不起这般折腾，很快就告急了。乾隆不管这些，几次南巡又花掉巨额钱财。不仅如此，乾隆还要粉饰太平，至于钱财的来源，他都靠和珅去张罗。和珅也乐此不疲。

和珅向来贪婪无度，对上阿谀奉承，对下威逼利诱，但是对治理国家却乏善可陈。他没有能力去繁荣经济、发展生产，更没有手段去安定社会秩序，让人民休养生息，以此增加税收充实国库收入。在和珅看来，这些现在已经来不及了，而且这些具体事务交由下面的人去办就行了，自己的任务就是照顾好皇上，满足皇上的一切要求和喜好。所以，他把目光投向了那些下属和腰缠万贯的富商。他要求官员和富商向自己进贡，他知道地方官员有无数种方法从老百姓手中榨取油水。至于那些富商，本来就是靠着官府才得以以次充好，获得巨大利润，因而也乐得巴结权贵，寻找靠山。

地方为了给和珅上贡，巧立名目，收取农民钱财，这既能巴结和珅，也顺便中饱私囊，当然乐此不疲。和珅有过之而无不及。皇帝、皇后、皇太后及自己家人的生日等重要节日就不必说了，皇帝对他进行嘉赏、边关捷报甚至风调雨顺等都是收礼的冠冕堂皇的理由，从地方官的腰包中收取钱财。地方官上至封疆大吏下至知府知县及一些捐小官的商人们每年都会向皇上进贡。及至后来，金银钱财已经引不起和珅的兴趣，于是官员纷纷想出奇招妙策，搜刮奇珍异宝甚至山水庄园献给和珅。和珅就在这种经常推陈出新的送礼现象中逐渐陶醉，而且胃口越来越大。不仅如此，和珅甚至连国外使臣的贡品也不放过，连皇宫都没有的东西，和珅家中却琳琅满目。

乾隆经常收到大臣的贡品和钱财，心中自然高兴，但他也知道下面难免抱怨，为了保持他的圣君形象，他曾经下旨不要再送礼，但众多官员照样还是通过其他途径进贡，乾隆也就不再坚持了。和珅的这种做法让百姓更加疾苦，而这种情况乾隆又难以知晓，这就为清廷以后的衰落埋下了祸根。

和珅的敛财手段十分高超，和珅接手内务府没几年，内务府就扭亏为盈，“岁为盈积，反充外府之用。”邓之诚在《中华二千年史》中道，“乾隆的军旅之费、土木游观，与其不出正供之费，岁无虑亿万，悉索之和珅，和珅索之督抚，督抚索之州县……”和珅成了乾隆的“财政大臣”。

和珅不仅通过以上各种办法中饱私囊，有时更是吃了原告吃被告，如在奉天义州，许五德与霍三德打官司，双方同时送钱给和珅，和珅将两家的财物悉数收下，结果双方的事都没办成，还是靠自己解决。

和家送礼的多了，和珅不能一一接待，所以给和珅送礼还得讲技巧。和珅本是文人，加上乾隆喜好文墨，所以和珅也常以文人自居。因此，很多时候送他古玩字画比钱财更令他开心。

官员汪如龙知道他这个喜好，所以时常送些玉如意、黑玉糊蝶、玉马等古玩奇珍给和珅。为了傍牢和珅这棵大树，他还给和珅送了北宋著名画家赵昌的《写生蛱蝶图》，而且还在图内塞进银两若干，和珅当然对他另眼看待。很快，汪如龙就顶替征瑞做了两淮监政。虽然征瑞每年也向和珅贡献10万两白银，但他眼睁睁地看着汪如龙得宠，只好打掉牙往肚里咽。

和珅对送礼者向来来者不拒，多多益善，所谓伸手不打送礼人。因此他也笼络了一大批官员为其卖命跑腿。

关系非常交毕沅

在当时的官场上，人人都想攀附和珅，以求加官进爵。其中靠文人出身依附和珅后官运亨通，以致升任封疆大吏的人，以毕沅最为成功和得意。

毕沅（1730—1797年），字秋帆，号灵岩山人，江苏镇洋（今江苏太仓）人。 乾隆十八年（1753年）以举人授内阁中书，充军机处章京。乾隆三十五年（1770年）以内阁中书考取状元，历官修撰、道员、布政使、陕西巡抚，参与镇压金川叛乱，蒙乾隆召见并赐孔雀花翎，所编《关中胜迹图志》也收入《四库全书》。又因参与镇压甘肃回民起义，迁河南巡抚，主持治理黄河和淮河。乾隆五十三年（1788年）升湖广总督。后因参与镇压苗民起义和白莲教起义而受封二等轻车都尉，并病死军中，赠太子太保，赐祭葬。著有《灵岩山人文集》等传世。

毕沅是当时著名的学者，他精通金石、校勘，金石学著作有《关中金石记》和《中州金石记》；校勘方面的著作有《吕氏春秋》《老子道德经考异》《山海经新核正》《夏小正考注》等。这些著作依靠的是门下一帮有才华的幕僚如章学诚、孙星衍、洪亮吉等人的帮助。

毕沅在军机处任职的时候，与同事诸重光、童凤三等人都是举人身份。为了有个更好的前程，他们三人都参加了乾隆二十五年（1760）的礼部会试。考试结束后，他们照常回到军机处办理公务。

会试发榜的前一天晚上，本该轮到诸重光值夜班，但诸重光急于打听考试的结果，就毫不客气地对毕沅说："今天夜班还须请你代劳。"毕沅不解，便问："为什么呢？"诸重光提高嗓门说："问题明摆着的，要中状元书法必须过关。我的书法比你好，明天放榜倘若高中，还有殿试夺魁的希望，得早做准备。你的书法属中下水平，即使明天榜上有名，难道还想去夺一甲前三名吗？"毕沅尽管心里也非常想乘空探听一下消息，但觉得诸重光的分析不无道理，就答应了他的请求。傍晚值班时，军机处接到陕甘总督黄廷桂一份有关新疆屯田的奏折，毕沅闲坐无事，便饶有兴致地将这篇奏折反复看了几遍，其内容已是烂熟于心。

第二天会试发榜，毕沅与诸重光、童凤三人均中贡士。数日之后，他们一起去参加殿试。当时新疆初定，乾隆帝准备在那里搞屯田，于是亲自出了与新疆屯田有关的"策问"题。对此，一般士子半天摸不着边，可毕沅因心中有底，答得特别顺手，写得格外翔实得体，获得主考官们的好评，只因书法稍差，初拟名次时，仅排在第四位。

乾隆帝在阅读前十名贡士卷时，对前三名的卷子都不太满意，读到第四名毕沅的卷子时，觉得颇对胃口，大加赞赏，便亲自将毕沅改为第一甲第一名，而书法颇佳的浙江余姚人诸重光却屈居第二位。人们都说，毕沅中状元是忠厚得福。

毕沅性情儒雅和易，爱才若渴，身边常名士云集。当时的著名诗人黄景仁由于不愿当官，又不知理财，生活贫寒。

一天，毕沅读到他"一家俱在西风里，九月寒衣未剪裁"的诗句，马上派人送去银子50两。黄景仁病逝后，毕沅又出资赡养其老母，还为他整理出版诗集。祖籍歙县的著名文人汪中与毕沅没有见过面，有一次他跑到毕沅的衙门，递给门卫一张小纸条，只说住在某某客店，转身便走。门卫将纸条呈送给毕沅，只见纸条上写道："天下有汪中，先生无不知之理；天下有先生，汪中无穷困之理。"毕沅看罢，哈哈大笑，立即派人送去白银500两。

毕沅在任陕西巡抚的时候，有一次路过一座寺院，老僧出来热情招待毕沅，二人谈得十分投机，毕沅忽然开玩笑地问道："一部《法华经》，不知有多少个阿弥陀佛？"老僧从容应道："我一个破庙老和尚，非常惭愧生成钝根。大人是天上文曲星，非同一般，不知一部《四书》有多少个'子曰'？"毕沅不禁一愣，非常佩服老和尚思维敏捷、谈吐风雅，于是捐银为寺里添置田产，还把寺院整修如新。

毕沅一生做过河南巡抚、湖广总督等高官，但并没有突出的政绩。《清史稿》评价说："沅以文学起，爱才下士，职事修举；然不长于治军，又易为属吏所蔽，功名遂不终"。他之所以在官场相当顺达，一个很重要的原因是他与和珅的关系比较密切。和珅进入军机处时，毕沅出为甘肃地方官。毕沅可能在乾隆四十六年（1781年）和珅前往甘肃镇压回民起义时与其结识，并得到和珅的赏识。当年甘肃冒赈案影响很大，一大批官员被处理，而身为甘肃巡抚的毕沅却毫发无损，只是因为御史钱沣紧追不放，最后才得到一个降三级留任的处分，而且不久即官复原职。可见，毕沅与和珅的交情非同一般。

对于毕沅与和珅的关系，当时还有人因此发生争执，使得他们的关系更加扑朔迷离。钱泳《履园丛话》记载：毕沅任两湖总督时，正值和珅四十岁诞辰，遂举行盛大的祝寿活动。当时朝廷内外的官员都送上币帛之礼以示祝贺，唯有毕沅独自赋诗十首，并亲自从自己收藏的书画铜瓷中挑拣一些上等的作为和珅的礼物。钱泳当时还劝诫他说："公将以此诗入《冰山录》中耶？"毕沅沉默良久，忽然大彻大悟，表示不再与和珅结交。后人凭此说毕沅并没有结交过和珅，甚至把他后来的被抄家描述为受和珅所累，其实史实并非如此，陈康祺就专门出来辟谣说："毕沅制府爱古怜才，人所共仰，其交和珅，慑于权势，未能泥而不滓，亦人所共知。"这是符合历史事实的。

嘉庆四年（1799年），和珅倒台后，毕沅被追究在教匪初起时的失察贻误责任和滥用军需帑项的罪行而被抄家，革去世职。嘉庆帝甚至说："假如毕沅还在，我必将令他身首异处！"看来毕沅是真的惹恼了嘉庆帝。实际上，正是毕沅与和珅结交，才导致嘉庆帝"恨屋及乌"。

对小人恩威并施

和珅后来权倾天下，当然不能事必躬亲，为了使手下的那些人听他的话，他对手下的人总是因人而异、恩威并施，牢牢把他们控制在手中。

汪如龙是名盛一时的大盐商，他原本是两淮盐政征瑞手下的一个幕僚。征瑞曾做过道台，后来因为犯了过失被革职，他为了能重获起用，给时任军机大臣的和珅送去了数万两白银。和珅果然办事利落，收钱后不久，乾隆就下诏任命征瑞为两淮盐政。盐铁自古就是政府专营，其中利润惊人，所以盐政的职位是难得的肥缺，所以，历届盐政都是富甲天下的官员。

征瑞到任之初，汪如龙就前往拜会结识，并向他提出了诸如如何收税纳捐、如何追查走私漏税及如何查假打非的敛财良策，深得征瑞赏识，征瑞便招他为幕僚。汪如龙为人圆滑狡诈，极会见风使舵，因此在征瑞手下干得顺风顺水。乾隆第五次南巡之时，汪如龙亲自敦促大小盐商，捐出钱款，修建行宫，铺平道路，置办器物，征瑞不费吹灰之力就讨得了乾隆的欢心，他自己也从中收获颇丰。

征瑞无论如何也想不到，汪如龙是一个很有"远大理想"的人，他想借此机会接近和珅，取代征瑞坐上盐政的职位。他首先同征瑞一起向和珅进献了一匹名马，因此得以与和珅结识。像和珅这样的贪官，寻常的金银已很难打动他，所以汪如龙出奇制胜，总是送一些名人字画给和珅，此举一下就引起了和珅的注意。

接着他又通过和珅向乾隆进献了一名江南美女，令乾隆情有独钟。和珅心中对汪如龙的进献有几分喜悦，但是觉得此人过于精明，难免有上达朝廷的野心，必须要以威势强制于他，否则难免会对自己不利。

于是，和珅私下召见汪如龙，一见面就摆出了一副严酷的表情，汪如龙被打回原形，其原有的油嘴滑舌、狡猾失去了大半。正在他惶惶然不知如何是好的时候，和珅用冷嘲热讽的语气对他说：“恭喜先生讨得皇上如此欢心呀！”汪如龙见状只好默不作声，静静地等待着和珅的教训。只听和珅忽然怒斥道：“你可知罪！竟然成心让皇上沉湎女色，致使君王不朝，论罪当斩！”

汪如龙顿时脸色煞白，连忙双膝跪倒，口中谢罪不已，乞求和珅能网开一面，并表示自己早就对和珅敬仰有加，以后定会好好进奉。和珅本来就是要敲山震虎，闻听此言觉得自己的目的已经达到了，这才换了一副和颜悦色的表情。

汪如龙经过这一场生死劫，深深感到自己虽然是个声名很高的富商，足智多谋、行事圆滑，各方也打点得周到，然而在清朝的天下，还是命悬一线，随时都可能惹来杀身之祸。和珅才是主宰自己命运的人物，如若能死心塌地依附于他，让他明白自己的忠心，日后才会官运亨通。

汪如龙经过和珅的这一番威慑，心甘情愿地成了和珅的爪牙。和珅见汪如龙对自己已经心服口服，于是有意抬举他。和珅在乾隆面前先是夸了一通汪如龙如何举止不俗，精明强干，如何是一位不可多得的人才，然后，又奏到两淮盐政征端，虽然迎驾有功，却太过奢侈浪费，如不加以约束，天下群起效仿，竞相奢侈，于国于民都极为不利。乾隆本来就极重名声，自然不愿背上这个黑锅，就命和珅推荐别的人选来代替征瑞两淮盐政的职位。和珅趁机就举荐了汪如龙。

于是，乾隆颁下诏书：“天下士庶，官各敦本业，力屏浮华，是以特调征端以戒效尤。”汪如龙从此一步登天，由一名盐商一举做了两淮盐政。汪如龙从此对和珅更是死心塌地，他比征瑞更会来事，给和珅上缴更多的金钱，和珅对他非常满意。

事后征端心中不平，就找到和珅申辩，说他每年向和珅交纳10万两白银，为什么还会丢掉两淮盐政的肥缺。和珅不动声色地告诉他，只因为别人更会交纳，边说边伸出两根手指。可见，汪如龙不仅送珍宝名画给和珅，而且还送了20万两的银票。征端顿时哑口无言，悻悻而退了。

前尊后卑郝云士

和珅当政时，由于求他的人很多，因此不愿意接待访客，一般县令这样的芝麻小官是很难见到和珅的。《啸亭续录》卷三《和相见县令》有这样的记载：和珅权盛时，凡进京陛见的地方官，都以能够见上和珅一面为荣。山东历城县县令有一次进京陛见，很想求见和珅一面，这样，他回去就可以作为在同僚面前夸耀的资本。于是低三下四地送给和府看门人2000两银子让他帮忙，并在和珅回家时，长跪在和家门前，态度甚恭，见和珅的决心很大。不料，和珅对此大为光火，见有人跪在自己府前，一问竟然是一个地方上的县令，于是怒斥道："县令是什么东西，也配来叩见我！"历城县县令花了2000两银子不仅没有见到和珅，还被无端羞辱一番，自讨了没趣，一时成为官场笑话。

常言道：物以稀为贵。既然一般官员难以见到和珅，那么为了自己的官场前途又不得不去拜码头，怎么办呢？"经纪人"就应运而生，扬州的郝云士就是其中最成功的一个。

清代的笔记《蕉窗雨话》中有记载：和珅名声最旺的时候，郝云士任吏部郎中，直接负责官员的提升和调动。他见地方官进京见和珅一面比见皇上一面还难，就打起了歪主意，主动当起了中间人。规定：凡地方官员经他说合获得升迁的人，都会给和珅送上丰厚的礼金，他自己也落下不少钱财，自然非常得意。

郝云士官场得意，可惜有一件事不如意：他唯一的儿子天生愚蠢，难以成才，不堪大任。幸好小妾李氏为他生了两个如花似玉的女儿，尤其是二女儿雏玉长得漂亮，玉肌花貌，望之心旷神怡，因此郝云士非常爱重，盘算着将她嫁给一个大富大贵的公子王孙。

郝云士善于堪舆。说来也巧，给事中、河南祥符人吕凤台曾请郝云士为自己算命。郝云士认为吕凤台将来会成为朝廷的一品大员，因此他的儿子也会大富大贵，有心和他结亲。于是，郝云士请见吕凤台的儿子。吕凤台的儿子当时已经17岁，面白如玉，唇红齿白，一派书生俊气。不仅如此，他还写得一手褚体字（唐代著名书法家褚遂良的书体），并且已经考取秀才，只要再努力练习诗文，一定可以出人头地。

吕凤台也有郝云士的想法，一心要为儿子选聘一个理想的媳妇，因此尚未婚配。郝云士一听大喜，自己有心，吕凤台有意。所以就请媒人说合，表示愿将小女儿嫁给吕凤台的儿子吕笙。吕家早就听说郝云士的女儿雏玉长得很美，所以双方一拍即合，这门婚事很快就定下来了，两家从此过往甚密。

吕凤台是著名经学家王念孙的门生，二人都对和珅非常不满。一天，师徒二人计议上奏章弹劾和珅。谁知此时奏折都要经和珅过目，所以吕凤台很快就被下了刑部大狱。

吕凤台的儿子吕笙去求岳父郝云士帮助营救父亲，郝云士却冷静地说："你父亲太愚蠢，和珅与你父亲有何仇？以至于发此狂言！今朝廷怒不可测，我也无能为力。况且我之所以把女儿嫁给你，是因为我料定你父亲会位居高位，现在看来是我相术不精啊！"吕笙见郝云士这么说，只好悻悻而回。

最终，吕凤台得到协办大学士刘墉的帮助，被处发往乌鲁木齐效力赎罪。吕家经此变故，家道衰落，经济日渐拮据。吕笙白天为人授书，夜晚研读经书，用教书的薪酬勉强养活老母。

郝云士本来是冲着吕凤台会发迹才将女儿嫁给他儿子的，现在见没了指望，就起了悔婚的念头。

有一天，郝云士将吕笙请到家里，对他表现得非常关心："你父亲近来没有消息，西域不比内地，气候恶劣，我担心他回不来啊，看来朝廷赦免无期，我真为你父亲担心。"吕笙听后立刻悲痛不已，哭得声泪俱下。

郝云士这才说出真实目的："你家现在朝不保夕，吃了上顿没下顿，而我的女儿平时锦衣玉食惯了，你现在这个样子怎么能养活她？老夫考虑到家女处贫困之地，你们二人必定不会安定度日，这对公子也没有什么好处。只要你书写数行休书（离婚书），我可以用500两银子作为你母亲寿礼，以解公子燃眉之急。"吕笙知道他这是要悔婚，想到自己确实无法养活雏玉，于是长叹一声："吕家还没有遗弃媳妇的人，现在先生既然一意如此，我也不多说什么了，至于钱财，我和老母还能周济，不劳先生破费。”说完便叫人准备文房四宝，要写休书。郝云士听后虽然觉得有些惭愧，但为了自己的财运、官运，也顾不得那么多了。

吕笙刚要提笔写字就只听背后有脚步声传来。来人一把抓去纸和笔，并哭着对吕笙说：“我有何处得罪吕家，竟要休我！和珅招权纳贿，震动天下，而皇帝不能勤政，我们的父亲弹劾他是深明大义。明臣杨继盛因言政死在严嵩刀下，当时的朝贵还有人把女儿嫁给他的儿子。我们的父亲深明大义，其行为堪比杨继盛。如今你却将我休去，远不如明朝人的操守啊！”原来雏玉听说悔婚一事后匆匆赶来，她边说边将纸撕得粉碎，大哭而去。匆匆赶来的郝夫人也出来数落郝云士：“吕家公子并非长久贫贱之人，你为何这般绝情！”

郝云士被自己家人羞辱一番，更加怨恨吕笙，吕笙只好告退。

吕笙回禀自己的母亲，吕母说：“郝云士这是为了保住与和珅的关系啊！听说新皇帝就要登基，你父亲早晚会平反，郝云士早晚得报应，只是可惜了我家贤惠的媳妇！”

话音未落，就听见下人说郝小姐来了。母子二人慌忙出门迎接。只见雏玉全身布衣，慨然走进家门，跪拜婆婆道：“我们虽然没有举行大礼，可我也算是吕家人。今已被家父逐出家门。儿匆忙登门，于新妇之有失体统，于吕家为罪人。但婆婆慈爱，公爹忠良，还望谅解儿之不得已之处。或去或留，全由母亲决断，但决计不再回去！”

吕母大为感动，深谢雏玉不因家庭败落而嫌弃他们。王念孙听说此事，当即派人送来100两银子作为婚礼费用。吕笙、雏玉二人当日成婚，侍奉老母，日子倒也安稳。

几年后，嘉庆帝亲政，随即和珅倒台，吕凤台也获赦而归，任太常少卿，一年后补侍郎。与此相反，郝家因与和珅有牵连而被抄家。郝云士被发配到当年吕凤台的发配地乌鲁木齐，其妻领着儿子回娘家居住，雏玉含泪送到城外。她母亲伤感地说：“你当年决意离开家是对的，我看吕笙也是一伟器，只是以后不要忘了我。”雏玉泣不成声，只有默默流眼泪。

很快，吕笙顺利考中进士，并进入词苑翰林院。吕凤台也升任官居一品的尚书之职，郝云士算的卦应验了，可惜郝云士太势利，没有经受住好运来临前的考验。可怜又可恨的郝云士热衷于为和珅做中间人，不想却葬送了自己一生的幸福和前程。

收买人心谋发展

和珅大肆索贿受贿，聚集财富众多，为什么依然能够获宠？原来，和珅不仅自己大捞特捞，还时不时地惠及身边的人，通过这样的手段把他们作为自己的枪手，以此巩固自己的地位。

中国有句古话“己欲立而立人，己欲达而达人”。这就是说，自己在建立功业的同时，要让别人有所成功和收获，这既是传统儒家对人的道德修养的要求，也是为人处世的一种方法，否则事情难免会生出许多枝节和羁绊。和珅深谙此道，他毫不费力地把这一准则应用到收买人心上，同样收到了奇效。

人都是自私的，所以最先考虑的往往是自己的利益，尤其是围聚在和珅身边的人，哪个不是为了达到自己升官发财的目的才高攀和珅这个高枝的？谁也不愿意白白把钱财送给别人，所以和珅只是他们飞黄腾达的敲门砖，只有用巨额财富才能敲开这扇门，而他们一旦登堂入室，则会变本加厉地十倍百倍地捞回来。

和珅当然知道围拢在自己身边的人的真实用意，如果自己不分一杯羹给他们，他们就只能是一盘散沙，说不定会把自己肮脏的一面抖出来，虽然无法造成实际的影响，但毕竟名声上不好听。所以，要想他们能够长久地聚拢在自己身边，只有让他们得到自己想要的机会或职位，让他们看到希望，这样才会对自己死心塌地、忠心耿耿。

乾隆四十四年（1779年），乾隆帝想出去游玩一番，于是决定第五次南巡。出发之前，和珅给刚刚依附于他，并在他的照顾下出任泗阳县令不久的国泰写了一封密信。信中说皇上此次南巡要去祭祀孔庙，这样一来一定会途经泗阳县，并把皇帝大概会经过的地点告诉了国泰，命国泰在此精心筹建一处行宫。这样一来，皇帝一定对他另眼相看，说不定会因此官升一级，岂不两全其美。

国泰接到来信，知道这是和珅有意提拔自己，感动得简直要把和珅当作再生父母供起来。他马上筹集资金，调集全县的能工巧匠，加班加点地在和珅指定的地方修建了一座行宫，专等乾隆帝的到来。

乾隆帝一路上游山玩水，入山东、祭孔庙，向世人表明他尊师重道的国策。然后一路向南，在路过泗阳县的时候，“偶然”发现了一座优美别致的建筑，乾隆帝见了非常高兴，特意放慢行程。

和珅知道自己的计划成功了，趁机上前启奏说：“泗阳县令国泰日夜感念皇恩浩荡，为表孝心，特意在此地为皇上修建了一座行宫，盼望皇上能够驾临。他已将行宫的大致绘图给臣看过，亭台楼阁美不胜收，臣觉得绝非一般的园林美景可比。今日皇上路过此地，何不前去一观？欣赏一下这里的物阜民丰、人间美景。”

乾隆帝早有此意，只是碍于情面，不好亲自表态，听和珅这样说，心中自然一百个愿意，于是高兴地下令入住行宫。乾隆帝进入行宫，只见其内部修建得精巧别致，绝非寻常手笔。园中借助山林中原有的溪流因地制宜，令溪水在亭榭间纵横交错，迂回曲折，竟没有半点人工雕琢之态，浑似天成。此中亭榭也是清幽可人，少了些许俗气，令见惯了豪华铺张的乾隆帝心旷神怡，顿生身处世外桃源之感。乾隆帝高兴之余，当即命和珅召见国泰。国泰面见皇上，因为早有准备，更是从容应对。不仅把本县说的民富安康，而且奉承说这都是皇上治理有方，恩泽所惠，实在是万民之福。其间表现得沉着稳重，再加上和珅在一旁赞不绝口，两人轮番夸赞乾隆帝，更是让喜听阿谀之词的乾隆帝心花怒放，一高兴就马上降旨擢升国泰为道台。国泰自是谢主隆恩，连呼万岁，也免不了对和珅感恩戴德，又给和珅送去了大量的金银，对和珅更是言听计从，绝无二心。

其他投靠和珅的官员，知道和珅略施小计就让国泰擢升为道台之事，心中兴奋不已，企盼着这样的事情不久可以落到自己头上，于是更是使出百般手段向和珅靠拢。

就这样，和珅给属下一丝进步的希望，从而调动他们的积极性，紧随其后，形成一个强大的关系网。

精明和珅遭戏耍

乾隆年间，发生了一件十分蹊跷的宝石顶被骗奇案，这个案子与和珅有关。据说一个神秘的江湖侠客骗走了乾隆帝赏赐给和珅的御赐宝石顶，更为惊奇的是后来又悄悄送还了。当时此事传得神神秘秘，一直到嘉庆年间，和珅倒台后，这件事终于有了答案。

乾隆五十四年（1789年），固伦和孝公主下嫁和珅之子丰绅殷德，婚礼十分隆重，乾隆帝特地赏给和珅一颗宝石顶戴。和珅为了表明自己与皇帝的关系不一般，特意把皇帝赏赐的朝冠放在很显眼的地方，引得朝中官员纷纷前来祝贺。

此时，和府门外的大街上早已停满了各式马车和轿子，这让江湖好汉贾五非常气恼，便想戏弄和珅一番。

这贾五有些翻墙入户的手段，很快就弄到一身宫里太监的衣帽，把自己化妆成皇宫的太监，雇了一辆华丽的马车，耀武扬威地到了和府门前。

此时和珅正与百官推杯换盏，门口忽然道："圣旨到！"众官员一听，以为是皇上对和中堂有什么新的赏赐，全部站起来等候。只见一位"传旨太监"气宇轩昂，衣着华丽，神态庄严地站在厅中，尖声尖气地说道："和大人，有皇上的口谕。"

和珅慌忙跪下，只听"传旨太监"大声道："查文华殿大学士和珅，督办兰州军务期间，总兵图钦保阵亡，和珅匿不上奏，掩饰战事的发展；且有贪污军饷之事。兹念其前功，不予深究：着追还前赐宝石顶，以示薄儆。"

原来是和珅在兰州的事情败露了，皇上派人来追还宝石顶的。和珅没办法，只好把皇上钦赐朝冠上的大红宝石摘了下来，呈给"传旨太监”。“传旨太监”收了宝石顶，也不多说，扭头就出门而去。不用说，此人正是贾五。

和珅在宴会上当众出丑，心情十分郁闷，于是向乾隆帝请假休养。不料乾隆帝的“传旨太监”来了一批又一批，一天之内就来了好几次。有的是要他好好休养身体，有的是带着太医给他看病，还有的是给他送药来的。和珅据此认定乾隆帝还是器重自己的，这么一想，和珅的病顿时好了。

第二天上朝，和珅面见皇上，叩谢皇上送药的恩典。乾隆帝对他也是嘘寒问暖。乾隆帝见和珅的帽子上还是以前的红珊瑚顶戴，并没有自己赏赐的红宝石顶戴，于是问他原因。和珅一惊，以为皇上这是故意消遣他，顿时汗如雨注，连忙磕头谢罪：“奴才有负圣恩，宝石顶戴才被陛下追还，奴才一定好好反省，不负皇恩。”

乾隆帝糊涂了：“朕从来没有追还啊，到底怎么回事，快如实讲来。”和珅见皇上确实不知，于是把太监追还宝石顶的经过详细地说了一遍，而其中的罪过隐瞒不报。乾隆帝命传吏部尚书、礼部尚书和所有的军机大臣，众位大臣都不知道这件事情。和珅描述了太监的长相，宫中的太监总管也说不认识此人。看来是有人冒充太监把和珅的红宝石顶戴给骗走了！

这还了得，真是无法无天！乾隆大怒，命令刑部和九门提督仔细搜查京城的每个角落，限期破案。和珅被江湖人戏弄，经过这一番折腾算是人人皆知，和珅更是丢尽了脸面。

为了搜查宝石顶，京城的旅店、妓院、酒楼等地方被折腾得底朝天。一时间鸡飞狗跳，百姓不得安宁。

这天散朝后，和珅回到后堂，刚刚坐下，下人来报：九门提督派一名参将求见相爷，说着呈上九门提督的名帖。和珅让来人进见。只见一名参将打扮的人大步走了进来，来人头戴蓝宝石顶的三品朝冠，身穿三品武官的绣豹子补服。来人二话不说，纳头便拜：“贺喜相爷！骗子已然抓获，宝物也追回来了。”说完从怀中拿出宝石顶一颗。

和珅又惊又喜，一看正是丢失的御赐宝石顶。和珅高兴地对参将说道："提督大人费心了，我一定记着这个情。你立了大功，我重重有赏。"参将道："卑职能为相爷效力，十分荣幸。卑职还要回去复命，不敢久留。宝石顶既是相爷的原物，请相爷赐卑职几个字，卑职好回营交差。"和珅点头笑道："这是自然。"于是取过自己的名帖，写了宝石顶的收据，交给参将。

和珅见此人器宇不凡，有心提携他，就笑呵呵地问道："你叫什么名字？以后有机会，我会栽培你的。"参将连忙道："卑职姓贾名丁工，感谢和大人的栽培。"说着收下名帖，拜谢而去。

不一会儿，下人来报："九门提督大人到访。"和珅出门一看，只有九门提督一人前来。和珅虽然纳闷，但还是笑呵呵地说道："劳提督大人大驾，宝物终于完璧归赵。和某非常感谢，以后提督大人有什么需求尽管找我。"

这九门提督本来是求和珅宽限几日的，一听这话，脸色大变："我并没有遣人来大人府上送东西啊！"和珅这才觉醒过来："我等遇到高人了，这个人跟以前骗走宝石顶的人，是一伙的。"九门提督怒道："此人胆敢在京城胡作非为，请相爷放心，下官一定详加查访，将这个骗子缉拿归案。"

和珅思索一番，很快就明白了其中的轻重缓急，轻叹一声道："此事到此为止，不必再追究了。此人先冒充皇上的特使骗走宝石顶，现在又假冒参将将宝石顶送还，根本就是不把朝廷放在眼里。况且我每次都没有看出破绽，这肯定是个江湖高人。他能够把宝石顶骗去又原物奉还，可见并非与我有深仇大恨，更不是贪财之人，这等江湖上的人物，你把他们逼急了反而不好。再说，我们怎么向皇上交差，难道如实禀报说我们又被骗子戏耍了一番？现在御赐宝石顶已经归还，我只需向皇上请罪，就说是自己不小心遗忘在某处，现在又找到了，皇上见我言辞恳切，肯定会饶恕的，此事也就罢了，不必再提。"

九门提督这几日也被折腾得够呛，现在倒乐得放手不管，讪笑着说："相爷考虑长远，下官佩服。此事下官从未听说过，我的弟兄们这几日一直在努力维持治安，如果和大人没别的事，下官先告辞了。"

这件宝石顶奇案就这样不了了之了。此事少有人知道内幕，也无人深究。骗走宝石顶的是什么人，送回来的是不是和他们一伙的，为何骗走了又要送回来？没有人知道。直到嘉庆年间，和珅倒台后，这件事才渐渐有了答案。

原来骗走宝石顶的人名叫贾五，是混迹江湖的人物，向来看不惯和珅作威作福的行为，这才想骗来宝物戏弄和珅一下，谁料想九门提督为追捕骗走宝石顶的人，使许多无辜的百姓受苦。贾五不忍给百姓带来麻烦，于是再次化装到了和府，将宝石顶送还和珅，以求百姓不再遭殃。他本不想透露姓名，既然和珅问起，他又不想栽赃他人，就给自己取了个名字“丁工”，写在一起正好是个“五”字。

第七章　整治同僚

——顺我者昌，逆我者亡

树立威严慑众人

有了实力和有利的形势，并不意味着一定会取得成功，因为很多人并不了解你的实力，所以要利用合适的机会，适当地展示自己的实力，抖一抖威风，让别人知道你的权力和威力，以免被人错误估计形势，形成对自己不利的情况。

乾隆帝在世时，一再标榜自己的“文治武功”，尤其对他在文化领域所取得的成就沾沾自喜。乾隆不仅自己喜欢收藏文物珍宝，而且对整理、编纂鸿篇巨著雄心勃勃。他甚至编纂了一本超越宋代编修《太平广记》《太平御览》《文苑英华》，明代编修《永乐大典》及其祖父康熙编修《古今图书集成》的巨作——《四库全书》。

乾隆帝对《四库全书》十分重视，换了好几届该书的总裁，以示郑重。乾隆四十五年（1780年）十月，和珅受命担任正总裁。据清史档案记载：“乾隆四十五年十月十五日，内阁奉上谕，和珅著充四库馆正总裁。钦此。”

和珅担任这一职位可谓理所应当，他从小就喜爱文墨，对诗词歌赋都略有涉猎，加之多年伴随乾隆帝左右，耳濡目染，颇受熏陶。但是他为了讨好乾隆帝，竟然大兴文字狱，惹得一些学者不快，著名学者孙星衍就是一例。孙星衍“耿介自持，不随流俗”，素不喜倾倒权贵。当时许多“英俊之士，多屈收和门”，但孙星衍却从不与和珅往来，因此，和珅与之向来衔恨，总想找机会陷害他。

有一次，孙星衍散馆试《厉志赋》，引用了《史记·鲁世家》中的章句。和珅不认识其中的一些字，就认为星衍写了错别字，严加指责，并把星衍“抑置二等，以部员（部主事）改用”。此时和珅正兼管翰林院，他曾几次邀请孙星衍面谈，均被拒绝，并说：“天子命何官不可为，某男子不受人惠也。”和珅对他是怀恨在心，为了表明自己的能耐和威严不可侵犯，找了个由头把孙星衍降为刑部直隶司主事。

不仅如此，和珅在任编纂官书正总裁和总裁时，还经常翻阅书稿，喜好挑拣别人的讹误之处、错别字和编撰不当的地方，然后呈给乾隆帝阅看，趁机打击有才华的人，树立自己的形象。例如，编修《四库全书》时，纪昀（晓岚）、陆费墀等曾多次受到斥责、降级或赔款，陆费墀等人几乎被弄得倾家荡产、家破人亡。由此可见，和珅为了给自己树立形象，完全不顾别人的痛苦和灾难。

对于那些墙头草，也就是所谓的“骑墙派”，和珅却认为并不可怕，他们不是自己真正的敌人，最可怕的是那些与自己作对又不肯低头的人，他们是天生的对手，真正的“天敌”。因此，对于这些与自己作对的“死硬分子”，和珅从不手下留情，只要一有机会，就一个一个地打垮他们，让他们永远没有机会与自己竞争。

云贵总督李侍尧向来倚老卖老，“年老位高，平日睨视和珅，和珅衔之”。于是，和珅抓住海宁弹劾李侍尧索贿受贿的机会，请旨亲自赴云南查办，最后，和珅抓住了他的把柄，让乾隆帝下诏钦定李侍尧“斩监候”。

军机处首辅大臣阿桂，出身世代贵族，屡立战功，深得乾隆宠幸，乃乾隆依靠的大臣。因此，和珅要巩固自己地位，必须打压阿桂，或者拉拢阿桂，总之要消除这个威胁。

于是和珅开始有意寻找机会扳倒阿桂，一有机会就把罪名往阿桂头上栽。由于乾隆帝经常派阿桂处理一些大案要案，如福康安请李天培代买木料私交漕船带运案和审理富勒浑贪污案等。和珅总想在他处理这些案件时，趁机诱使案犯指供阿桂，或者给阿桂戴上包庇罪犯的大帽子。但是阿桂向来清正廉明，又得到乾隆帝的宠信，所以阿桂纵然多次遭到和珅暗算，和珅也奈何他不得。

这样，本来就看不起和珅趾高气昂样子的阿桂更加不把和珅放在眼里，每“遇之不稍假借。不与同直庐，朝夕入直，必离数十武（数十步之意）。和珅就与语，漫应之，终不移一步。阿桂内念位将相，受恩遇无与比，乃坐视其乱政，徒以高宗春秋高，不敢遽言，遂未竟其志”。如此种种，和珅对阿桂更加怀恨在心、咬牙切齿。

有一次，军机章京、员外郎海升殴杀其妻子，上报其妻子“自缢身亡”，其妻弟贵宁不服，上告乾隆：“阿桂以尝奏不语袒海升，坐罚俸。”和珅一直在等待整治阿桂的机会，现在机会送上门，他便大做文章，暗地指使贵宁一定要告状，而且尽量把一切责任引向阿桂，自己必定为其撑腰，报其姐被杀之仇。贵宁心想和珅能为其撑腰，必可诛杀海升为己姊报仇，也就欣然同意了。于是他告诉和珅，曹文植可以做证阿桂袒护海升，和珅找到曹文植，并许以重金高官，怎奈“文植特持正，故非阿和珅，母老决引退，思礼弗替。”曹文植素知阿桂清廉，又惹不起大红人和珅，想来想去，只好托辞“母老”，辞官归隐，一走了之。热情高涨的和珅无凭无据，不能奈何阿桂，只好继续与阿桂妥协，与阿桂保持着不远不近的距离，而且自始至终，和珅也没能在阿桂死前扳倒他。

在军机处，王杰、董诰二人向来与阿桂交好。和珅专权之时，董与王“格往其间，独居深念”，从来不与和珅沆瀣一气。于是和珅总想借机把王杰、董诰逐出军机处，试图砍掉阿桂的得力助手，可是乾隆帝非常喜欢王杰的学问和为人，董诰亦为乾隆帝所重。和珅的百法而不得施。

和珅见无法扳倒阿桂，就连他的跟班也动摇不得，不禁恼羞成怒，为了威慑其他人，他只好找朝内官职小的官员出气。谢振定任监察御史，一次鞭打了和珅妾弟，并斥责其座驾违制，一把火烧毁马车，还说：“此车岂复堪宰相坐耶。”和珅表面不动声色。但没过多久，就借机“假他事劾振定，夺职”。

看来，和珅深知“不鸣则已，一鸣惊人”的道理，他对待异己要么表面应付，要么一棍子打死，不让其死灰复燃，绝没有第三条路可走。

准备充足制政敌

和珅做事向来目的性强，而且有仇必报。有时为了达到目的不得不等待，但他会利用这个时间，扩充自己的实力，寻找对手的薄弱处，等待最有利的时机，或者利用这个时间，为对手设计圈套。

和珅做事总是处处考虑，尽量把问题想得复杂一些，困难多一些，这样准备才会充足。一旦对手发起攻击，马上就可以用设计好的方案进行周密布署和果断行动。这样做事看似曲折，不如“兵来将挡，水来土掩”那样痛快，却可以保和珅在朝中更加稳妥。

和珅把持朝政时对朝政的最大改革就是设立了议罪银制度，犯罪的官员可以通过交纳一定的银两来代替惩罚，依旧高官得坐，骏马得骑。有明眼人看出了其中的弊端，对这一制度提出了异议。这个人就是内阁学士尹壮图。

尹壮图，字楚珍，云南昆明人，于乾隆三十一年（1766年）考中进士，官授庶吉士，后被迁为礼部主事。乾隆三十九年（1774年）入阁任内阁学士，兼礼部侍郎。乾隆五十五年（1790年），他向皇帝直言议罪银制度为朝廷带来的不利。《清史稿》对此也有这样的记载：“高宗季年，督抚坐谴，或令缴罚项贷罪，壮图以为非政体，五十五年，上疏言：‘督抚自蹈愆尤，圣恩不即罢斥，罚银若干万充公，亦有督抚自请认罚若干万者，在桀骜者藉口以其饕餮之私，即清廉者不得不望属员之助，日后遇有亏空营私重案，不容不曲为庇护，是罚银虽严，不惟无以动其愧惧之心，且潜生玩易之念，请永停此例，如才具平常者，或即罢斥，或用京职，毋须再膺外任。’”

尹壮图在奏折中提到：各省督抚大员即便犯了错误，因为皇恩浩荡，不会立刻革去他们的官职，而只罚他们若干银两，以示惩罚。更有一些官员竟然自愿交纳罚金，对于那些多行不法的官员来说，这无异于为他们的行为找到了借口，他们可以肆无忌惮地继续胡作非为。就连那些平时行为端正、清廉自谦的官员因为得到了下属交纳的银两，如果遇到下属有什么不轨行为，也不得不为下属包庇。这不是设立议罪银制度的初衷。所以，罚银的制度虽然起到了很好的作用，却非但不能令官员们羞愧，反而容易滋生他们的不轨之心，请求皇上永远废除这一制度。

乾隆帝看过奏折之后十分不满，下诏书说："尹壮图既为此奏，自必确有见闻，今指实覆奏。"让尹壮图不要只是凭空猜想，举出实例来，实际上皇上并不想放弃这个搜刮钱财的政策。《清史稿》同样收录了尹壮图回复上谕的奏折："各督抚声名狼藉，吏治废弛。臣经过地方，体察官吏贤否，商民半皆蹙额兴叹，各省风气，大抵皆然，请旨简派满洲大臣同臣往各省密查亏空。"

乾隆帝看了复奏以后，大为震怒。尤其尹壮图在奏折中提出调查的官员要秘密查访，这让和珅也非常恼恨他。和珅对乾隆帝说："尹壮图所谓的密访实在是不成体统，不能任由他身为朝廷命官任意查访，必须约束他的行为，以免他任意妄为，也不致搅得各地百姓不得安宁。"乾隆帝对和珅的建议非常满意，便下令尹壮图每查一地之前，要事先通知地方官员。这样一来，和珅贪污受贿，大肆搜刮民脂民膏的行为就不会暴露，他就可以高枕无忧了；而那些府库亏空的府县在尹壮图到来之前就接到通知，当然会想尽一切办法搪塞过去，尹壮图就是再有能耐，也是白忙活，什么也查不出来了。

不仅如此，和珅为了让事情更加保险，向乾隆帝推荐向来忠心依附于他的庆成陪同尹壮图查访，获得了乾隆帝的首肯，下诏命尹壮图与庆成一起去各省调查府库，每到一处必须五百里快马通知各地，不使地方惊慌，而且二人必须尊重地方官员，不得以钦差的身份压人，尹壮图要听从庆成的安排，助庆成行事。这样一来，尹壮图此次"出差"就成了公费旅游，什么收获都没有。

和珅在临行前召见了庆成，向他面授机宜。和珅也已经派人通知沿途各省做好安排，庆成要做的是控制尹壮图的行动，尽量不让他与地方官接触，以免生出诸多事端。必要的时候，甚至不惜用命令约束他。经过这一番周密的安排，尹壮图还被蒙在鼓里就同庆成一起出发了。

他们首先到了山西大同。大同知府是和珅的舅舅明保，此人贪婪无度，靠着巴结和珅才做到了知府。他早把府库挥霍一空，幸好有和珅的密令，他才有时间准备。尹壮图一到，他就对尹壮图说他为官一向节俭，并用粗茶淡饭接待他。尹壮图不明就里，对明保甚是钦佩。等到将尹壮图送回驿馆之后，明保又把庆城迎进家中，用豪华酒宴款待，席间他们不停地嘲笑被欺骗的尹壮图。就这样，尹壮图所到之地，官员的所作所为更加无耻，他们对庆成热情地接待，有说有笑，却好像根本没有看见尹壮图一般，将他冷落一旁，一到晚上，就有人邀庆成去赴宴，而尹壮图一个人留在驿馆之中，连饭食也没有人准备。几处地方走下来，尹壮图渐渐明白了和珅的意图。但是苦于没有证据，只好承认自己夸大其辞，没有真实凭据，请求结束调查回京。

乾隆帝见果然没有真凭实据，就历数尹壮图的奏折："希荣卑鄙，饰词谎奏。"史书上记载："乾捞案谕壮图，问途中见商民蹙额兴叹状否，壮图覆奏，言目见商民乐业，绝无蹩额兴叹情事。"

尹壮图一回京就被刑部以"挟诈斯公，妄生异议"关进了大狱，判处砍头。后来，乾隆帝法外开恩，不治其罪，并以内阁侍读革职留任，后升任礼部主事。再后来，尹壮图以母亲年龄大，需要奉养为由辞官回家。

可见，在对手进攻之前做好充分准备的关键在于有准确的情报，在此基础上才能先敌动手，置对手于被动境地。和珅就是这样，当有人告状时，他往往先发制人，抢在对手的前面消除不利于自己的证据或者先罢除对手的官职，不给对手留下任何机会。

不做亲家不得升

乾隆四十二年（1777年）后，年轻的和珅已经在短短的几年间连续升任户部侍郎、军机大臣、总管内务府大臣、镶黄旗满洲副都统、国史馆副总裁，赏戴一品朝冠；总管内务府三旗官兵事务，兼任步军统领、监督崇文门税务等职务，明显成为皇上的大红人。

但是，就在这风光的背后，有一件事让他特别气愤，就是他满心想与礼部侍郎德保结为亲家，却遭到了德保的拒绝。

德保姓索绰络氏，字仲容，号定圃，又字润亭、怀玉，又号庞村，内务府满洲正白旗人，属于上三旗之一。高祖都图任六库郎中，署总管内务府大臣，康熙皇帝曾赐姓石。

德保于乾隆二年（1737年）中进士，选庶吉士，授检讨，很受乾隆帝器重，历任顺天乡试副考官、日讲起居注官、入值南书房。历任工部侍郎兼总管内务府大臣、汉军副都统、山西学政、翰林院掌院学士、广东巡抚、两广总督、漕运总督、内阁学士、礼部尚书等职，多次主持乡、会试，有《乐贤堂诗钞》传世。加之德保的弟弟观保也是进士出身，因而索绰络氏在当时满族贵族中是少有的书香门第，德保和弟弟观保在当时的官场上也是很有影响力的人物。

乾隆四十一年（1776年），刚任户部侍郎和军机大臣的和珅带着自己的女儿去德保家串门。在德保家大门口遇到德保的儿子英和。这英和长得一表人才，聪明伶俐，很会说话，和珅一见就喜欢上了。他看了看身边的女儿，当即就想和德保结亲，要把女儿许配给英和。

和珅之所以想和德保结亲：一是自己虽然受皇帝宠幸，但毕竟不是上三旗出身，相对德宝而言有政治上的先天不足，而德保由于出身上三旗，又有才学，早已在仕途上飞黄腾达，他要是能与德保家结亲，就可以与索绰络氏形成政治关系，这对于巩固自己在朝中的地位十分有利；二是德保有一个聪明伶俐、长相标致的儿子英和，自己和女儿都非常喜欢，能招到这样一个乘龙快婿可是很有面子的事情。但有一点，自己的女儿长得丑，有一只眼也不好使，自然不好找婆家，而英和又长得眉清目秀，不知道对方肯不肯答应。无论如何，为了自己的前途，还是要努力去撮合，他决定让皇帝赐婚，这样一来，德保就无话可说了。

乾隆四十三年（1778年）的某一天，趁着皇上高兴，和珅就把自己想与德保结亲的事告诉了乾隆帝，乾隆帝不明就里，当然很高兴，自己看重的股肱大臣能够相互联姻，这对他非常有利，就满口答应为两家子女的婚事主持指婚仪式。

德保听到消息后，颇为为难，他本来就不喜欢和珅这个政治暴发户，还听说和珅的女儿长得不好看，且是残疾。自己一表人才的儿子也肯定不愿意，但如果是皇帝亲自指婚，他德保无论如何也不敢拒绝啊。思来想去，办法只有一个，就是马上把儿子的婚事确定下来，让和珅和乾隆帝都无话可说。

他二话不说，连忙去阿思哈家，请求阿思哈将其妾所随嫁的女儿嫁给自己的儿子。阿思哈姓萨克达氏，是满洲正黄旗人，同属上三旗人，乾隆初年（1736年）由官学生考授内阁中书，充军机处章京。历任甘肃布政使、江西巡抚、山西巡抚、内阁学士、广东巡抚、河南巡抚、云贵总督、吏部侍郎、吏部尚书、漕运总督等职，算是官宦世家，可谓门当户对。

当时阿思哈正任漕运总督，他知道两家都是书香门第，地位相当，而且德保的儿子素称英俊有才，而自己家的女儿本非亲生，两家能够结成亲家可是求之不得的好事啊，阿思哈对此非常满意，当即就答应了德保的请求。德保得到了阿思哈的同意，心头的一块石头落了地。

果然，第二天一大早乾隆帝就传旨召见德保，询问英和的婚姻大事，德保早就有了应对之词，因而很快回奏说："臣与阿思哈已结成亲家了。"乾隆帝听后还埋怨和珅只想着结亲，却没有打听好虚实，而站在一旁的和珅对此极为不满，但也不好插话，只好很尴尬地退了出来。

和珅知道，德保这是不愿意与自己结成亲家。虽然自己女儿长相不好是其中一个原因，但他认为德保敢当着皇上的面拒绝这门婚事，就是德保根本看不起自己，所以让他在皇帝面前丢面子。和珅越想越气，于是准备寻找机会报复德保。

德保毕竟世代为官，关系在朝中也是很硬的，所以发展一直还算顺利。乾隆四十四年（1779年），德保以礼部尚书兼吏部尚书事，翰林院掌院学士，负责编纂《音韵述微》。四十五年（1780年）又任会试主考官，都察院左都御史。四十六年（1781年）正月兼管太常寺、会官，都察院左都御史。四十六年正月兼管太常寺、会试正考官、《日下旧闻考》总裁官、尚书房总师傅。

但是随着和珅地位的进一步巩固和官职的不断晋升，德保的仕途发展就“自然而然”开始走下坡路了，其中和珅发挥了决定性的作用。

乾隆四十七年（1782年）四月，因草率筹办常雩大典，天灯只悬挂两盏，斋房坐褥不整洁，德保被革去顶戴花翎、革职留任，十年无过方准开复。五月，因大朝站班发生错乱，作为负责监礼的都察院堂官，德保被罚俸一年。随后又以社稷坛内树木不及时修理被记过一次。九月署兵部尚书，十月又因带领皇子编条《钦定明臣奏议》错课被议处，十一月更被免去尚书房总师傅的职位，回原衙门办事。

乾隆四十八年（1783年）二月初，乾隆帝驾临国子监行释奠先师孔子礼后，便欲效法前代圣王，搞一次临雍讲学大典，遂于初七下令修建国子监辟雍，并派礼部尚书德保、工部尚书兼管国子监事务刘墉、侍郎德成，前往阅视，度地鸠工，诹吉兴建。该工程大约在乾隆四十九年（1785年）底或乾隆五十年（1784年）初竣工，该辟雍建于彝伦堂前，圆顶方宇重殿，桶扇四向各成三间，殿内合为一。宽深皆五丈三尺，外周以廊，深六尺八寸，出檐四尺三寸，池内方基长宽各十一丈二尽。池圆径十九丈二尺，四达以桥，桥各长四丈，宽二丈二尺，池周围有栏。

乾隆五十年（1785）二月，临雍大典如期举行。乾隆帝对辟雍工程颇为满意。但讲学礼毕后赐茶时却发生了听讲众臣皆有赐茶，而进讲之人反立殿外，不得赐茶的尴尬情况，礼部堂官德保等不仅没有获得奖励，还受到交部察议的处分。

历史记载：和珅倒台后，嘉庆帝曾召见英和，问起他父亲德保与和珅的恩怨，嘉庆对英和说：“汝家事朕皆深悉，惟当日和珅如何欲与汝缔婚，汝父何言以谢？”英和回答说：“那是臣年八岁的时候，和珅初为侍郎，曾至臣家，适遇臣于门外，但问臣年几何。及臣11岁时，臣父为聘故漕督阿思哈之女，越二年来归，此外别无所闻。迨臣父亡后，大学士阿桂向臣言：当日和珅曾请内务府大臣金简为其女作伐说合，臣父婉辞。”

嘉庆帝听后连连感叹，对英和说：“你父亲生前受和珅的诽谤太多啦！”英和涕泣回答：“不独生前受谤，身后所上遗折尚为和珅遏抑啊。”第二天，嘉庆帝特恩追赐前礼部尚书德保谥文庄，德保的哥哥、前礼部尚书观保谥文恭。

英和（1771—1840年）是清朝一个有影响的人物。他初名石桐，字树琴，号煦斋，别号粤溪生，是乾隆五十八年（1793年）进士，历官翰林院编修、内阁学士、礼部侍郎兼内务府大臣、军机大臣，入值南书房，又曾官工部尚书、户部尚书兼协办大学士及翰林院掌院学士等职。道光八年（1828年），因主持建造的陵墓浸水，他和两个儿子一同被发配到黑龙江充军，三年后被释还北京闲居。著有《恩福堂全集》，包括《卜魁纪略》《恩福堂笔记》和《恩福堂自订年谱》《恩福堂诗钞》等。

英和的大儿子奎照，是嘉庆十九年（1814年）进士，历官至礼部尚书、军机大臣、左都御史等职；次子奎耀，嘉庆十六年（1811年）进士，官至通政使，后为南河同知。奎照的儿子锡祉，是道光十五年（1835年）进士，历翰林院侍讲学士，后官长芦盐运使。

德保虽然因为冲撞和珅而受到打击，但他耿直的性格确实为后人敬仰。他之所以敢冲撞和珅，驳了和珅的面子，从他的后人的表现来看，是因为确实有这个实力和历史渊源的。可以说，清代索绰络家族确实是一个有影响的家族。《清史稿》这样称赞英和说："自其父及两子一孙，皆以词林起家，为八旗士族之冠。"

顺水搭船有功劳

对于和珅来说，借用对手之利的一种方法，就是当发现对手即将成功时，立刻和他处在同一个战壕，这样，自己不用出力也会收获成果。

乾隆二十年（1755年），内阁学士窦光鼐被授予左副都御史，督浙江学政。他见浙江各县府库亏空，官吏们只顾溜须拍马，胡作非为，对百姓更是横征暴敛。于是，他在乾隆五十一年（1786年）七月上书乾隆，他在奏折中写道："臣闻嘉兴、海盐、平阳诸县亏数逾十万，为察覆分别定拟。"于是，乾隆特命尚书曹文植、侍郎姜晟前往浙江调查。但调查的结果却与窦光鼐所奏不符。和珅听说这件事后，忙向乾隆进言："浙江吏治腐败，前往调查的诸位大臣所奏各个不一，其中定有虚假，皇上须派一位德高望重的大臣亲往探察，方能知晓实情，臣以为唯军机大臣阿桂可堪此重任。阿桂此去，必能查清此案。”乾隆同意之后，和珅又请求乾隆派他的弟弟和琳同阿桂一起去浙江办案。

和珅凭多年的为官经验，认为窦光鼐所参奏的事绝不会有假，阿桂此去定能查个水落石出。他的弟弟和琳此时只是一个笔帖式，一向没有什么功劳，因此，和琳跟随阿桂，什么都不用做，回京即可获享一个大大的功劳，可以借阿桂之实升官。这一安排足见和珅的高明之处。

果然不出和珅所料，阿桂调查浙江一案，和琳却凭空捡了个大便宜。案件结束后，已升为户部侍郎的和珅党羽苏凌阿，马上抓住时机为和琳邀功，向乾隆上奏道：“和琳虽官卑职小，但此次查案，甚为公正，且颇干练，终使案情大白于天下，显圣上持政整肃清正，和琳实应嘉奖。”于是和琳得了个杭州织造的肥缺，此后不久，又升为湖广道御史，从此和琳飞黄腾达。

和珅“借助他人之力”为自己人获得了巨大的利益，可见他把这一计策运用到炉火纯青的地步，而且他只是让对手去冲锋陷阵，自己却趁机分得别人拼死才得来的成果。就算对方没有成功，也可以把脏水尽量往对方身上泼，自己只赚不赔。和珅保荐对手福康安去平复台湾之乱就是一例。

福康安深得乾隆信任，一朝之中，除了阿桂，就只有福康安配做和珅的对手了。据当时的外国使臣记载，福康安“稍欲歧贰于珅，颇自矜持，收拾人望，而宠权相埒，势不两立”。因此，和珅屡次排挤打击福康安都终未成功。

乾隆后期，随着大批大陆的民众迁移到台湾，由闽、广、浙沿海一带迁徙而来的客家人逐渐与台湾的土著民形成了对立的两方，冲突不断。所以，由大陆到台湾谋生的汉族百姓按籍贯结成帮派，以便求得生存和发展。由此，台湾出现了天地会、小刀会等很多秘密组织，其中，影响较大的秘密会社就是天地会，它的首领为林爽文。

乾隆五十一年（1786年）七月，林爽文带领天地会与台湾本地的秘密会社雷公进行大规模械斗。台湾总兵柴大纪带兵镇压，并且捉拿了天地会会员张烈。林爽文率领天地会的人劫走张烈，并在激战中射死了一个官兵的把总。柴大纪因此大怒，加紧追剿天地会。林爽文为了拯救天地会，决定率众起义。他自称大师，自制武器，树起大旗，连夜进攻清军营地，大败清军。林爽文乘胜追击，攻下了彰化县城，并杀死了城中的大小官员，在彰化以"顺天盟主"的称号发布告示："照得本盟主因文武贪污，剥民膏脂，所以本盟主顺天行道，共举义旗，剿除贪污，拯救万民，以快民心。"

眼看形势危急，军机处向乾隆转呈了闽浙总督常青的急报："台湾彰化县贼匪林爽文结党设会，严重危害岛内安全，聚众滋事，大有愈演愈烈之势。十一月二十七日，彰化县俞峻在大墩拿贼时，县城也被贼众占据……"乾隆对此大为恼火。和珅认为大军前去必能成功，就立刻推荐自己的门生常青前去镇压，希望一击破敌。谁知，常青是个中看不中用的人，他按兵不动，不敢出击，害得和珅受到了乾隆的训斥。

和珅情急之下想到了福康安，再加上乾隆对福康安向来器重，在这样的危急时刻，乾隆一定会考虑到福康安，自己何不来个顺水推舟，举荐福康安前去破敌？如果福康安能够得胜回朝，自己可坐享举荐之功，即使他败了，自己也不会受到任何损失，同时能给福康安一个教训。况且，乾隆素来知道他与福康安不和，他如果不计前嫌地举荐福康安，更是一个在乾隆面前树立自己形象的大好机会。于是，和珅就向乾隆进言道："常青年老无能，当务之急是要派一位真正能征善战的将军，只有陕甘总督福康安是最适合的人选，他身经百战，战功赫赫，经验丰富，定能担此大任。"

和珅的这一举动让乾隆非常感动，不仅说中了乾隆的心思，而且让乾隆对他另眼相看，在乾隆看来，和珅毕竟不同于一般的大臣，他能不计前嫌，心地宽广，实在是难能可贵呀！于是，当即命福康安前去台湾平叛。与此同时，和珅又给福康安使坏。他向乾隆进言说，台湾路远，行军困难，后援难以跟上，所以派去增援的军人在精而不在多。台湾现有近10万大军，林爽文之徒不过是乌合之众，相信不日就会溃败。于是，乾隆一一采纳了和珅的建议，下诏命协办大学士、陕甘总督福康安前往台湾替代常青，督办军务，又谕令海兰察为参赞大臣，护军统领舒亮、普尔普为领队大臣，各带内宫侍卫等20人前往台湾，调湖南、湖北、贵州等地绿营兵各2000人，以及四川兵2000人，增援台湾。

福康安接到这一命令，知道是个吃力不讨好的差事，心中不免大为不安。台湾与大陆隔海相望，粮草辎重难以补充；况且，岛内贼匪众多，地理地势也不熟悉，实是一个难啃的硬骨头，再加上和珅从中作梗，增援的大军只有6000人，实在令人为难。然而，君命难违，福康安只好率军出发，好在福康安军事素质过硬，在台湾苦苦征战一年有余，终于在乾隆五十三年（1788年）正月初五捕获了林爽文，将他押解京师，台湾这才稳定下来。

乾隆见福康安擒住了匪首，非常高兴，赐福康安黄腰带、紫缰、金黄辫、珊瑚朝珠。同时，和珅因举荐福康安平定台湾有功，赐紫缰，并封为“三等忠襄伯”。虽然和珅并未亲临战阵，但乾隆还是认为和珅功不可没，因大军军饷全赖他一人筹划，特赐诗一首：

承训书谕，兼通满汉，
旁午军书，惟明且断。
平萨拉尔，亦曾督战。
赐爵励忠，竟成国翰。

福康安在台湾一年多，经历了血雨腥风，多次出生入死才得此嘉奖，而和珅仅因在后方调度就被封为“三等忠襄伯”，他心中非常不满，但也无可奈何。

和珅才输纪晓岚

纪昀，字晓岚，一字春帆，晚号石云，道号观弈道人。生于清雍正二年（1724年）六月，卒于嘉庆十年（1805年）二月，历雍正、乾隆、嘉庆三朝，享年82岁。因其“敏而好学可为文，授之以政无不达”（嘉庆帝御赐碑文），故卒后谥号文达，乡里世称文达公。他一生博览群书，号称“无书不读，博览一世”，以文采名满天下，时人称“天下第一才子”。纪晓岚著有《阅微草堂笔记》等书。

纪晓岚才情非常，和乾隆帝常常诗文一唱一和，博得众大臣的喝彩，留下很多佳话。

乾隆曾经屡次南巡，有一次途经泰山，率领群臣在岱庙祭祀，恰好庙前正在上演梆子戏《西厢记》，乾隆帝向来喜欢听戏，这次忽然灵机一动，想出一个绝妙上联，就对群臣说：“朕想起一道上联，诸卿可试对下联：东岳庙，演西厢，南腔北调。”

群臣纷纷叫好，可惜一时无法接对，只有纪晓岚缓缓对道：“春和坊，卖夏布，秋收冬藏。”春夏秋冬四季正应对东南西北四方，而且内容也非常贴切，纪晓岚获得众大臣和乾隆的称赞。

和珅自认为有文采，但总是没有纪晓岚文思来得快，所以常常对纪晓岚心怀不满，与纪晓岚你来我往，互相交锋。

乾隆帝喜欢游山玩水，封禅之余，当然少不了游玩一番。这一日，乾隆到了山东济南府大明湖的遐园。这是济南第一庭园，风景幽静典雅。大明湖湖心有一座历下亭，建于北魏，历史悠久。乾隆说道：“这等风景佳绝之地，必定有历代的文人骚客留下诗词歌赋，哪位爱卿知道啊？”和珅向来会讨好皇上，这次也立刻接口道：“皇上圣明，诗文自然是有的……”和珅其实也就是半瓶子水平，他一时忘了是谁写过诗，只好支吾两句搪塞过去：“这里风景优美，天下闻名，有很多文人骚客都留下过诗文。”

乾隆见和珅说不出个所以然来，心中有些不满。这时，纪晓岚在一旁娓娓道来：“诗圣杜甫曾在这里写过一首诗。杜甫到临邑县看望弟弟杜颖，经过济南府的时候恰好碰上了北海太守李邕，二人素来交往甚厚，就在这个亭子与当地名士共谋一醉。杜甫诗兴大发，当场赋诗一首。微臣早年曾经读过《杜工部诗集》，里面有《陪李北海宴历下亭》，诗曰：

东藩驻皂盖，北渚凌青河。

海右此亭古，济南名士多。

云山已发兴，玉佩仍当歌。

修竹不受暑，交流空涌波。

蕴真惬所遇，落日将如何？

贵贱俱物役，从公难重过！

这应该算是此处比较有名的一首诗了。”纪晓岚说完便静立一旁。

乾隆帝见纪晓岚连这样的文人佳话也了解得一清二楚，不禁称赞道：“纪昀真是博览群书，学识渊博，诸位爱卿要多多学习。”说完，继续游玩。

和珅见纪晓岚让自己更加出丑，认为纪晓岚是故意卖弄，暗暗生气。纪晓岚自恃才高，也不顾忌和珅的想法。

有一次，群臣随乾隆帝游玩了一天，乾隆帝意犹未尽，不觉已经到了黄昏，抬头看见天上飞来一只白鹤。乾隆帝道：“白鹤乃祥瑞之物，哪位爱卿以白鹤为题，作诗助兴啊？”

乾隆帝话音刚落，纪晓岚便不假思索道：“万里长空一鹤飞，朱砂为顶雪为衣。”谁知纪晓岚诗还没作完，白鹤早已越飞越远，在黄昏中只剩天边一个黑点。和珅见纪晓岚又抢了自己的风头，早已心生醋意。见此情景立即不怀好意地道：“你看那鹤，现在明明是一只黑鹤，何来‘雪为衣’之说？”

乾隆帝知道这是和珅有意为难纪晓岚，他却有意试一试纪晓岚的应变能力，就饶有兴致地说：“和珅说得没错，现在确实是一只黑鹤。纪昀，你如何解释？”

纪晓岚也不恼怒：“皇上说的是。”说罢看了和珅一眼，接着吟道：“只因觅食归来晚，误入曦之蓄墨池。”乾隆帝见纪晓岚果然文思机智，夸奖道：“纪昀不愧是我朝大才子，不但学识广博，而且心眼儿转得快，作诗巧妙。”

和珅偷鸡不成蚀把米，恨得牙根疼。其实和珅四书五经无不精熟，只是在纪晓岚面前那就是小巫见大巫了。

乾隆帝有一次南巡到了镇江，群臣陪着乾隆帝游金山的江天寺。登到山顶，乾隆帝登高远眺，心旷神怡。一旁的和珅知道乾隆帝又想吟诗作对了，于是道："万岁爷才学过人，不如和群臣共乐，一起吟联作对吧！"乾隆正有此意，只见他远望长江景色，幽幽吟道："长江好似砚池波。"乾隆不愧胸怀宽广，有帝王气魄。他以长江为砚池，既有诗意，又有文采。

众大臣纷纷赞叹不已，乾隆帝也自鸣得意。一旁的刘墉续道："举起焦山当墨磨。"恰好不远处的焦山也是著名景点，碧波环抱，在万里长江之中，宛若砥柱中流，名字恰好带一"焦"字，这句诗把焦山比作墨真是再贴切不过了，众人暗中称赞。和珅当然不肯落于人后，四处一望，见东北方向有一座七层孤塔，于是道："宝塔七层堪作笔。"乾隆大喜，称赞道："这笔、墨、砚都有了，最后一句就差书写了，真是妙啊！"书写江山当然是皇帝的事，乾隆帝看到十五皇子永琰，有意让他来这最后一句点睛之笔。

永琰才情不比乾隆、刘墉，一时不知如何应对。正好纪晓岚在一侧侍立，悄悄提醒了一句，永琰豁然开朗："青天能写几行多。"这最后一句，虽显得有些随意，仿佛信手拈来，却最为气势磅礴。四句诗嵌入了文房四宝，众人齐声叫好。乾隆帝今日得此佳作，不觉十分惬意。

和珅这次总算没落下风，心情自然很好。他看到山顶的寺庙外有一照壁，知道皇上喜欢题词，于是提议道："恭喜皇上得此佳作。不如在寺庙留下题词，让世人瞻仰墨宝，恩泽天下，岂不妙哉？"乾隆欣然同意，但一时拿不准留个什么字好。

纪晓岚上前说："皇上今天在这里览此江天，不如用'江天一览'四字。"乾隆一听，此四字气势磅礴，尤为贴切，就欣然同意了。不料乾隆因年高而一时笔误，将"览"字写成"监"字，却没有发现。幸亏纪晓岚在一旁有意提醒，就对刘墉高声说："览者，看也。"刘墉会意，也高声回答："正是。高山览胜，实乃人生快事。"

乾隆立刻醒悟过来，当下又写了一个"览"字，写完后，众人更是齐声叫好。寺里的方丈千恩万谢，收下题词，后来专门在山顶建了一个石亭，让工匠将这御书的"江天一览"四个字刻成石碑，竖在亭内，供后人观赏。纪晓岚不仅文采飞扬，而且颇为了解人的心思，不愧天下第一才子的称号。

纪晓岚不仅才情高，而且喜好幽默，爱和大臣们开玩笑。有一次，纪晓岚与一位官员闲谈，此人脑门上长了个瘤子，纪晓岚就对他说："你身为朝廷命官，要注意形象，应当赶快找大夫医治啊。"大臣道："实不相瞒，四处求医就是不见效啊！"纪晓岚一脸认真地说："我知道一位郎中，此人医术高明，绝非一般庸医可比。你多备好礼前去求教，定能成功除去此疾。"大臣连忙感谢纪晓岚的关心，第二天就带着厚礼急匆匆前去拜见。谁知那位郎中的脑袋上有颗比自己脑门上还大的瘤子，这才知道被纪晓岚给戏弄了，只好苦笑而回。

纪晓岚是天下闻名的才子，众人对他的书法也是趋之若鹜。有一次，和珅修建了一座小亭子，想请纪晓岚题词，以此来炫耀自己的权势——连纪晓岚这样名满天下的大学士也要为他题词。

纪晓岚本来不想给和珅题词，怕玷污了自己的名声，又不好明着得罪他。到和珅的花园里转悠了半天，见和珅得意扬扬，想到这亭子说不定又是贪污了多少银两才修建起来的，心中气愤，便想趁机戏弄他一下。

他装作不经意间走到竹林旁，很认真地对和珅说："《诗经》中有一篇《小雅》，是歌咏周王宫的。有一句叫'如竹苞矣，如松茂矣'，形容竹子碧绿青翠，松柏茂密。贵府花园风景秀美，何不将这小亭称作'竹苞'？"

和珅也知道《诗经》中有这两句，虽暗暗自责没有想到这两句，但觉此二字很符合花园的意境，于是欣然同意。纪晓岚就认真地写了"竹苞"二字，文笔饱满，苍劲有力。和珅乐呵呵地吩咐下人镶金匾额，挂在亭子上。

和府修建完毕后，乾隆帝到和珅家来游玩，还叫了一帮大臣随驾，和珅深感荣耀。乾隆帝游玩到后花园中时感觉累了，便来到凉亭休息，无意间见到凉亭上的"竹苞"二字，饶有兴趣地问道："这书法饱满遒劲，名字不俗，匾额是何人所题？"

和珅正想显摆一下，就赶紧回禀皇上："匾额出自纪晓岚之手，名字也是他起的。《诗经》中有'如竹苞矣，如松茂矣'，此处风景正合此意。"

乾隆盯着匾额细看了一会儿，突然哈哈大笑，指着匾额说："纪昀这个人，倒是真有意思。'竹苞'二字，意境倒也不错，用在这里却是别有一番新意，哈哈。你再仔细看看，此中暗藏着什么玄机？"

陪同的大臣也都是饱学之士，早有人看出了问题，心中暗自发笑，却又不好说破。和珅还是不解，有些纳闷地侍立一旁，只好回答："奴才实在看不出来。皇上明察秋毫，还请赐教。"乾隆帝大笑道："纪昀在变着法子骂你呢！此二字拆开便是'个个草包'，岂不有趣得很！"

和珅见纪晓岚骂了他还让他看不出来，他还在这里卖弄，现在丢人丢到皇上这儿了。和珅气愤却无法怪罪纪晓岚，只怪自己没看出来。不过，和珅趁机恭维道："这都是皇上意会，恰巧为陛下今日游园助兴。奴才能为皇上增加一点儿乐子，实在是奴才的荣幸啊！"

乾隆受了和珅的奉承，只觉得如沐春风，道："纪昀有才气，和珅有雅量。平日里以文字开开玩笑，也是文学佳话；在朝中应该同心协力，为朝廷出力。"

但和珅觉得这毕竟是很没面子的事，他决定找机会报复纪昀。和珅党羽众多，眼线极广，机会很快被他找到了。

江苏扬州爆发了一件大案——两淮盐引案，朝野震动。纪晓岚有一个儿女亲家卢见曾，字抱孙，号雅雨山人，时任两淮盐运使。卢见曾平时慷慨好义，结交士人，宾客众多；朋友有了困难，他经常慷慨解囊，有时甚至不惜挪用公款。和珅暗暗查到此事，添油加醋地向乾隆禀报，称卢见曾犯有贪污大罪。乾隆帝勃然大怒，下令朝廷议罪，结果是抄家查办。

和珅故意给纪晓岚放出风声，把卢见曾的罪行说得很严重，纪晓岚心急如焚：卢见曾落到和珅手里，难保是什么结局。思来想去，纪晓岚有了办法。他找来一个空白的信封，里面装一点儿茶叶，用加盐的面糊封好口，然后装入一个精制的盒子中，派人火速送往扬州卢家，就说里面是古玩，请亲家仔细玩赏。

卢见曾接到信后，心中疑惑。他素知纪晓岚善于玩文字游戏，仔细琢磨一会儿，终于悟出，这表示的是“盐案亏空，查封”，纪晓岚正是借此报信，让他有所准备。卢见曾赶紧转移了一些财产，不久果然案发。最后朝廷抄家时，由于卢见曾事先准备，家产并没有损失多少。而纪晓岚给卢见曾报信只用了一个空信封，朝廷自然没有证据。

和珅却不死心，他四处派人调查，得知纪晓岚曾经在查案之前给卢见曾送信，于是一口咬定是纪晓岚走漏了消息。乾隆传令搜查卢见曾的信件，一无所获。和珅很纳闷，命令严加刑讯，卢见曾死不认账。但是他的孙子卢荫恩扛不住酷刑，供出了纪晓岚。乾隆恼怒，立即召见纪晓岚询问事由。纪晓岚只说自己并未事先透露一句话，请圣上明察。

乾隆大怒，纪晓岚只好陈述了事情的经过，并磕头请罪道：“陛下管理官员大臣，是按照律法执行，合情合理。微臣一念之差，只顾私情，罪有应得。请皇上治微臣之罪。”

和珅在文学上无法和纪晓岚相比，这一次终于战胜了纪晓岚。两淮盐商看到卢见曾失势，可谓墙倒众人推，纷纷做证，说他贪污索贿。再加上和珅背后指使，卢见曾被判绞刑，纪晓岚也因为私自通风报信，被流放乌鲁木齐，发配充军。

纪晓岚虽然被发配，但心态很好。他的朋友为他饯行，他仍然谈笑风生。和珅听说后，一心要看看纪晓岚出丑，看看他失魂落魄的样子，于是不请自到。众人知道纪晓岚此去路途遥远，路上难免悲伤，所以只聊一些闲话，并不提送行之事。和珅却不饶他，举着酒杯幸灾乐祸地作了一首诗道：

有水为清，

无水也为青，

去水添心便为情。

不看僧面看佛面，

不看你情看我情。

明眼人一看就知道诗中隐隐有嘲笑之意，众人都不敢作声，暗骂和珅太不是东西，这个时候还在纪晓岚伤口上撒盐。

纪晓岚想，反正已经被发配充军，临走不妨戏弄他一下。于是笑道："和大人出了题，我也只好献丑了。"说着，纪晓岚抑扬顿挫地吟道：

有水为溪，

无水也为奚，

去水添鸟便为鸡。

野兽得势皆似虎，

落魄凤凰不如鸡。

众人一听，这是在讽刺和珅狐假虎威，借皇帝之手打击纪晓岚，不禁哄笑起来。和珅自讨没趣，只好悻悻而归。

纪晓岚千里迢迢充军到乌鲁木齐之后，当地军官特别照顾他，还以师相称。海兰察和兆惠取得黑水河大捷，纪晓岚还帮助处理相关事宜。同时，纪晓岚经常给将军们讲解《四书》《圣武记》，声望极高。

乾隆没了纪晓岚，文辞方面再无人能像纪晓岚那样与自己相和，有些失落。加上纪晓岚做官这么多年，从不擅权，也不结党营私，文笔又好，心中很是不忍。不久就宣旨，赦免纪晓岚的罪责，命他返回京城任职。

和珅见纪晓岚居然又被乾隆帝召回了京师，知道了他在乾隆帝眼中的分量，也就不敢再随意打击他。乾隆帝想编纂《四库全书》，起用了博学多才的纪晓岚。乾隆安排纪晓岚任翰林院编修之职。不久，《四库全书》正式开始编纂，纪晓岚成为当之无愧的总编纂官，和珅任《四库全书》总裁。二人不得不开始通力合作。

此后十余年间，纪晓岚为了《四库全书》殚精竭虑，丝毫不敢松懈。全书完成后，和珅在文渊阁中翻看，发现了一些抄录有错的地方。和珅这么多年之所以没出手，是因为乾隆给了纪晓岚历史性的任务，自己不敢随便治他的罪，如今《四库全书》已经完稿，他又想打击这个宿敌了。

和珅细心地把书中的错误一一抄录，整理好后呈给乾隆，奏说道："《四库全书》的本意是体现我朝的文法盛事，纪昀、陆锡熊等人故意漠然视之，视同儿戏，不认真校对其中的错误。"

乾隆对《四库全书》也非常重视，见其中有这么多错误，当然不满。他当即命令纪晓岚率人重检《四库全书》，重新把文渊阁的藏书校正一遍；陆锡熊率人前往沈阳，把文溯阁的藏书全部校正一遍，产生的费用全部由自己来支付。这个命令可害苦了纪晓岚。

几个受处罚的人中，陆锡熊到沈阳后不久，想到自己这么多年把书完成，竟然是这样的一个结果，最后悲愤而死。总校官陆费墀被免去所有职务，还得自己出钱把《四库全书》涉及的所有藏书都装裱一番，不久也因劳累不堪而去世。好在纪晓岚心态淡然，最后总算顺利完成了任务。

此后，年老的纪晓岚看到和珅深得乾隆宠幸，皇上屡次想拿自己开刀，就变得十分谨慎。纪晓岚心中明白，自己的才学在乾隆面前只是闲暇的消遣，和珅才是乾隆最信任的人，自己只能暂时避一避。

一次，礼部侍郎尹壮图得罪了和珅，被和珅陷害弹劾，纪晓岚准备为他求情，不料却被乾隆当场痛骂了一顿。监察御史曹锡宝与纪晓岚素来交好，他弹劾和珅的家奴刘全，被陷害革职，纪晓岚也不敢出来为他说话了，只写了一首《题曹剑亭绿波花雾图》，聊以言志：

其一

醉携红袖泛春江，人面桃花照影双。

名士风流真放达，兰舟不著碧纱窗。

其二

洒落襟怀坏　身，闲情偶付梦游春。

如何乐府传桃叶，只赋罗裙打动人。

诗中不曾明写曹锡宝，为的是不让和珅抓住把柄，但隐秘表达了同情之意。

在乾隆帝看来，纪晓岚虽满腹经纶，但毕竟只是一个学者，而学者型的人缺乏经世之才，不可委以重任。所以，无论是有实权的军机处，还是享有荣誉的内阁，他都不会安排纪晓岚身处其中。

嘉庆元年（1796年），内阁准备增补一名大学士，论资排辈，纪晓岚也够了，但是太上皇却绕过纪晓岚而破格擢用董诰为大学士。董诰比纪晓岚小16岁，中进士也比纪晓岚晚9年，乾隆就这样一直不重用纪晓岚。

乾隆曾经对刘墉、纪昀、彭元瑞、董诰几个人评价道："刘墉、纪昀、彭元瑞三人皆资深，墉遇事模棱，元瑞以不检获愆，昀读书多而不明理，唯诰在直勤勉，超拜东阁大学士，明诏宣示，俾三人加愧励焉。"可见，在乾隆心中，纪晓岚虽然才学甚高，但施政能力不足，只能做文学方面的事，这在两淮盐引案中有深刻体现。

纪晓岚一生在朝廷就做了两件事：一是主持科举，二是编修书籍。他曾两次为乡试考官，六次为文武会试考官，故门下学子甚众，在文士中影响颇大。纪晓岚主持修书的次数更多，先后做过武英殿纂修官、三通馆纂修官、功臣馆总纂官、国史馆总纂官、方略馆总校官、四库全书馆总纂官、胜国功臣殉节录总纂官、职官表总裁官、八旗通志馆总裁官、实录馆副总裁官、会典馆副总裁官等。

纪晓岚编修《四库全书》期间，"自始至终，无一息之间"，其辛劳不言而喻，却受益匪浅。纪晓岚曾经写诗《自题校勘四库书砚》：

检校牙签十余万，濡毫滴渴玉蟾蜍。

汗青头白休相笑，曾读人间未见书。

《四库全书》修成后，纪晓岚迁礼部尚书，充经筵讲官。乾隆帝格外开恩，特赐其紫禁城内骑马。纪晓岚60岁以后，五次出掌都察院，三次出任礼部尚书。礼部尚书主管朝廷中的礼仪、祭祀、宴餐、贡举等事务，是教育和文化事业的一把手。

嘉庆亲政后，立即将和珅处死，并重用纪晓岚。纪晓岚立刻上奏天子，为曹锡宝和尹壮图平反，并负责主持《四库全书》最后一部分官修书籍的补遗工作，使这部巨著更加完善。

乾隆帝在世时，纪晓岚因受到乾隆帝的限制，从来没做过大学士。

和珅倒台后，纪晓岚仍任原有的官职。嘉庆八年（1803年），纪晓岚八十大寿，嘉庆帝派员祝贺，并恩赐礼物祝贺。嘉庆十年（1805年）正月，纪晓岚终于得到了他早就该得到的荣誉，成为大学士，加太子太保荣誉头衔。然而上苍妒贤，仅仅一个月后纪晓岚就去世了，但无论如何，他得到了应该得到的官职和荣誉，此刻没有遗憾了。

纪晓岚死后，嘉庆帝特派官员到其墓前临穴致祭，还亲自为他作了碑文，内有"敏而好学可为文，授之以政无不达"，这是对他最大的褒奖，所以他的谥号为文达，乡里世称文达公。

翰林自有翰林节

和珅掌管翰林院时，为了显示自己的威风，让翰林给他行跪拜大礼。刘定逌坚持只行拱手礼，和珅竟然将他除名。刘定逌"载书五车"归乡里，时年37岁，正是精力旺盛的时候，他愤恨地写道："千年成此恨，耿耿不能磨。"和珅权势之大，无法想象。

敢对和珅不敬的人，都非同寻常。刘定逌是壮族人，字叙臣，又字叔达，号灵溪，因为对抗和珅，成了广西人心目中的英雄。

刘定逌于康熙五十九年（1720年）出生在广西武缘（今武鸣县）太平乡葛阳村一个书香人家。他自幼聪颖好学，博闻强记有"神童"称号。清雍正二十年（1734年）应县试，考取案首（第一名），进入学官，继续攻读。乾隆六年（1741年）考选贡生。乾隆九年（1744年），参加广西乡试中解元（第一名）。乾隆十三年（1748年）上京参加殿试，赐进士及第，授翰林院编修，后因得罪和珅而回乡。回乡后，他先在隆安县驮厚村办私塾，后在家乡葛阳设学授徒糊口，不久被思恩府聘为阳明书院院长。嘉庆六年（1801年）主讲宾州（今宾阳）书院。他从事教学数十年，培养了大量的人才。嘉庆九年（1804年），广西举行乡试后，特别邀请84岁高龄的刘定逌重赴鹿鸣宴。由于他以乾隆九年（1744年）乡试第一名的举人身份参加这个宴会，时人对他极为尊重。时任广西巡抚张百龄"手书'玉清尊宿'四字表其门"。广西学政帅承瀛也即席赋诗二首表彰他“育才养士”的功绩。

刘定逌主张以四书五经、三纲五常为做人之本。他尊孔崇儒，极力传播封建文化，对于壮族文化的进步和思想意识的开化是有一定的历史影响的。他鄙视权贵，刚直不阿，同情平民百姓，至今有关他这一思想的民间故事仍广为流传。他著有《论语讲义》《四书讲义》《三难通解训言》《读书六字诀》《刘氏族谱》《刘灵溪诗稿》等，在当时影响颇大。其《论语讲义》，“学者莫不诵习”、读后“神怡意畅”，其指点口诀，“最足开悟”，被称为“粤西第一流人物”，“以盖世之才，崛起尘寰，利甲文章，伟然当世”。他还著有《重修灵水庙碑记》《移建葛圩隘碑记》《重修武缘县忠义祠碑记》《罗衣古寺碑记》等几篇短文及数十首诗歌。嘉庆十一年（1806年），刘定逌病逝，终年86岁。大学士蒋攸铦在《刘定逌墓志铭》中称赞他的德行如“漓江之水，清且涟兮”，学问如“独秀之峰，高不骞兮”，是德高望重的教育家、才华出众的诗人。

少年时期的刘定逌参加县试，考取第一名，进入当地学官。徐学官怀疑他是否有真才实学，曾经出上联考他：“绿水本无忧，因风皱面。”让他对下联，他马上对：“青山原不老，为雪白头。”徐学官惊奇万分。

乾隆十三年（1748年）的时候，意气风发的刘定逌离家远赴京城，准备参加乾隆帝主持的殿试。刘定逌身材矮小，其貌不扬。路过山东，恰好遇到一群山东的举子，也要上京赶考。山东是圣人孔夫子的家乡，自古人才辈出。这几个山东学子觉得自己出自圣人故乡，不把这个广西举人放在眼里。

有一个年轻人自恃才高，想捉弄一下刘定逌，于是出了一个上联讥讽道：

小马乍行嫌路窄，

刘定逌立即不亢不卑地对道：

大鹏展翅恨天低。

那位山东学子见刘定逌不可小觑，就略一思索，又拟了一个难度高一些的上联：

西鸟东飞，遍地凤凰难下足，

这明显是把山东举子比作遍地的凤凰，把刘定逌比作普通的鸟，暗喻这只鸟在一群“凤凰”面前没有立足之地。

见孔圣人故乡的人也不过如此，刘定逌淡然一笑，想也不想，就随声应对：

南麟北走，群山虎豹尽低头。

刘定逌在下联中把山东举人比作虎豹，把自己比作麒麟，寓意人外有人，天外有天，不可妄自尊大。山东学子一听，觉得碰到了高手，对刘定逌刮目相看，心生敬意，连忙行礼。刘定逌连忙回礼，二人互通了姓名，讨论学问。

殿试时，刘定逌果然一举成功，考上了进士。殿试后，乾隆帝随口问道：天下第一味是什么？刘定逌回答说盐，立刻博得满堂彩，乾隆帝也非常高兴国家出了栋梁之材。从此，刘定逌的大名也在群臣中传播开来。

过了几天，乾隆帝带着新科进士外出郊游，想考考他们的学问。乾隆见一水塘下干涸的水沟中有块石碑，便令人往水塘放水，令随行的进士记碑文，看谁记得最快最多。因为水涨的速度极快，许多进士仅能背出碑文的上半部分。轮到刘定逌时，他顺利背出了所有内容，一字不差。乾隆帝非常惊讶，问他是怎么做到的。刘定逌说，水从下往上涨，石碑下部首先被淹没，于是他便从下往上记碑文，待水漫过石碑时，他已把碑文全记住了。众人十分佩服他的机智。

随后，乾隆赐刘定逌入翰林院进修了三年，又命他担任翰林院编修。刘定逌学问深厚，性格直爽，为人也随和，所以在翰林院过得很顺利。

谁料，没过几年，和珅的地位日益高升，很快控制了翰林院。和珅处处透着强势，后来终于与刘定逌发生了矛盾。

和珅没有掌控翰林院时，翰林见到掌院学士，只行弟子（学生）礼。学生见先生，行个拱手礼就可以了。行礼时，双腿站直，上身直立或微俯，双手互握合于胸前，表示尊敬即可。到了和珅兼掌翰林院，为了抖威风，他竟然要求翰林给他行跪拜大礼。

翰林中那些希望巴结和珅的，每次见了都行跪拜大礼，有求于和珅的甚至主动上前跪拜；有些虽然不情愿，但碍于和珅的地位，不得不行礼。刘定逌算是翰林院的“老人”了，对和珅的贪污行径也早有耳闻，对和珅的为人非常不屑，依然坚持只行拱手礼，真可谓特立独行。和珅虽然掌管翰林院，却连乡试都没中，是没有功名的，有大学问的刘定逌对此更加鄙视。刘定逌的种种行为终于得罪了权大势重的和珅，被和珅视为眼中钉。

和珅家中有很多藏书，时不时就要搬出一部分进行晾晒，免得发霉，另外也有向世人说明他是个饱读诗书之人的意思。刘定逌觉得和珅这是在故作姿态，十分滑稽。有一天，刘定逌故意躺在一条板凳上，露出肚子来。和珅见了感到奇怪，问他为什么要这样。刘定逌不紧不慢地回答：“我要把肚子里的书晾一晾，免得发霉。”和珅立刻明白他这是在讽刺自己，甩袖走了。

这种违逆和珅的事情多了，和珅终于恼羞成怒，随便找了个“大考论事不如式”的理由，参奏了刘定逌一本，略施手段，就把刘定逌逐出了翰林院。

和珅把刘定逌赶出翰林院后，刘定逌空有翰林的名头，一时之间却生活无着落，于是到京城里的同僚好友罗源汉家中暂时居住。罗源汉是翰林院的编修，湖南长沙人，也算是京城名宦，佩服刘定逌的才学，对刘定逌很客气。

刘定逌虽然被罢了官，却不太在意，依然悠然自得。京城有一家当铺养了一条恶狗，不加管束，经常追咬路人，百姓告官多次，却因当铺主人后台硬而难以成功。刘定逌决定为百姓出一口气。

这一天，刘定逌带着仆人来到当铺转悠，无意间翻看了桌上的账本，东家看他是文人，不是做生意的，也不在意。突然，刘定逌将账本撕得粉碎，扔到火堆里了。东家大惊，急忙灭火取书，可惜为时已晚。

东家气得要打他，刘定逌的仆人对东家说：“东家不必担心，我家主人有过目不忘的本领，只是来开个玩笑。你所有的账目，主人看了一遍就能记在心上。我家主人喜欢吃狗肉，只要你杀狗请他吃一顿，自然会把账本写出来给你。”老板见没了账本，只好死马当作活马医，杀了恶狗，请刘定逌大吃一顿。刘定逌果然把把账本写好了，账目数字分毫不差，一时间传为佳话。

有一天，和珅有事到了罗源汉家。和珅办完事后，顺便给罗源汉送了个人情，对他说：“听说刘定逌在你这里，你们是朋友吧？他也没犯什么大错，你让他出来见我吧。”

罗源汉也想趁机让二人和解，连忙说：“和大人有大量，我这就去叫他，有什么得罪之处，让他给你认个错也就是了。”

罗源汉知道，虽然和珅除了刘定逌的名，但刘定逌还是翰林院的“编制”，只要刘定逌能跟和珅和好，很快就会回翰林院上班。

刘定逌听说是和珅来了，竟然拒不相见。和珅很没面子，心里十分恼火，恨恨地出了罗源汉家。罗源汉好人没做成，十分尴尬。他对刘定逌说：“刘兄何必如此固执？常言道，人在屋檐下，不得不低头。和珅是个睚眦必报的人，你何必跟他过不去呢？”

刘定逌淡淡一笑，道：“我是当今皇上钦点的进士，御赐的翰林，他能把我怎么样？京城里哪个不知道和珅那点儿墨水，居然掌管翰林院，这是对读书人的侮辱，我偏偏不买他这个账，让他知道知道，我大清读书士人的骨气。”

罗源汉连忙劝他道：“如今和珅权倾朝野，人人都怕他三分，就连皇上有时候都听他的，何况你我这些小小的翰林？如今皇上对翰林院并不了解，日常事务都是和珅一手把持。你不要太过执拗，要不和珅不会放过你的。”

刘定逌不以为然：“随他去吧。我早已看淡了官场风云，在和珅这样的人手下做官，我不做也罢。”

不出所料，几天后，和珅就到翰林院，找个借口直接把刘定逌的名字从翰林名单中抹去了。刘定逌知道和珅不会就此善罢甘休，于是索性离开了生活多年的京城，返回广西老家，结束了仕宦生涯。临行前，刘定逌写下“千年成此恨，耿耿不能磨”的诗句，并预言：和珅如此妄为，终究有覆灭的一天。

回到广西后，刘定逌潜心教学事业。由于他学问渊博，因此他的影响在当地非常大，经常到各地的学院讲学。他还为桂林秀峰书院撰了一联：

于三纲五常内，力尽一分，就算一分真事业；

向六经四子中，尚论千古，才识千古大文章。

这副对联融合了他对教育事业的终生理解，一直流传下来。

他还制定了《秀峰书院学规》，写《“三难”通解训言》悬于书院讲堂，作为学生行为准则，此后长达百年之久，无人敢改动一字。直到道光年间，著名学者吕璜主持桂林秀峰书院，依然对前辈刘定逌的《三难通解训言》推崇备至，说它“其言应不朽，于道亦玄尊”。

刘定逌治学十分严谨，著有《灵溪时文》等书稿，还有不少诗作。嘉庆六年（1801年），年过八旬的刘定逌还受邀主讲宾州书院（今宾阳县）任书院山长。

几十年来，刘定逌在广西教书育人，获得了极大的声誉。刘定逌的一整套教学育人理论，让当时的广西士子无不折服，在此影响下，当地学风为之一变。刘定逌被公认为广西第一流人物，他的思想对广西学界的影响相当深远，他的学生韦丰华在《今是山房吟余琐记》中说：“欲知先生之全量，当于理学中求之乃可。”

时任两广巡抚张百龄感慨于此，为表彰刘定逌对广西教书育人作出的贡献，亲书“玉清尊宿”四个字，制成牌匾赠送给他。

刘定逌注定是一个非同寻常的人物，就连他的平反也很有戏剧性。嘉庆九年（1804年），广西会考，巡抚张百龄邀请曾经的翰林刘定逌到桂林。巡抚宴请京城来的主考时，特意请刘定逌作陪。当时和珅早已被嘉庆处死，京城来的主考是新上任不久的，也听说过当面顶撞和珅的刘定逌，这才知道他还活在世上。主考觉得奇怪：刘定逌曾经是翰林，为什么京城翰林院的名单中，没有刘定逌的名字？

刘定逌于是缓缓讲出了当年得罪和珅，不得不离开京城的缘由。主考回京后，立刻将情况向嘉庆帝禀报。嘉庆下令追查，原来是和珅当年公报私仇，并未禀报皇上知道，就私自抹去了刘定逌的名字。嘉庆立即诏令，恢复刘定逌的翰林名誉，表彰他当年不畏权贵的气节，任命他为都察院道御史，代天子巡狩，可以监察任何地方、任何级别的官员，大事奏裁，小事立断，以正风俗、振纲纪。

刘定逌接到圣旨，对自己能够平反当然非常高兴，但是对做官却非常清醒，他回禀皇帝说："感谢皇上的圣德。我现在80多岁了，很想为国出力，可惜力不从心，还是把机会留给年轻人吧！"嘉庆帝对他忠心和清醒的头脑感慨不已。这一年，嘉庆帝设鹿鸣宴，特别下旨，请刘定逌以乾隆九年乡试第一名的身份参加宴会。

鹿鸣宴，一般是科举时代乡试放榜的第二天，由州县长官邀请考官、学官和中举的人参加的宴会。宴会上，要唱诗经中的《小雅·鹿鸣》篇，故称鹿鸣宴。除此之外，就是殿试文武状元设宴，邀同年团拜，也叫鹿鸣宴。

刘定逌少年时曾中乡试第一，如今60年过去了，重赴鹿鸣宴，而且由皇帝亲自主持宴会，待遇可谓非同一般，是其他人不敢奢求的荣耀，一时传为佳话。嘉庆帝尊他为德高望重的学界前辈。

两广和两江总督蒋攸铦来广西巡察，与刘定逌交谈，对刘定逌的才学深为佩服，与他结为忘年交，从此书信不断。蒋攸铦还许诺：待刘定逌终老后，他要亲自为他写墓志。

嘉庆十年（1806年），刘定逌因病去世，享年86岁。刘定逌的孙子不远千里徒步走到云南，找到调任云南布政司的蒋攸铦。蒋攸铦果真不食言，为刘定逌撰写了长达一千多字的墓志。同时，省内外有许多知名文人撰文悼念他，被引为佳话。

刘定逌死后，当地的乡亲父老十分怀念他。同治十三年（1874年），武缘县（今武鸣）官府因刘定逌为壮族的教育、文化作出了很大贡献，其事迹在百姓中流传不衰，报请朝廷将刘定逌封为乡贤，在县城的孔子庙乡贤祠里设了牌位，祭祀不断。

刘定逌虽然因为和珅的故意刁难而结束了自己的官宦生涯，却在教育事业上发挥了巨大作用，也算令人欣慰。

冷静周旋化危机

和珅对于一些突发事件的处理，足见其随机应变的能力。和珅非常狡猾，就算有大祸降临，他也会迅速做出反应，在对手没有反应过来之时，往往已经采取行动，安然渡过难关了。

常言道：“伴君如伴虎。”多年在乾隆帝身边，使和珅练就了一身“随机应变”的本领，屡屡使他化险为夷。

有一次，和府总管呼什图在众兵护送下返回京城。他望着京城四处飘扬着的旗帜，满墙挂着的大红灯笼，心里不觉惊讶：“有什么天大的喜事？这京城今儿个怎么跟往日不一样啊？”

其实这不能怪他，呼什图是在乾隆六十年（1795年）夏天接受其主子和珅的旨意离开京城，前往云南、贵州的，转眼之间，已经过了半年多了。在这短短的几个月里，京城发生了重大变故，太上皇乾隆训政，嗣皇嘉庆登基。

但是呼什图对这件天大的新闻一无所知，他在外半年多了，一心只想着为主子搜刮财富，哪里有心思关心天下大事呢？在他的眼中，天大的事也没有他的主子和珅交代的事重要。因此，呼什图看到北京虽然与往日不同，但也没有过多注意。

呼什图将搜刮来的财物运到了和府，然后迅速拜见主子和中堂大人，一问和大人进宫去了。可他有军情需要报告，于是，不管三七二十一，未作更多的考虑，也未稍事歇息就直奔军机处去了。

到了军机处，被告知和珅正在勤政殿面圣。他也没多问，就急匆匆地来到勤政殿。因为呼什图曾跟随乾隆帝多年，并且受到乾隆帝的宠爱。后来，和珅得宠后，皇帝就把呼什图当成贵重礼物赐给了和珅。所以门口的侍卫都认识呼什图，见他前来也就通报给了殿内。

“奴才呼什图叩见皇上。”

呼什图得到允许后进入大殿，纳头便拜。当时，坐在正面的是嘉庆帝永琰，而太上皇乾隆坐在正中偏左一点，呼什图这一跪，正好对着嘉庆帝。乾隆看到这一幕，心中不免有些失落和凄凉，认为这是人走茶凉的表现，脸上自然露出一种不快，且略显愤怒的神情。

这一切岂能逃过心思缜密的和珅？他不免倒吸一口凉气，浑身绷紧了弦，屏住了呼吸。但是他马上反应过来，立刻走过去，将呼什图猛踢了一脚，怒斥道：

“太上皇在那边，你拜错方向了。”

这时，呼什图才回过神来，连忙磕头如捣蒜：“奴才该死，奴才该死……”

和珅不管他，继续说，“现在虽然新皇继位，但一切政事仍由太上皇处理，所以，不管大事小事还是要启禀太上皇。”

呼什图听到这些，才隐隐知道皇宫里已发生了重大变化，这时候他也回想起在去年离开京城时，社会上流传的谣言，说乾隆帝在位六十年满花甲后，要将皇权禅让给皇太子，看来这是真的，今天算是丢了大人了。

嘉庆帝把这一切也看在了眼里，虽然他心里知道这是和珅在为自家人做掩护，心中很是厌恶，但在脸上还是装出一副笑容，说道：

“相公，这呼什图只是不知，才出了这样的差错，不知者不为过嘛，你也不必太过追究。”

和珅见乾隆没有说话，而嘉庆帝的这些话也不痛不痒，所以仍在继续呵斥呼什图。这呼什图本来就是乾隆帝的宠爱之人，所以乾隆也无意追究，就向呼什图问道：

“你冒冒失失闯进宫来，到底是为了何事？”

“启禀太上皇、皇上，奴才有军国要事禀报。在云南、贵州、湖北、陕西一带的老林里面，有一些信白莲教的人，不知天高地厚，竟敢起来闹事。”

这呼什图毕竟跟了和珅多年，早就练就了一身察言观色的本事。既然刚才让乾隆不高兴了，就不能接着说不高兴的事，于是，他有意把白莲教造反的事，说成是一些人闹事，尽量把事情往小了说。

但是周围的文武官员却听出了话中之意，知道发生了严重事件，但脸上却不露声色，因为太上皇近日来喜怒无常，谁也不敢招惹。

和珅听呼什图这样禀报，心里非常高兴。为什么呢？因为和珅在乾隆征西北时，他曾经操办过后勤供应，后来也亲自指挥过战争，受到乾隆帝的赏识，并且多次图绘紫光阁。和珅是太上皇的宠臣。但是如今太上皇退位，新皇帝对他如何，他心里没有底。他得为自己寻找后路。表面上看嘉庆帝对他恭敬有加，口口声声都呼他“相公”。但是，现在太上皇在世，也许他只是不露声色罢了，谁知日后会怎样呢？

他想：“无论如何，只要天下大乱，只要有人造反，我和珅还是可以江山稳固的，因为我是军机大臣，又是九门提督，牢牢控制着军权。这白莲教反的正是时候，借此机会发点财是小事，最重要的是我要借此机会将嗣皇帝牢牢控制起来，左右新皇帝的行动。”和珅心中打定主意，赶紧来到二位皇帝——太上皇和嗣皇面前说：“这是小事一桩，微臣马上派兵去进行镇压，保证不出一个月就全都平息了，请太上皇、皇上放心。”

就这样，和珅就把呼什图的危机轻易化解了。

朝会散罢，呼什图随和珅回到家中。呼什图立刻迫不及待地向他的主子奏报消息，同时，把这半年来的收获向主子交代。

呼什图本以为和珅会对他在大殿上的表现呵斥一番，谁知和珅仍然像往常一样和蔼地对他说：“呼总管，你一路上辛苦了，这半年来你为我做的一切，都令我感到十分满意，刚才我已看过你运来的东西，实在出乎我的意料。”

本来，呼什图来时，还担心和珅为在勤政殿发生的一切而生他的气，不免心里打鼓。现在看来，相爷当时给他一脚，不过是做做样子给乾隆看的，是在帮他的忙，并不是真的生他的气，从此更加对他死心塌地。

钱沣、刘墉斗和珅

钱沣，字东注，又字约甫，号南园，云南昆明人，生于乾隆五年(1740年)，死于乾隆六十年（1795年），乾隆三十六年（1771年）进士，曾历任江南道监察御史，太常寺少卿，通政司副使，户部主事和湖广道监察御史等职。他一生以教书法闻名于世，出生于平民寒素之家，从小养成不媚时俗、不畏权贵的品格。为官清廉，刚直不阿，身为御史，一心效忠朝廷，勇于弹劾，敢为他人所不敢为，言他人所不敢言。《清史稿》中赞他“以直声震海内”。

乾隆四十七年（1782年），钱沣上书弹劾正在山东做巡抚的国泰贪纵营私，索贿舞弊。他的这一举动令朝野震惊。

因为钱沣参奏的这个国泰来头很大，国泰是皇妃的伯父，又与和珅关系极为密切，其父是四川总督文绶，而文绶是刘墉的老上级。这样的一个人，与乾隆帝、和珅、刘墉关系都极为密切，从这几个如雷贯耳的名字就可以知道他的关系在朝中可谓树大根深。所以他一路升迁得很快。先是泗阳县令，后任刑部主事，再后任山东按察使、山东布政使，1777年任山东巡抚，成为权倾一方的封疆大吏。

国泰任山东巡抚后，很快伙同山东布政使于易简沆瀣一气，贪赃枉法，挪用库银。造成山东各府衙门的国库亏空，官场上下一片乌烟瘴气，社会经济更是停滞不前。不仅如此，又逢山东连续3年受灾，国泰不仅不赈灾，反而邀功请赏，以荒报丰，继续开征收税。凡无力完纳者，一律查办，并残杀进省为民请命的进士、举人9名。

就这样一个关系在朝中盘根错节的嚣张酷吏，别人拍他的马屁还来不及呢，谁会斗胆参他？江南道监察御史钱沣、大学士阿桂、将军福康安就敢在太岁头上动土，决定上本参奏他。

乾隆四十七年（1782年），阿桂和福康安联名上书弹劾山东巡抚国泰，罪名是以向皇上纳贡的名义大肆搜刮钱财，下属几十个州县仓库亏空严重，建议乾隆帝将他调回京师为官。

乾隆帝见弹劾到自己亲戚身上了，得认真对待，就找到山东布政使于易简打听情况。于易简是前任大学士于敏中的弟弟，因为国泰权大势重，所以虽然布政使与巡抚官阶相同，都是从二品，但是于易简却对国泰极端献媚，甚至向国泰长跪禀事。

于易简见皇上询问，当然极力为国泰辩白，坚称国泰只是对属员比较严厉，可能有人诬告。乾隆也就相信了他的话，并两次下谕国泰并无劣迹，只是办事认真欲速见效之过。

不料，江南道监察御史钱沣却被惹恼了！他听说大学士阿桂的弹劾没有起到作用，就在四月初继续上书乾隆帝，再度弹劾国泰。幸运的是，乾隆并没有草率行事。他委派尚书和珅、左都御史刘墉、工部右侍郎诺穆亲为钦差大臣，立即前往山东，“秉公据实查办”。乾隆帝这样安排是有深刻含义的。国泰与和珅的关系向来密切；刘墉，是国泰父亲文绶的老下级；工部右侍郎诺穆亲，是皇帝本人的亲属。所以，这个阵容看似强大，好像来势汹汹，其实是为了保护国泰。

过了几天，乾隆猜想心领神会的和珅肯定已经迅速对此案件的后事处理安排完毕，于是就对军机大臣下旨，讲了查审国泰一案的方针和办法。表示：钱沣弹劾国泰、于易简贪纵营私，致历城等州县的仓库亏空。今派和珅等“严切查究”。仓库亏空之事，和珅等逐一对比印册盘查，自能水落石出。而索贿行贿之事，就比较难办，双方都不愿如实呈述，可对各官晓谕，若伊等供出实情，其罪可从轻处理。此谕由六百里加急传谕和珅等人。

两天后，乾隆又谕军机大臣：原任山东济南知府吕尔昌，系国泰用的人，推荐其任安徽按察使，必然知道国泰劣迹，著传旨令吕尔昌据实指控国泰、于易简的贪婪不法，毋许丝毫欺隐，否则重惩。

乾隆的这一套障眼法，虽然瞒过了众大臣，却并不能让钱沣放心。钱沣怕和珅会预先做好安排，暗中动手脚，就与刘墉商议，他一个人微服先行，由刘墉稳住和珅。和珅、刘墉、诺穆亲三位钦差大臣则随后离京前往济南。

和珅不愧经常陪伴在乾隆身边，果然对乾隆帝的意图有深刻领会。和珅判断，刘墉肯定会和自己一条心，毕竟他们的关系也非常深。

这样一来，和珅就把在山东的工作重点放到了提防、沟通钱沣上面了。他一方面极力袒护国泰；一方面威胁钱沣不要认真查讯。不料钱沣是个死脑筋，很有立场，丝毫不怕恐吓。

和珅一计不成，又施一计。他秘密通知国泰事情的前因后果，让他迅速做好防范准备。国泰知道消息后，赶忙向商人威逼利诱，借来银子存放库中，凑足了库银数量，算是暂时掩盖了亏空情形。

和珅最放心的刘墉反而一路经常与钱沣秘密商议，讨论对付和珅和国泰等人的对策。

刘墉之所以放弃平日的谨慎小心，大胆办案，有可能是因为以下几点。

首先，乾隆帝连续几封六百里加急的圣旨起到了作用。乾隆这个以假乱真做的太好了，连刘墉都没有看透乾隆的真实意思，以为乾隆真的要拿国泰开刀。

其次，刘墉的本性造成的他的这种工作作风。刘墉的祖父和父亲极为清廉，对于贪官污吏一直疾恶如仇。刘墉当然不想给自己的先辈丢脸，现在有了这么一个机会，确实想表现一把。

最后，案件本身的轰动效应。这次弹劾国泰非比往常，前有大学士阿桂、大将军福康安联名弹劾，后有江南道监察御史钱沣继续追查，势头实在是太猛了。在刘墉的眼中，皇帝的这种做法就是丢车保帅的策略，他也想趁此露一次脸。

就这样，刘墉开始了与和珅作对、与钱沣配合的道路。和珅一行到达山东后，就盘查仓库。和珅命令差役抽视了几十封银，数量和册籍所载相符，和珅便下令返回住处，表示已经盘查完毕，没有亏空了。

按说这就已经万事大吉，可以打道回京，给皇帝复命了。眼看钱沣的弹劾，不是被定为诬告，便是以风闻言事，总之要就此寿终正寝。关键时刻，刘墉指点钱沣将库封存，和珅同意。封库之后，一行人员就回去了。原来，钱沣在刘墉的指点下，发现了所验证的银子、四品官的暖帽数量多少不等，银子的成色也不对；而国家仓库存放的银两，一律是50两为一锭，银的质量很好，银色正常，是用来验证的。只有商人的银子才会成色千差万别，银子的成色也不正常，心知其中必然有诈，故建议将库封存。

钱沣把库封存后，马上细心访问侦查，最后了解到是国泰强力勒索商人捐献银两冒充官银，入库充数的。钱沣便派人四处宣告，如果被借银存入库中的商人，不将银数呈告官府，请交归还，便将其银没收。

第二天，三位钦差与钱沣一行，再到银库查验银锭的颜色和每锭银的数量，果然不是官银。这时，商人纷纷呈禀银子被借的缘故和数量，将银领回，这样一来，“库为之空”，这件案子才得以昭示天下。

和珅见证据确凿，赶紧见风使舵，丢车保帅，立即出卖了国泰，马上与刘墉、诺穆亲抓紧查审国泰贪纵不法案，结果查实国泰贪污索贿总计8万两。

此时的和珅只能与刘墉一起如实报奏乾隆帝，查实国泰贪污索贿总计8万两。乾隆帝大怒，命令刘墉、和珅缉拿国泰回京，并开仓赈济山东百姓。

皇妃听说国泰被查办，早就在乾隆帝面前为国泰说情了；有一些了解乾隆帝性格的御史也从旁附合，建议减轻对国泰的处罚。乾隆帝进退维谷，他有心帮国泰一把，可是应经在全体官员面前表示一定要从严查处国泰贪污案；查处的结果竟然是高达8万两的贪污受贿之银两！乾隆帝想放过国泰，就征求刘墉的意见。

刘墉还沉浸在自己的成功之中，直到乾隆问他，他居然还没有搞明白乾隆帝的真实意图，还在以民间查访所获证据历数国泰罪行，建议严厉处置国泰。

乾隆心想：不知道这刘墉是真糊涂还是装糊涂，既然他这么说了，自己也不好太违拗大臣们的意见，只好连下四道上谕，宣布：国泰处以斩监候，秋后处决；押解于易简至京面审；革国泰、于易简等人官职。六月初，乾隆帝勒令国泰、于易简二人狱中自尽。

刘墉和钱沣见自己的努力有了成效，就准备趁此机会一块儿扳倒和珅，为国除害。于是，他们又把缴获的国泰写给和珅的密信交与乾隆，乾隆非常生气。后来他们面见皇上的时候，乾隆突然断喝一声：“和珅，你可知罪吗？”和珅顿时慌了手脚，扑通跪倒在地说：“皇上明察，臣此去山东，小心谨慎，秉公办案，深恐有负皇恩，求皇上明鉴。”

乾隆将钱沣呈上的密信交与和珅，看他如何反应。和珅一见密信，心中猛的一惊，表面上却不动声色。装作不知就里，缓缓地打开信，一字一句细细读着，尽量争取时间，好想出应对的言辞。幸亏他机智过人，很快就镇定下来，装出一副义正词严的样子对乾隆说："臣没有接到这封密信，倘若接到，臣一定会更加严惩国泰。"

此话一出，立刻就化去了刘墉、钱沣的进攻之势，乾隆的语气也和缓下来。转而问刘墉和钱沣，办理国泰一案时，和珅是否曾经从中作梗，阻挠办案。由于和珅行事谨慎，早就有防备，因此在办案过程中很少插手。刘墉只得据实禀报，说和大人并没有私情。乾隆立刻转忧为喜，说国泰这是一厢情愿要攀附和珅，和珅是国之大臣，料也不会作出这种不轨之事来。就这样，和珅轻松躲过了他们的进攻。

在这件事上，和珅奉行了一个官场职责：能保就保，该放就放。当然，刘墉自始至终支持钱沣，他的态度对此案的进展起到了推动作用。

这一次在与以大贪官和珅为首的贪污集团的较量中，以刘墉为首的正义人士终于大获全胜！这对以和珅为首的贪污集团是一个巨大的打击。

刘墉这样在朝廷表现自己，和珅当然怀恨在心，他从此处处刁难刘墉，总想找机会打击刘墉。

和珅对于自己的失败做了总结：乾隆将国泰、于易简二人赐死，是迫于当时的形势：先是大学士阿桂、大将军福康安联名弹劾国泰，只是建议将国泰调动职务，这是成熟考虑后的谨慎处罚，给足了皇帝的面子，也为国泰留好了后路，只要他善于走动，定能全身而退。谁知乾隆拿不定主意，非要询问于易简不可，结果于易简担保没事。乾隆帝在此情况下留了后手，派刘墉、和珅这两个与国泰都有密切关系的人查处此案，本来的意思是想达到一箭双雕的目的：一方面向所有大臣表明自己的皇妃家人的确从来没有贪污索贿的行为发生，进一步表明自己的清白，即使有这样的贪污索贿的行为发生，也会被刘墉、和珅这两个满汉大臣干净利落地处理掉；另一方面也是通过自己一而再、再而三的表白说明自己对于处理贪污索贿行为的重视程度。结果呢？一箭双雕的目的没有达到，自己还被别人装进去了！

国泰贪污索贿数额巨大不假，但是再大的数额，看在皇妃的面子上，还不能让他留下一条小命？怪只怪这个刘墉太死板，他难道真的不知道乾隆帝派他去的用意？总之，他恨透了刘墉。

此时的和珅想，我一定要充分利用乾隆帝对于国泰贪污案的事后反思，合众人之力，共同对付这个可恨的刘墉。不除掉刘墉这个绊脚石，他早晚还会查处到我头上来的！

此后的刘墉面前，有三个人——乾隆帝、皇妃、和珅他们时刻都在想着如何利用一切机会全力以赴地打击刘墉。

刘墉办了一件案子，却同时得罪了皇妃、皇帝和和珅，今后，刘墉的日子可就难过了。这三个人，哪个他都惹不起。

这样一来，刘墉在朝中的日子真的不好受了。

乾隆五十二年（1787年）初，刘墉因为泄露他和乾隆帝关于当时另外两个大臣评价的谈话内容，不仅受到申饬，而且失去了本应获授的大学士一职。乾隆五十二年（1787年）八月，乾隆委托刘墉主持祭拜文庙。因他没有行规定的一揖之礼受到太常寺卿德保的弹劾。乾隆五十三年（1788年）夏，刘墉兼理国子监，发生乡试预选考试中学生向监考老师送礼的事，被御史祝德麟弹劾。但是，当时御史祝德麟本来弹劾的是具体的监考老师黄寿龄受贿，而且祝德麟在奏折中夸奖了刘墉一番。说，“国子监考试惟刘墉、邹炳泰二人清介素着，诸生不敢向其馈送营求”。此事件的最终结果是，乾隆帝借题发挥，刘墉受到了不应该有的处分。乾隆五十四年（1789年）二月底至三月初，负责皇子教育的上书房诸师傅因为连天阴雨没有入值，乾隆帝得知这个情况十分恼怒，时任协办大学士、吏部尚书、上书房总师傅的刘墉被责处得尤其严厉，降为侍郎衔，不再兼职南书房。乾隆帝还专门为此下了一道上谕，大意是说因为刘墉是大学士刘统勋之子，念及刘统勋为朝廷效力多年，才对刘墉加恩擢用。而刘墉在府道任上还算勤勉，及至出任学政就不再认真办事，在湖南巡抚任上官声也平常。入京为尚书，办事情更是一味模棱两可。我曲意优容，未加谴责，原以为他会感激圣恩，勤勉办事，不想竟然发生上书房诸师傅旷工七日之久而刘墉置若罔闻之事。并说刘墉这样事事不能尽职，于国则为不忠，于父则为不孝，其过失甚大，实在不能宽恕。

应当说，措辞相当严厉。乾隆五十八年（1793年），刘墉为当年会试主考官。因为安排失当，阅卷草率，违制和不合格的卷子很多。按规定，刘墉等至少要罚俸10余年。乾隆帝虽然作了宽大处理，刘墉还是被“严行申饬”。嘉庆元年（1796年），因为大学士一职空缺多时，户部尚书董诰破格增补为大学士，而资历更深的刘墉被排斥在外。不提拔就不提拔吧，乾隆帝还发表了一篇上谕，在上谕中毫无来由的又一次批评刘墉“向来不肯实心任事”。并举例说，皇帝曾向刘墉询问新选知府戴世仪可否胜任，结果刘墉对以“尚可”；而戴本来十分庸劣，断难胜任。可见刘墉平日里对于铨选用人全未留心，只是以模棱两可之词敷衍塞责。要他“扪心内省，益加愧励”。嘉庆二年（1797年），授刘墉体仁阁大学士，但仍旧指责他“向来不肯实心任事，行走颇懒”，并说“兹以无人，擢升此任”，可见其评价。当然，以上两条嘉庆初年的上谕，代表的仍然是乾隆帝的意见。

从刘墉的遭遇我们可以看出，和珅在其中肯定发挥了特殊的作用。但是，无论如何，刘墉照样在如此险想丛生的官场中游刃有余，可见他是一个非常善于总结经验教训、非常善于反省的人，他的家庭早就教会了他这些。他知道，这是乾隆帝在故意找茬收拾自己；他也知道，和珅在这中间起到了推波助澜的作用。怎么办呢？只能是一方面努力安抚怒气冲冲的乾隆帝，另一方面极力与和珅等贪污集团周旋。这个工作不好做，而且费神费力。

刘墉知道，无论你做得对与错，只要皇上看不上你这个人，解释就会越来越糟，所以他干脆不解释，以免越描越黑。只要小心伺候皇上，总会有机会获得皇帝的好感的。怎样博得皇上的开心呢？他充分利用自己诗、词、歌、赋、书法、文章等方面的聪明才智去讨好皇上，让他消除对自己的戒心，等待机会东山再起。

刘墉的书法一绝，又善于对对子，于是他决定以此为突破口，与皇上消除隔阂。国泰案后的一天，乾隆帝率领几个有文采的大臣去盘山散心。

今天天津市蓟州区的盘山因为很像江南的山而很受乾隆帝的赏识。

乾隆帝曾八游盘山，并留下了“早知有盘山，何必下江南”之句。因此乾隆帝每次遇到不开心的事的时候就会到盘山来散心。

每次都少不了刘墉，这次乾隆帝虽然不想带他出来，但是刘墉太有文采了，只有带上他一路上才能和自己吟诗作对。不仅如此，乾隆帝还带了一个戏班，在盘山上面的“江山一览阁”的大戏台上唱戏。乾隆帝一边听戏，一边思考。忽然心血来潮，要群臣为戏台拟联。某大臣才思敏捷，立即献上一联：

听律吕，点破世态炎凉；见衣冠，描尽人间冷暖。

这副对联生动传神地概括了戏曲的艺术规律，对仗工整，寓意深刻。但乾隆觉得它过于文雅，少了一丝生气和活泼。片刻之后，另一大臣交出了第二副对联：

似我非我，我看我我也非我；装谁像谁，谁装谁谁就是谁。

这副戏联就像佛家的谶语，让人觉得玄之又玄，难以理解。况且不太合律，乾隆嫌它粗浅，要求众臣再想一想。此时，戏台上刚好在演《空城计》。诸葛亮端坐城楼抚琴饮酒，司马懿率领大军兵临城下。刘墉见此情景，忽然来了灵感，就信手拈来下联：

三五人可做千军万马；六七步如行四海九州。

乾隆很满意，认为此联平易朴实，更没有那些生涩难懂的词句，但却寓意深刻，雅俗共赏。乾隆帝兴致勃勃地命令刘墉立即笔墨伺候，将这副对联写好。现在这副对联还在“江山一览阁”的大戏台上。

众人继续前行，乾隆帝忽然想到了蓟县周围的几个县名很有意思，就有意将他们串联起来作为上联：

密云不雨旱三河，虽玉田亦难丰润。

刘墉一听，乾隆帝的上联用了蓟县周围的四个县名，那我也用蓟县周围的四个县名对下联吧。于是刘墉很快给出了下联：

怀柔有道皆遵化，知顺义便是良乡。

下联不仅对仗工整，而且寓意深刻，是妙对，乾隆帝非常赞赏刘墉的这个对仗十分工整的对子。此后，这种事情发生的多了，乾隆帝对刘墉的火气也就逐渐地消失了。

这样，刘墉在无形间就化去了乾隆的恶意，只有和珅仍然对他虎视眈眈，和珅不是乾隆，光对句作诗可不能让和珅满意，刘墉该如何与和珅等贪污集团周旋呢?

刘墉虽然对贪官恨之入骨，自己不屑与之为伍，但知道对于贪官，就要投其所好！但这并不是说要向和珅投降，这可不是刘墉的风格。

刘墉在国泰案件之后，立即主动与和珅讲和。怎么开始呢？总不能直接表示服软，所以，刘墉想起了自己的书法。刘墉是有名的书法家，史传其“书名满天下，政治文章皆为所掩。”

乾隆时期，翁方纲、梁同书、王文治、刘墉并享书法声誉。当时人们称翁、梁、王、刘“四大家”。其书法艺术成就，当推刘墉最高。亦有人将其与翁方纲、成亲王永　、铁保并称“翁刘成铁”。包世臣《艺舟双楫》称：“文清相国少习香光，壮迁坡老，七十以后潜心北朝碑版，虽精力已衰，未能深造，然意兴学识，超然尘外。”近人康有为《广艺舟双楫》称“石庵亦出于董（其昌），然力厚思沉，筋摇脉聚，近世行草作浑厚一路，未有能出石庵之范围者，吾故谓石庵集帖学之成也。”流传书迹较多。著有《石庵诗集》，刻有《清爱堂帖》。其《小楷册》书于嘉庆元年（1796年），纸本墨迹，凡24行，共360字。各页均纵 11.8厘米，横 6.9厘米。现藏于故宫博物院。刘墉的书法，初看圆润软滑，若团团棉花，细审则骨络分明，内含刚劲。刘墉精于小楷，其特色由此件作品可窥一斑。他书的蝇头小楷具有擘窠大字的恢宏气象，结体丝毫不令人觉得拘紧，点画洁净讲究。尤其粗重与纤细交织在一起，加之偶尔揉入行草笔意，使得整个作品在规模的大效果中不乏生动活泼的情趣，这是十分难能可贵的。后世人称许他的小楷不仅有钟繇、王羲之、颜真卿、苏轼的法度，还深得魏、晋小楷风致，实不为过。

和珅为了迎合皇上，也总爱以文人自居。他久闻刘墉书法之名，总想得到刘墉的字。正好国泰案发生的前些天和珅向刘墉索取字画，但是刘墉借故推脱没有给和珅写。刘墉心想，我何不干脆现在给他写个条幅呢？说不定能缓和双方关系。二话不说，他写完了就主动给和珅送去了。

刘墉为什么这么急于与和珅修好呢？原来，刘墉认为和珅当时气焰熏天，不可与其彻底撕破脸皮，这个时候，千万不能着急，心急吃不了热豆腐。收拾和珅这个贪官、这个天下贪官的总后台，不能因为一时的冲动而撞在他的手里，只有忍耐，坚持下去，等待彻底剿灭他的时机。最终，刘墉终于等来了和珅倒台，家产被抄的好消息。

为私利毒死福崧

和珅在朝中的权势越来越大，为官之道也不像刚开始那么小心翼翼。他对自己的亲信极尽笼络之能事，而对冒犯他的人，公开的打击报复是常有的事。

浙江巡抚福崧为人正直，豪爽不羁。因其不愿与和珅结交，也从来不去和珅府上拜会走动，和珅就衔恨在心，居然派人鸩杀了福崧，其嚣张程度令人发指。

福崧是朝中老臣、大将军阿桂的部下。乾隆四十六年（1781年），20多岁的福崧跟随阿桂出征，在一次战斗中，福崧身先士卒，冲锋在前。就连敌人的火枪把福崧帽子上的花翎打落下来，他也毫不惧怕，丝毫没有退却的意思。战斗胜利结束后，阿桂对他的英勇表现非常赞赏，有意抬举他。经过多年磨炼，乾隆五十五年（1790年），阿桂举荐他做了浙江巡抚。

福崧为人正直，做事也非常果断明确、毫不含糊，下属都十分敬畏他。此时的和珅因为乾隆的倦勤而更加受到乾隆宠信，权倾朝野。外地的督抚大员每年回京述职，都要带着重礼前去拜会，以求和珅不找自己麻烦。福崧身为一省巡抚，对这种事情见怪不怪，可他就是看不惯贪得无厌的相坤，不愿与其同流合污。因此他每次回京并不登门拜访，送礼更是没影的事，这就公然挑战了和珅的权威。和珅对福崧就怀恨在心，想报复却一时间难以抓住把柄。和珅就要求自己在浙江的耳目密切注意他的动向，一有对福崧不利的罪证，立即向他报告。功夫不负有心人，他终于等到了机会。

和珅有个亲信是两淮盐政全德。此人正是在和珅的关照下获得这一职位的，所以他对和珅感恩戴德，暗中给了和珅不少好处。

有一天，全德派人飞驰送给和珅一封密信，报告了福崧在浙江的一件事情。全德是盐官，偶然发现两淮盐运使柴桢挪用了两淮官银22万两，悄悄调查后发现，其中牵连了很多人，他不敢擅自决定，于是飞马向和珅请教怎么处置。

原来这柴桢本是浙江盐道，没有什么政务能力，靠贿赂、溜须拍马才入仕做了官。他在浙江盐道上任不到一年，很快升任为两淮盐运使。离职前，还有22万两银子的亏空无法交代，柴桢肯定是拿去巴结上司了。他于是向福崧求情，请求让他先去扬州就任两淮盐运使的新职，亏空的银两他随后筹集齐备，尽快将亏空补上。福崧与他有些交情，就答应了他。

柴桢果然说话算话，到扬州就任后，发挥他贪墨挪用的本事，不到5个月就筹措了22万两银子，送回浙江补足了亏空。官府的银子也没有损失，此事按说已经了结。但此事恰好被两淮盐政全德知道了。全德认为：柴桢只不过一个小小的两淮盐运使，到哪里筹措那么多银两？觉得有贪污挪用的嫌疑，全德就留了个心眼，暗自打探，原来是商人王履泰等五人缴纳的钱粮被柴桢私自截留，用这个办法挪用了22万两银子。

查到最后，全德为难了，因为他利用自己盐官的便利，悄悄查了盐道的旧档，查到柴桢“馈福公金一千两”的记录。连户部尚书福长安都和柴桢有着非同一般的关系，这事儿全省上下都知道，大家只是心照不宣罢了。全德见此事涉及朝中一品大员，不敢随便做主。他顾忌到和珅与福长安的交情，把这件事情压了下来，不敢张扬，然后派人来请示和珅，下一步应该怎么办。

和珅与福长安向来走动密切，关系非常好，于是和珅来到福长安的府上商议对策。正值寒冬，福长安免不了一番热酒热菜招待。酒过三巡，菜过五味，和珅屏退左右，问福长安：“你跟两淮盐运使柴桢，是不是素来交往甚密？”福长安在和珅面前也不隐瞒：“确实如此。此人向来对我忠心耿耿，就是办事不是很谨慎。”

和珅一杯酒下肚，意味深长地说道："你估计的很对，这个柴桢现在已经出了问题，很快就要被弹劾。两淮盐政全德在盐道旧档中查到有'馈福公金一千两'的记录。他怕那个'福公'就是你，特意千里报信给我，我这才找你搞清楚。"

福长安一听大惊失色，吓得手足无措，对和珅说："和兄，你一定要想办法救我，最好把这个事情压下去，不让他们闹大，更不能弹劾。"

和珅说道："你与他交往频繁吗？有什么证据没有？不要被人抓住了把柄。如今皇上正在严查京官与地方官勾结，一旦被人抓住把柄，弹劾你结交外地官员，那就算是撞到枪上了。"

福长安唏嘘一声："这倒没有，我做事一向小心，我们都是私下联系，并没有什么证据。这个记录也是他私自记的，我这里查不出半点儿证据的。"

和珅沉吟半晌，道："这个事情就算是暂时压下去，迟早还是会暴露，不如反其道而行之。这案子把两淮盐政福崧也牵扯进去了，这下我们可以找个替罪羊。这个福崧，活该他倒霉，他平时总是一副事不关己高高挂起的清高姿态，从没有把我放在眼里。"

福长安道："福崧怎么会成替罪羊，愿闻其详。"和珅道："柴桢送给你厚礼，这件事别人不知道，就算知道了也不敢说。柴桢亏空一事，福崧卖给柴桢那么大的人情，那可是22万两银子的亏空啊，任谁一想都会认为这是送给福崧的厚礼。把记录中的"福公"理解为福崧也是正常的事，你说呢？"说完一脸阴险地奸笑起来。

福长安立刻转忧为喜，大喜道："和兄智谋过人，我不及你啊！这样是一个天衣无缝的好办法，但是福崧能那么容易承认吗？他要是承认了，可就是大罪，就算有人求情恐怕也脑袋难保。另外柴桢要是不配合，也是于事无补，漏洞难圆。"

和珅道："这个你放心吧，不会出问题的。柴桢这样没有立场的官场混混最好对付；至于福崧，他不承认是理所应当的，没有一个贪官会轻松认罪的。我们只管把证据做足，大刑伺候，不由他不就范。最好能神不知鬼不觉、不明不白地死去，这样就死无对证了。皇上怪罪下来，我会向皇上请旨，随便派个自己人去浙江查办，到时候一切都归我们掌握了。”

福长安看着讲得头头是道的和珅，不免对和珅的心狠手辣产生一丝恐惧，但很快就因自己能够摆脱此案而高兴不已。他说：“这样一来就万无一失了，不过，福崧是有些功劳的，当年甘肃叛乱，福崧第一个冲进华林寺，这才有了后来的大捷，大清武将中能有这种气魄的实在不多啊。万一皇上念其有功，动了恻隐之心，不想置他于死地，而福崧又死活不承认，时间一长，难免会露出马脚。”

和珅点点头道：“你的担心有一定道理。这样，我们做好两手准备。这次如果福崧顺利认罪，那一切都好办了；如若不然，那我们就无毒不丈夫，在浙江就给福崧定个‘斩立决’，坚决不能让福崧回到京城，更不能给他面圣的机会。”

和珅与福长安商量了半天，统一口径，仔细推敲了细节，将福长安与柴桢的关系剥离干净，认为万无一失后，和珅给全德写了一封回信。吩咐他马上写奏折，弹劾柴桢挪用公款、导致府库亏空，并弹劾福崧监管不严、收受贿赂之罪。同时要一口咬定，柴桢的“馈福公金一千两”是贿赂福崧。

全德按照和珅的意思写好奏折后，折子先到了军机处。和珅又把它递交给了乾隆帝，乾隆帝问和珅：“你有什么看法？”和珅就将早就背熟的话说了出来：“微臣分析，柴桢任浙江盐道未及一年就离开了，怎么会亏空这么多银两？这必定另有缘故，他一个人不大可能贪污这么多。福崧包庇柴桢，有可能插手这件事，说不定福崧也有贪赃的行为，亏空的银两，不知道有多少流入了福崧的口袋。‘馈福公金一千两’，这很可能是福崧向下面的官员索要贿赂，才导致下面挪用公款。必须派一位能干的大臣，作为钦差调查此事。”

和珅的分析条理清晰、有根有据，乾隆深为赞同——当然了，这话是经过了反复推敲后才说的，一般人怎会看出来？乾隆不知其中缘故，就相信了和珅的话，问和珅：“卿以为谁可以担当此任？”

和珅继续道：“福崧是一省的巡抚，又是军伍出身，臣以为必须派一位能干的大臣。兵部尚书庆桂精明能干，又同是行伍出身，或可担此重任。”

和珅推荐庆桂是经过了深思熟虑的，理由看似很充分，推荐的人选也经得起推敲。庆桂是满洲镶黄旗人，历任内阁学士、副都统、参赞大臣、将军、都统等。乾隆五十七年（1792年），庆桂在西北战事中立了大功，以军功擢升为兵部尚书。乾隆对庆桂的印象很不错　只是有一点乾隆一直蒙在鼓里，庆桂早就与和珅沆瀣一气了。

乾隆即刻下令，福崧、柴桢即日起停职，听候调查处理；派兵部尚书庆桂为钦差大臣，前往浙江查案。从这一刻起，福崧的命运算是彻底交到了和珅手中。

庆桂临行前，和珅嘱咐道：“此行的主要目标是福崧，而不是柴桢。对柴桢要软硬兼施，一定要让柴桢承认，亏空是福崧索贿、勒索，并承认贿赂福崧。给福崧定罪，一定要把罪名做成死罪，案件办成铁案。”

庆桂奉了和珅的命令，到浙江后，雷厉风行地调查起福崧的案子。总体来讲，福崧还是勤于政务的称职官员。但是当时官场潜规则成风，各级摊派也十分严重，国库开支巨大，朝廷账面上的银子远远不够用。福崧作为浙江巡抚，要说他不收钱，那也是睁眼说瞎话，所以栽赃还是很容易的。

庆桂先从柴桢入手，处处暗示他和他的幕僚、家人，可以把责任尽可能推给上级福崧。柴桢的幕僚赵柄是个墙头草，他很快就供认：“22万两银子的亏空中，至少有一半是因为福崧的索要产生的。柴桢到任浙江盐道后，福崧命令他代买玉器、朝珠等物品就花了9万余两白银，福崧只给了2.8万余两；其余的还有价值几千两银子的豹皮、狐皮褂筒等物。”

此外，柴桢的家人供称：“福崧有一次进京，向柴桢索要3000两白银；福崧孝敬母亲游玩，索要100两银子，柴桢的家人又私吞了100两银子。其余的亏空，有将近8万两银子是因为衙门的公事杂事中，花费动辄不予报销，承办的官员包赔，柴桢只得从府库中拿出银两。除此之外，剩下的4万余两银子是柴桢自己私用了。”有了这些对福崧的指证，庆桂这才决定收网，福崧对自己受贿一事供认不讳：“我收受柴桢的银子物品，值2.8万两银子。剩下的亏空或垫付工程款，交议罪罚银，或支付欠缺的养廉银。”接着列举了一笔笔开支。

现在到了关键环节——在盐道旧档中查到的“馈福公金一千两”的记录。庆桂屏退左右，单独提审柴桢，柴桢起初供认道：“这是当年送给户部尚书福长安的厚礼。”

庆桂一看不是自己想要的结果，就厉声道：“一派胡言！福长安大人怎么会与你这种猪狗不如、贪财如命的地方官有交往？你可不要恶意栽赃啊！如果说受贿的是福崧，你尚有活命的机会，否则，以你犯下的案子，必然让你脑袋搬家，株连九族！”柴桢明白了，这是冲着福崧去的，他无法自保，顾不得那么多了，只得按照庆桂的意思供认。

从审理过程的记录看，福崧、柴桢只是按照官场规则收礼送礼，不算是特别好才贪污，有的行为事出无奈，实为官场来往所必需，虽罪责难逃，但罪不至死，无法达到和珅的要求。于是庆桂审理完后，勾结上下官员，改动了案卷，写道：“福崧蓄意包庇柴桢，并向柴桢索贿白银11万两，黄金1千两，全部私用。按照这个数额，建议判处斩立决。”并给乾隆呈上一道奏折。

乾隆收到奏折后脸色大变，没想到案情这么严重。消息传出后，京城哗然，很多官员都不相信福崧会做出这样的事情。此时阿桂已死，和珅成了首席军机大臣，军机处都唯他马首是瞻，遂建议将福崧就地处斩。

80多岁的乾隆也被气糊涂了，盛怒之下，同意处斩福崧。待冷静下来，想起福崧是阿桂特意举荐的，而且屡立军功，不可随意处死。于是下旨把福崧押送入京，到时候让刑部详加审问。

福长安一听魂儿都要掉了，福崧一到京城，刑部可不像浙江那般容易摆平。万一柴桢把自己牵连进来，可就麻烦了。福长安马上与和珅商量对策。

和珅却不以为然地说：“不要着急，我对皇上最为了解，只要福崧还没进京，就能想办法让皇上改变主意。”

和珅的办法就是激怒乾隆。他首先吩咐钦差大臣庆桂写一封奏折，快马送到京城，呈交皇上。奏折道："臣奉旨押送福崧进京，不料福崧一路上不但不知道反省，还口出狂言，对皇上不敬，扰乱人心，随行官员都很愤怒，建议对其斩立决。"

乾隆帝收到奏折，还是习惯性地来找来和珅，问他的看法。和珅趁机在一旁添油加醋地说："臣以前也听说福崧狂妄自大，尤其是阿桂和福康安两位将军去世后，福崧居功自傲，轻慢同僚。皇上经常说，朝廷大臣要团结一致，因此我也没放到心里去。想不到今日果真出了事情，在钦差大臣的审讯中，还敢说出对皇上不敬的话来，真是令人气愤！"

乾隆对阿桂和福康安的去世极为痛惜，听到这里，果然大怒道："福崧何德何能，敢如此无礼！阿桂、福康安更不是他能比及的。他还有什么大逆不道的话，说来听听！"

和珅故意欲言又止，撩拨乾隆的怒火。等到火候差不多了，和珅才说："钦差大臣庆桂说，福崧狂妄至极，说自己为朝廷立下了汗马功劳，如今贪污一点儿银子不算什么。还出言不逊，说皇上的千秋功绩大部分是他们这些大臣的功劳。军机处的大臣怕惹了皇上生气，都不敢跟皇上禀报，这才建议斩立决。皇上英明千古，文治武功，天下臣民哪个不赞叹？不料这福崧小人胡言乱语，皇上千万不要与他一般见识，别气坏了龙体……"

乾隆一听怒不可遏："住口！马上传朕的旨意，着钦差大臣庆桂，就地处斩福崧……不，念他屡立战功，还是恩赐他自尽吧；就地进行，不必押送京城了！"

和珅的目的达到了，心里十分高兴，嘴上却说："皇上恕罪！奴才惹皇上不高兴了，奴才这就传旨下去。"

和珅忙不迭地将乾隆的旨意传给钦差大臣庆桂，此时庆桂已经押着福崧走了好几天，到了山东境内。这里有一个叫红花铺的地方，属于山东沂州。

福崧对于自己的处境十分明白，一定是和珅捣的鬼。他是被冤枉的，本想着到了京城能够在皇上面前把事情说清楚，揭发和珅在地方大员身上勒索、敲诈、贪污的种种罪行，请求皇上主持公道。相信皇上一定可以明辨是非，铲除奸臣。

谁想，皇上的圣旨在路上就颁了下来，内容全部是斥责福崧的话，福崧越听心越凉，到最后竟然听到了“途中恩赐自尽”几个字。福崧呆住了，但很快就缓过神来，大叫：“皇上，我是冤枉的！皇上，你受了小人蒙蔽，我要面见皇上说清楚！”

庆桂冷笑一声：“福崧，你认命吧。你本来是斩立决的罪行，皇上赐你自尽已经是开恩了。”福崧怒吼道：“庆桂奸贼，皇上派你来清查案件，你却颠倒黑白，往我身上安插罪行，早已犯了欺君大罪。我扪心自问，无愧于圣上，无愧于百姓，无愧于朝廷的俸禄。我今日死不足惜，但一定要进京面见皇上，说出真相，让皇上铲除周围的小人！就这样稀里糊涂死了，我心难平！”

庆桂本来就心中有鬼，当下有些心虚。山东巡抚吉庆劝福崧道：“圣旨已下，不可能改变了。不管你有什么话要说，君要臣死，臣不得不死，否则就是不忠啊！”

福崧本来就是个当兵的出身，有着军人的火爆脾气：“我福崧征战沙场，报效国家，从来没有对不起皇上，你怎么敢说我不忠？我的确包庇了柴桢，也收受了贿赂，但罪不致死。皇上如果让我死，我也没有话说，但临死之前，我一定要揭露大清的贪官污吏，为皇上最后尽忠！”

和珅对此也早有防备，他给庆桂下了死命令——福崧必须在路上消失，否则一到京城，万事难料！庆桂给吉庆打了个招呼，悄悄说道：“我是奉皇上的命令查案子，福崧如今对我有了成见，我说什么他也不肯听。如今皇上开恩，赐他自尽，他反倒不肯，我无计可施了。山东在你的管辖之内，福崧抗旨不肯自尽，你我都无法向皇上交代。福崧反正是必死的人了，不如你找来一壶毒酒，给福崧一个了结，免得他回到京城更加受苦，你我也好向皇上复命。”

吉庆知道其中牵连到朝中各大关系，他不愿意多生事端，也不愿意得罪这位钦差大臣、兵部尚书，加上皇上那里到时候不好交代，于是就同意了庆桂的建议。

吉庆悄悄准备了一份菜肴、美酒，在酒中下了毒，然后从囚车中放出福崧，说道："福崧，你不愿意就死，也是人之常情。我敬重你战功赫赫，是条汉子。如今你是戴罪之身，既然路过我的辖区，我就给你求一下情。我已经和钦差大人说好，在山东暂且耽误几天，吃喝、休息包在我身上，我给皇上上个折子，希望皇上开恩改变主意，容你进京面陈圣上。你看怎么样？"

福崧向来直爽，不会拐弯抹角，看吉庆说的这般实诚，也就信了。于是放心地吃菜喝酒，结果立刻中毒身亡。

庆桂、吉庆虽然是奉旨做事，但毕竟鸩杀了朝中大臣，不敢声张，连忙吩咐下人给福崧收尸，就地埋葬，又给所有在场的人一点赏钱作为封口费。随后上奏皇帝，禀报福崧已经奉旨自尽。

庆桂回城后向皇帝禀报了福崧案件的情况，由于他与和珅早就串通好了，所以乾隆帝听不出什么破绽。不仅如此，乾隆帝余怒未消，责怪浙江相关官员知情不报，一律加以严惩。浙江布政使归景照被发往伊犁、不准捐赎；杭州知府明保和现任浙江盐道张慎被撤职查办、充军；浙江按察使顾长绂充军。此外，京城中的杭州籍给事中、御史等官员也有连带责任，罚其两年内不准升职。

可以说，和珅出于一己私利，竟然冤杀朝廷二品大员，这为他增加了一条人神共愤的罪名。

善解人性的弱点

和珅在官场屹立不倒数十年的一个重要原因就是他善于洞察人性，能把握人的喜好，进而实行控制。正所谓"世事洞明皆学问，人情练达即文章"。把握准了人的性格后，就可以"辨证施治，对症下药"。对皇上，既要显示出自己的才华，使皇上视自己为能臣，又要注意到皇上作为一个人，也有普通人的感情和基本需求。对同僚，则是尽量拉拢为己所用，实在不愿受自己控制的则狠狠打击。

在封建时代，人们的思想受到牵制，要忠心地服侍主子，而且几千年的专制压制了人们的人性，所以千百年来人们要么是无才，要么是奴才。和珅就把自己定位成一个奴才，不过他服侍的是至高无上的皇帝。作为全国最大的奴才，奴才的禀性早已被和珅熟知于心，他既知道怎样做奴才，也知道怎样去管理奴才。

满朝文武中，哪个不是奴才？就连阿桂、永贵、福康安等股肱之臣照样不是任凭皇帝驱使？所以，聪明的和珅知道，只要抓住了皇帝的心，就可以在朝中应付自如。他早就知道朝中臣僚大都是墙头草，哪边有好处哪边得势就倒向哪边，因此，他的首要之事是杀鸡儆猴，确立自己的权威。

为了打击异已，控制言论，和珅着力训练了一支忠于自己的特务间谍组织，相当于雍正时期的血滴子，散布于全国，充当自己的耳目。随时了解谁对自己忠心，谁有意反抗自己。一时间，和珅的权势直逼明末的权奸魏忠贤，既搜集有利于自己的情报，又为皇上收集情报，皇帝见和珅的这一行为确实能让自己随时了解各处的情况，所以他很支持和珅的这种行为。得到了乾隆的默许，和珅更加胆大妄为了。

他知道世人皆为势利眼，小时候在咸安宫官学的遭遇让他懂得：只有权力和财富才有前途，无权又没钱便一无是处。因此，不管自己在天下人面前是怎样的恶名，只要不惹恼乾隆，那么同僚也会碍于乾隆的面子，必定对自己另眼相看，一定会为自己的所作所为找借口。

和珅的判断是准确的，他清楚地了解官场上大多数人的心态，所以能够把他们玩弄于股掌之间。后来，他只要一说话，以前不正眼看他的官僚们就会聚精会神，唯恐听漏一句。

说起来，和珅还要感谢永贵。和珅刚入军机处时，永贵因“安明事件”弹劾他，后经过和珅巧妙运作才得以脱身。和珅经此一劫而不倒，却真正看清了朝臣的真面目：哪些人只是表面应付自己，哪些人是对自己忠心耿耿，他全都看在眼里，记在心里。他更感激永贵之子伊江阿给他通风报信，所以后来对伊江阿大力提拔。永贵父子两人一正一反地帮了和珅的忙。对指责过他的那帮朝臣，和珅并没有马上与他们翻脸摊牌，他知道羽翼未丰时，便与一帮朝臣虚与委蛇，笑面相迎，虽然心里对他们异常痛恨，但他在等待机会。在和珅的心目中，对待这帮骑墙派要么应付敷衍，要么一棍子打死，在自己没有绝对实力时，能拉拢的当然要极力拉拢。

通过“安明事件”，和珅深感培植自己党羽的必要性。于是他下定决心，确立了以自己为中心，弟弟和琳与福长安为左膀右臂的关系网。

和珅不仅了解人性，对读书人的品性更是了如指掌。因为和珅自己是个文武全才，也算是半个读书人，他知道读书人由于读书太多，所以平时的行为习惯受到的羁绊很多，不自觉就有了被奴役的习惯。读书人的最大理想是金榜题名，其实就是为皇帝打工。对于这些有强烈愿望的读书人，和珅并不讨厌，他最讨厌那些自命清高的读书人。后来，乾隆帝常常让他做监考官，他总是在科举考试中录取对自己死心踏地，忠心耿耿的读书人，而对那些自恃才高、不肯服软、与自己合作的人，即使已经上榜，他也会找百般借口来阻挠这些人入仕，以致一时间“天下士人，几出和门”。

凭着能摸透人心的这种特殊才能，和珅算是跟着乾隆风光了一辈子，可惜他太过依赖乾隆，没有把心思放在嘉庆身上，所以不能及时理解嘉庆的想法，从而招致杀身之祸。但这并不是因为他不善于了解新皇帝的心思，实在是他从心底里不喜欢嘉庆。

“烧车御史”谢振定

和珅当政的乾隆时期，官场上的人物都对和珅巴结不及。送钱、送色、送宝物、送珍玩玉器……可谓五花八门，只求能赢得和珅侧目。更有官员通过与和珅上下的人结友攀亲来搭上和珅这趟船。

虽然如此，但还是有一些官位卑下却敢于公开与和珅这个当朝权臣叫板的人，其中就有人称“烧车御史”的谢振定。

谢振定，字一斋，号芗泉，湘乡人。乾隆庚子进士，改庶吉士，授编修。负经世才，尚气节，能古文辞，历官御史，罢，复起礼部员外郎。嘉庆元年（1796年）怒烧和珅之车，史称“烧车御史”。有《知耻斋集》

《清史列传》传于世。

乾隆四十五年（1780年）进士，庶吉士散馆后授编修。乾隆五十九年（1794年），任江南道监察御史，巡视南方漕运。当年运漕船只一度被阻江苏瓜洲，据说谢振定向河神祈祷后，大风转向，使得漕船顺利过闸，故而人称“谢公风”。

谢振定虽然官职不大，但天性耿直，一直看不惯权臣尤其是和珅的飞扬跋扈。曾对曹锡宝因上奏弹劾和珅仆人刘全生活奢侈而被罢职一事颇为不平。

乾隆六十年（1795年），谢振定任兵科给事中，负责巡视京师东城。有一天，在他巡城途中，遇到大学士和珅爱妾的弟弟，此人竟敢违制乘坐和珅的马车，在大街上横冲直撞，将街道两旁商贩的摊位、行人冲得到处躲藏。

谢振定本来就对和珅不满，现在见他家人这般骄横，怒令巡逻小卒将家奴从车上拉下，准备待会去鞭打他。

谁想这人依仗和珅的权势，根本不把谢振定这个小小的巡城御史看在眼里，反而破口大骂说：“你是谁？狗一样的东西敢鞭打我吗？我是乘坐我家主人的车子出来办事，你还敢鞭打我吗！”

谢振定原本是想将其鞭打示罚一下，做做样子给和珅看，让他不要太嚣张，眼见此人如此蛮横无理，不加痛惩，如何得了！于是下令让巡逻小卒将此人再抽二十鞭，并将所获的和珅马车当众烧毁，说：“此车已被这等不知贵贱的小人玷污，怎么配让和大人继续乘坐！”大街上的人们看到这一幕，大为解恨，欢声雷动，齐声欢呼说：“谢御史，好样的！”

爱妾的弟弟回到和府后，向和珅添油加醋地哭诉了一番，并强调轿子已经当众烧毁。和珅听后非常气愤：“一个小小的巡城御史，竟敢当众焚烧我的轿子，这也太看不起我和珅了！”于是决定给这个胆大妄为的谢振定一个教训。

很快，给事中王钟健通过和珅向上爬，和珅就授意他上奏弹劾谢振定，谢振定很快被罢职，明眼人一看就知道这是和珅借机报复。和珅的这一行为更加激怒了官员对他的愤恨，御史管世铭颇为谢振定不平，他曾说："今日二公各有所失。谢公失官，王公失名。失官之患，不过一身，失名之患，致传千古矣。"

嘉庆五年（1800年），和珅早已被处死，谢振定也被起复，并授职礼部主事，转任通州坐粮厅员外郎，负责监收南方运来的漕粮。他勇于裁革陋规，多有建树，直到嘉庆十四年（1809年）去世。

当时的八旗子弟昭　的《啸亭杂录》中有记载：谢振定性情非常豁达，颇为不修边幅。他居所中的几榻上经常是尘土厚积数寸，从未见他拂去过。庭院中种的花草也是恣意生长，从不修理，很有宋代理学家周濂溪不除阶草的意思。

他平生不爱钱财，有钱就花。就连仆人侵盗，他也毫不介意。他曾有1万两银子的积蓄，后来畅游江浙一带，很快花费殆尽，并且丝毫不介意。别人让他悠着点花钱，他却说："人生贵适意耳，银钱常物，何足惜也？"

他对金钱冷若冰霜，对朋友却有着一腔热血，经常帮助友人，与人好处从不记在心上。就连他新置办的一件官服被朋友法式善借去穿用，他也不再前往索取。后来他被罢官，也就把这件事忘了。

和珅倒台后，他被启用并任职礼部主事，遇到举行祭祀之典。这样的大场面当然要穿正式官服，他找不到从前的官服，就准备到市场上去购买一件。法式善听说后，故意对谢振定说："我记得你曾经买过一套新官服啊，怎么就没有了呢？"谢振定根本没有把这件事放在心上，一脸茫然说："是吗？我忘了，此等物件，丢在破箱子里，找不到也正常。"法式善见谢振定这么淡然，就提醒他说："你是不是借给别人了，而别人也忘了还给你？"谢振定还是没有一点儿印象。法式善见谢振定这般豪气大方，只好又气又笑地告诉谢振定："你前些时候曾将新官服借给我穿用，至今尚在我的箱子里，你难道真的忘了吗？"谢振定这才如梦初醒。

道光年间，谢振定的儿子谢兴峣官至河南裕州知州，因在地方上表现优异被推荐面奏天子。进京面见圣上时，照例要向皇上奏自己的姓名、籍贯。道光帝听他讲话感到很奇怪，就问他："你不是湖南人吗？为什么京师的语言这样流利？"谢兴峣如实回答："臣父谢振定曾在京任御史一职，所以臣也在京师居住过。"道光帝听后更来了兴致，继续说："哦！原来你就是烧车御史谢振定的儿子啊！我知道你父亲的作为。"于是对谢兴峣更加器重。

不仅如此，道光帝对此事念念不忘，特意对军机大臣们说："朕少时就听说烧车御史的故事，很赞赏谢振定的敢作敢为，昨天还见到了他的儿子"。道光帝特地擢升他为叙州知府，以慰忠良之后。后来，谢振定的孙子辈中，谢邦鉴在道光二十五年（1845年）中进士，他也具有乃祖遗风，高风亮节，清鉴可嘉，足可垂范后人。

第八章 善待家人

——妻贤子孝，兄弟相守

执子之手共携老

和珅对家人算是有情有义，所谓“黄金有价，情义无价”。在夫人冯氏生病之后，在朝廷左右逢源的和珅意识到权和钱不能得到一切。人往往都是这样，在性命攸关的时候才恍然大悟，人最重要的是生命，是健康，是亲情。但在绝大部分时间，和珅都在不断追求名和利的官场中混迹，贪图享受。

自从和珅的小儿子夭折后，夫人冯氏悲痛不已，从此一病不起。和珅不惜动用他的权力遍请天下名医，可惜冯氏的病痛不在身上，而是心中，和珅忧急万分，便发誓如果有人能治好夫人的病，他愿意舍弃一切家财，可惜冯氏太过悲痛，已经病入膏肓，无力回天了。

嘉庆三年（1798年），冯氏病情更加严重，和珅眼睁睁地看着冯氏日渐消瘦却无能为力。他独自一人面对孤灯摇曳，想着库房里堆满的奇珍异宝、黄金白银和妻子那憔悴的面容，不由得发出一声苦笑：金银财宝又如何？能换回冯氏的命吗？不禁感叹岁月的残酷无情。

和珅虽然位高权重，却对冯氏的病情无能为力，只有向神寄托自己的情感。和珅在心中祈求上苍可怜夫人冯氏，为了讨个彩头，他还在七夕这天安排了一个盛大的祈福活动。他亲自操办，在豪华的和府中搭起了彩棚，青案上供着“牵牛河鼓天贵星君”和“天孙织女福德星君”的牌位，和珅和病中的冯氏一起向“牛郎织女”诚心祈祷，希望自己的这份情谊能感动这对神仙眷侣。

在这段时间里，和珅懒得走动，乾隆也知道和珅对夫人情深义重，特别恩准他不必上朝。和珅几乎每天都陪伴夫人，他怕病中的夫人寂寞、苦闷，不断想出小招数来博夫人一笑。

很快就到了中秋节，这是个团圆的日子。和府上下为了烘托气氛张灯结彩，丰绅殷德、固伦和孝公主等人齐齐到病房向冯氏跪拜，冯氏由于节日的冲喜，有说有笑，脸上甚至泛着平时难得一见的光彩。和珅一看夫人这么精神焕发，便大赏奴仆。仆人们自从冯氏病重后就没见和珅好过脸色，今日获了赏赐，也是欢天喜地。

冯氏知道和珅为了他的病情四处奔波，疏于朝政，消瘦了许多，心中不禁泛起无限柔情……和珅扭过头来，见冯氏嘴角带着笑意慢慢闭上了眼睛，不禁心中一阵悲痛——他最爱的那个人离她而去了，从此不会再醒过来。他抬头看了看天，月亮还是那么圆，月光还是明亮皎洁、柔和，可惜冯氏再也无法看到了。

和珅的发迹与冯氏是分不开的，和珅敬重冯氏，当然有冯氏娘家于他有恩的缘故。但更重要的是，冯氏与和珅相处二十多年，早就超出了一般的感情，无论别人怎样说和珅权倾天下、贪污受贿，她都以一个妻子的身份默默照顾他。甚至在她病重期间，还念念不忘和珅的腰腿疼病；千叮咛万嘱咐他保养好身体。最关键的是，和珅从冯氏身上看到了自己人性的一面。早已习惯了在外面尔虞我诈的和珅只有在冯氏面前才能坦坦荡荡，让他知道人生的意义。

和珅把冯氏当作自己人生的一面镜子，有她在，自己还可以常常审视自己；现在，冯氏去世，和珅产生了一种迷失的惆怅。冯氏在和珅心中永远占据最重的分量，和珅安葬完冯氏后，将冯氏所居寿椿楼中的一切都按原样摆设，以寄托自己的哀思。和珅和丰绅殷德时常去凭吊、怀念冯氏。

兄弟手足共相助

古语有云，“一人得道，鸡犬升天”，自从和珅得到乾隆的宠爱，其家族成员也在浩大的皇恩的庇护下风光起来。在和珅的家庭成员中，他和其弟和琳关系最为亲密。二人共同经历家庭的不幸，及至后来和珅发迹，和琳才得以飞黄腾达。

两人很早就开始了相依为命的生活，和珅从小就担负起照顾弟弟的职责，年龄稍长，两人又一起进入咸安宫官学读书，相互激励、相互帮助，从小就有很深的兄弟情义。

和珅与和琳虽然遭遇不幸，但没有自暴自弃，也没有与一般公子哥儿同流合污，随波逐流。他们依旧刻苦好学，这为以后为官打下了良好的基础。

和珅年龄稍长，相貌堂堂，英俊有才，性格谨慎，在人际关系上有天赋，主要学习诗词文章、为官之道。和琳性格直爽，不喜欢算计别人。他除了官学里的诗词课程，还学习兵法，研究古代很多战争案例。和珅、和琳兄弟刻苦好学，一文一武，真正做到了文武双全。

有了和珅、和琳少年时期的苦学，才有二人日后的发展。和珅后来承袭了祖上的三等轻车都尉的世袭职务，而和琳当上了满洲文生员笔帖式。

笔帖式是个很小的芝麻官，最高也只有六品，但和琳为人稳重，做事认真，政绩不俗。不久，和琳升迁为吏部给事中。吏部给事中属都察院，与监察御史合称“科道”，职掌抄发题本，审核奏章，监察六部、诸寺、府、监公事。

此后，随着和珅在朝中的地位越来越高，和琳的官位也随着越升越高。并且被和珅派往阿桂处做了一个武官。和琳向来办事稳妥，再加上哥哥和珅给他创造机会，很快就被提升为内阁学士，兼署工部左侍郎、正蓝旗汉军副都统等职。

乾隆五十六年（1791年），廓尔喀（今尼泊尔等地人）因贸易纠纷侵扰西藏、前藏地区，乾隆帝命时任两广总督的福康安、领侍卫内大臣海兰察为大将军，统索伦、吉林及川、陕西诸路兵前往讨伐。协办大学士孙士毅负责粮饷问题，和琳被任命为驻藏大臣，负责督办前藏地区的粮饷供应。乾隆五十七年（1792年）七月，廓尔喀投降，清军胜利，乾隆派和琳留在西藏，负责善后。

和琳在西藏留守整整三年，工作踏踏实实，任劳任怨。西藏地处高原，气候寒冷，当地不出产蔬菜水果，只能通过四川转运粮食，很少吃到新鲜蔬菜。军士生活很不习惯。有一次，驻军收到外地转运来的黄瓜、茄子，军士们十分高兴，和琳居然赋诗道："更欣黄瓜与紫茄，强于西域得佛牙""吟诗大嚼挑银灯，瓜茄有灵幸知己"。可见其乐观的精神。

在生活艰苦的边疆，和琳出色地完成了朝廷的任务。和珅对弟弟非常照顾，想通过活动把和琳调回京城，和琳自己却不答应，表示坚决要完成任务，和珅也就不再坚持。

和琳在边疆以苦为乐，写了一首很有意思的诗《西招四时吟》，描写四季的景色、感受，很是有趣。

春天，"莫讶春来后，寒威倍胜前。小窗欣日色，大漠渺人烟。"

夏天，"山阳四五月，嫩绿渐生生。草老刚盈寸，花稀不识名。"

秋天，"池塘堪浴佛，稞麦渐仓储。更喜羊脂厚，厨供大嚼初。"

冬天，"木炭供来日，陂塘半涸冰。草枯归牧马，寒重敛飞蝇。"

真实记录了青藏高原的生活。

很快，和琳因为政绩卓著，被任命为四川总督。

乾隆六十年（1795年），贵州、湖南地区先后爆发苗民石柳邓、吴半生、石三保领导的起义。乾隆随即命调任云贵总督福康安、四川总督和琳前往镇压。和琳不顾风尘仆仆，马上投入战场，击败义军。又与福康安通力合作，连下义军七十余寨，对镇压苗民起义发挥了重要作用，后来，和琳身先士卒，率兵攻击了岩碧山，生擒义军领袖吴半生。

乾隆见和琳立此大功，立刻龙颜大悦，赏和琳双眼翎，任命其为"参赞军事"，并晋封一等宣勇伯，"赏上服貂褂"，"赏黄带"。乾隆六十年（1795年）十月，和琳连战连捷，乾隆"赏上用黄里元孤端章"，且加封太子太保。经过数场征战，和琳确立了自己在军中的地位。

第二年春，福康安病死军中，和琳代理军务，并率兵俘获起义领袖石三保等人。可惜正应了一句古话："天有不测风云，人有旦夕祸福。"嘉庆元年（1796年）八月，和琳继续挥师北上，率兵围攻平陇，受瘴气患病而亡，其宠妾殷云卿为之殉身。和琳临终前对和珅说："虽修短有数，亦可以生死无憾矣。"和琳正值壮年，不幸身亡，而且身兼数职，如光禄大夫、兵部尚书、都察院古都御史、四川总督等。可见当时和琳权重一时，乾隆赐白银5000两，并赐陀罗经被，赐祭葬，命配飨太庙，允许其家建专祠祭奠。

和琳是和珅最亲近的人，为栽培和琳，和珅可以说费尽心血。看到弟弟在仕途如日中天的时候英年早逝，和珅不由得悲从心来，为了悼念从小与自己相依为命的弟弟，他含泪写下《挽词十五首》。并说："希斋弟督军苗疆，受瘴而卒，痛悼之余，为挽词十五首，言不成声，泪随笔落，聊长歌以当哭云。"其中的一首如下，足可见兄弟之间的情深意浓：

同胞较我三年少，幼共诗书长共居；

宦海分飞五载别，至今音问藉鸿鱼。

看汝成人赡汝贫，子婚女嫁任劳频；

如何又为营丧葬，谁是将来送我人。

生前会少梦难成，华萼堪悲雁影惊；

重过旧居魂欲断，楼空燕子不闻莺。

和氏兄弟二人从小和睦相处，互相依靠。成年后各自奔波于宦海仕途，经常无法见面，但和珅经常接济和琳一家的生活，和琳娶儿媳妇、女儿出嫁都是和珅一手操办的。和琳死后又是和珅为他张罗葬礼。长兄如父，当他看到和琳的旧居人去楼空，再也听不到往日的莺声燕语，怎能不黯然神伤、悲痛不已。

嘉庆四年（1799年），乾隆帝去世、嘉庆帝亲政、和被赐死后，和琳也被追究借和珅的权势邀功，镇压苗民起义过程中牵掣福康安，以致影响战事的责任，和琳的牌位被撤出太庙，他的专祠也被拆毁，其子丰绅伊绵继承的公爵被削夺，改为三等轻车都尉。由于家道中落，丰绅伊绵靠着“善堪舆，贵家争延致之”维持生活。家庭变故还使得丰绅伊绵异常郁闷，因而沉湎于酒色，嘉庆年间死于“劳瘵”，只留下一个年仅4岁的儿子。

疼子惜女爱有加

和珅是个非常重感情的人，对妻子，对兄弟，对子嗣，和珅都非常关怀和宠爱。人们可能会感到奇怪，一个贪官怎么会如此儿女情长呢？是的，虽然这看似矛盾，可是人就是这样一种复杂的动物，对别人的贪婪和残忍并不表示他也会如此对待自己的家人。

和珅位高权重，也希望和家有更多的子嗣继承庞大的家产，以保证和家人丁兴旺，香火绵长。但事与愿违，和珅只有正妻冯氏所生长子丰绅殷德、嘉庆初年夭折的一个小儿子。女儿则未见记载，只知道有一个大女儿嫁给了康熙皇帝的曾孙贝勒，其他没有记载或传闻。

长子丰绅殷德生于乾隆四十年（1775年），因与乾隆帝的十公主固伦和孝公主同年所生，而且生得眉清目秀、聪敏乖巧而被乾隆帝看中。乾隆四十五年（1780年）赐名丰绅殷德，并指为十公主的额驸。乾隆五十四年（1789年）与固伦和孝公主完婚，命在御前行走。次年授散秩大臣。乾隆五十六年（1791年）二月管理御茶膳房、造办处事务，同年四月兼武备院卿。乾隆五十八年（1793年）调任奉宸院卿，次年升任正黄旗护军统领。乾隆六十年（1795年）兼任内务府大臣。嘉庆元年（1796年）兼任总理行营事务大臣。次年二月兼任銮仪使，八月任正白旗汉军都统，仍兼护军统领，监督崇文门税务。官职在乾隆与和珅的照顾下一路升迁，可谓一路顺风。

和珅对丰绅殷德的关爱和培养是相当尽心的，这不仅因为丰绅殷德是他唯一的儿子，更因为丰绅殷德是乾隆帝自己挑选的乘龙快婿，是他与乾隆帝拉近关系的纽带。所以和珅对丰绅殷德的教育非常上心。他聘请了一批饱学之士来对儿子进行良好的教育，如侍郎吴省兰、李潢，太仆寺卿李光云及窦光鼐等，都曾做过丰绅殷德的家庭教师。

因为丰绅殷德不必像他的父亲小时候那般为生计发愁，而且受到了系统、良好的教育，所以他的文化素养比较高。《延禧堂诗钞》辅国公思元裕瑞序中曾称丰绅殷德："性情敬慎谦光，慷慨磊落，于友道尤笃"，所做诗"珠圆玉润，高旷清灵，从来无一丝纨绔气，且措辞庄重谨密，温厚和平"。张从孚《挽天爵道人序》中也称赞丰绅殷德："为人持重老成，不苟言笑，所学淹有群籍，博通条贯。其为文为诗为字，朗圆幽秀，士林重之。"可见丰绅殷德在道德修养、诗书礼仪方面很有天赋。

丰绅殷德成年后，和珅亲自规划他的发展前途，曾在嘉庆元年（1796年）推荐丰绅殷德前往湖广地区视察军事，并让他担任事务性较强的总管内务府大臣并参与管理宫廷事务，通过调换不同的岗位锻炼他的才干，有意让儿子走出皇宫增广见闻，历练才干，为以后的发展奠定坚实的基础。可以说，和珅是用心把丰绅殷德作为自己的接班人培养的，可惜父亲和珅很快倒台，丰绅殷德也受到牵连而远离了政治舞台中心。

丰绅殷德对父亲怀有很深的感情，但值得一提的是，丰绅殷德与父亲的秉性有很大差别。和珅一生对权力和财富有着不遗余力的追求欲望，但丰绅殷德对此看得却很淡薄。他在嘉庆二年（1797年）《即事》诗中就写道："嗟哉名利子，富贵何足恃。一朝难掩瑕，百口交谗毁。前车已颠覆，后车每同轨。达者能见几，豫事辨臧否"。同年秋所写《读韩·信传》中更有："谬哉假王请，终致云梦游。贪功不见几，季岂汤武俦？兔亡走狗死，鸟尽良弓收。令人千载下，高风慕留侯。"可见，他对追名逐利、贪财求富的危险性深有远见。

嘉庆三年（1798年），他的母亲冯氏去世后，丰绅殷德写了《自适吟》表达思念之情，其中不免提到对富贵生活的一种厌恶和对田园生活的无限憧憬："人生贵子适，身外更何求？颇羡陆东美，翻思马少游。才宜置邱壑，福不类王侯，仆仆风尘里，真堪呼马牛。"

就在丰绅殷德在朝中的官职节节高升之际，嘉庆四年（1799年）风云突变。受父亲和珅牵连，丰绅殷德所袭公爵被降为伯爵，并被勒令"在家闲居，不许出外滋事"。不久，朝廷从和家抄出正珠朝珠，丰绅殷德又被革去伯爵，赏给散秩大臣衔，承袭三等轻车都尉世职。嘉庆七年

（1802年）三月，因川楚陕三省白莲教起义基本被平定，丰绅殷德被赏给民公品级，在散秩大臣上行走。

自从父亲死后，丰绅殷德处处小心，唯恐被人抓住把柄。嘉庆八年（1803年），已革长史奎福控告丰绅殷德演习武艺谋为不轨，并欲毒害公主；将侍妾带至坟园，于国服内生女等，经大学士董诰与留京王大臣审办，只有在国服内妾生一女属实，丰绅殷德随即被处以“在家圈禁，令其闭门思过”的处罚。

其实，自从丰绅殷德经历家庭变故后，名利心便被消磨殆尽，变得更为消沉。正如《逍遥吟》诗中写道：“亦莫恋此身，亦莫厌此身。此身何足恋，万劫烦恼根。此身何足厌，一聚虚空尘。无恋亦无厌，始是逍遥人。”和珅死后，丰绅殷德门前车马甚是稀落，加上身体多病，丰绅殷德开始沉湎于追求道家的长生术。《啸亭杂录》就记载丰绅殷德“中年慕道，与方士辈讲养生术”。

嘉庆十一年（1806年）正月，丰绅殷德被授予头等侍卫，在大门上行走。四月，升任正白旗蒙古副都统，赏戴花翎。次年二月调任镶蓝旗满洲副都统，十二月赏给伯爵衔。嘉庆十五年（1810年）五月去世，嘉庆帝特派英和带侍卫十人前往祭奠，并赍赐陀罗经被，银5000两以资料理丧务，照公爵衔给予恤典。因无子，丰绅殷德的轻车都尉世职转由和琳之子丰绅伊绵承袭。

和珅的次子生于乾隆六十年（1795年），老来得子，他自然是喜不自胜，况且这个孩子“生而颖异，每逢啼哭，乳母抱赴屏壁间，指点字画，即转啼为笑”。因此，和珅非常喜爱，并将书香门第的希望寄托在他身上。谁知此子不到2岁就夭折了，这给和家带来很大的打击。和珅还写了诗词来寄托自己的悲伤之情。他在《七夕节得家信，闻幼儿病势增剧，不意竟以是日夭折，悼惜之余，感而成诗》写道：

河汉盈盈两泪倾，
都关离别恨难平。
双星既有夫妻爱，
应识人间父子情。

随后所作《忆悼亡儿绝句十首》中也有：

老来惜子俗皆然，半百生男溺爱偏；
今竟无情抛我去，几回搔首问青天。
襁褓即知爱字章，痴心望尔继书香。
归家不忍看题壁，短幅长条一律藏。
学语先知父母呼，每逢退食足娱吾。
秋来归去无聊甚，触处伤情痛切肤。

丰绅殷德听说弟弟去世的消息后，也十分悲痛。嘉庆元年（1796年）他写了《泸溪途次闻幼弟凶信挽词六首》纪念弟弟：

忆得临行见汝时，曾将果饵笑相嬉。
何期一月零三日，遂使千秋永别离。
记否亲承言笑时，曾云长幼太参差。
并期他日攻书候，指谓吾堪作汝师。
尔我同生锦绣丛，君亲恩育报难穷。
似兹富贵遭夭折，岂若贫寒得寿终。
两载兄弟今永别，人间泉下路冥冥。
泪盈沧海千秋水，恨厌峦山万叠青。

由此可见，和珅次子的出生给和家带来的欢乐，以及夭折后给和家带来的失望和痛苦。这应该是和珅晚年受到的最严重的打击，同时表现出他对子女的疼爱之情。

愿殉情的吴卿怜

和珅是乾隆身边的大红人，为了显示身份，身边自然奴仆成群，姬妾众多。他除结发妻子冯氏外，尚有爱妾多人，以致有清人说他“后房姬妾无数”。加上和珅为了绵延香火，多娶妻妾多生子女也就有了更加理直气壮的理由。

他的许多小妾都是各级官员为了巴结他而主动献给他的，不仅如此，他竟然将出宫女子娶为次妻，甚至把别人遗留下来的小妾纳为已有，因而受到许多人的非议。

妾是封建社会中地位低下的一个阶层，是值得同情的社会牺牲品。她们一般与自己的男人并没有什么真感情，只是他们传宗接代的生育机器，但并非都是如此。和珅、和琳兄弟就有这样的魅力。嘉庆元年（1796年），和琳死在镇压苗民起义的战场上，他的爱妾殷云卿立即为他殉了葬，使和珅感叹不已。和珅被赐死后，他的不少爱妾也为他自尽了，其中就有吴卿怜。

吴卿怜本是原任甘肃布政使、后任浙江巡抚王亶望的爱妾，由于能诗善画，言语乖巧，很受王亶望宠爱，特在杭州西湖边上修建了饰以宝玉的楼阁供其居住，称为迷楼。乾隆四十六年（1781年），甘肃冒领赈灾钱粮大案发生，王亶望和时任陕甘总督的勒尔谨等二十余人被处死，家庭财产被抄没，他的爱妾吴卿怜即被侍郎蒋锡棨所得。后来蒋锡棨为巴结和珅，忍痛割爱，把她奉献给了和珅。

和珅对吴卿怜一见钟情，十分喜爱，经常把她带在自己身边。甚至仿照王亶望的迷楼为她专门修建了池馆，吴卿怜也因和珅不嫌弃自己的出身而感激不尽。

嘉庆四年（1799年）正月初八，和珅被抄家，吴卿怜当时住在海淀淑春园中，随后就被刑部和顺天府衙门的兵士看管了起来。吴卿怜在被软禁期间，回想起自己一生几度荣辱，几易其主，只有和珅真心关照他，和珅死后，自己再无挂念之人。于是，她在和珅死后的正月二十日午刻自缢身亡，临死前曾作绝句八章，叙述其一生悲苦心情。现保存于中国第一历史档案馆的《查抄和珅家产清单》及邓之诚《骨董琐记》卷5中：

其一：

自从孤翼叹无巢，绮梦尘缘一例抛。
惭愧窗前雪衣女，心经一卷已先交，
炉香瓶水小排当，高矗莲花别样妆。
自是妙严公主样，上砖步步礼空王。
记否园中布地金，萧萧紫竹早成林。

杨枝遍洒人间水，争拜慈航观世音。

几多朱户几禅关，解脱因缘去不还。

历尽娥眉多少劫，夕阳斜处到西山。

从诗中可以看出，她似有看破红尘，出家为尼之意。

其二：

晓粒惊落玉搔头，宛在湖边十二楼。

魂定暗伤楼外景，湖边无水不东流。

香稻入唇惊吐日，海珍到鼎厌尝时。

蛾眉屈指年多少，到处沧桑知不知。

缓歌慢舞画难圆，月下楼台冷绣襦。

终夜相公看不足，朝天懒去倩人扶。

莲开并蒂岂前因，虚掷莺梭廿九春。

回首可怜歌舞地，两番俱是个中人。

最不分明月夜魂，何曾芳草怨王孙。

梁间燕子来还去，害杀儿家是戟门。

白云深处老亲存，十五年前笑语温。

梦里轻舟无远近，一声欸乃到吴门。

村姬欢笑不知贫，长袖轻裾带翠颦。

三十六年秦女恨，卿怜犹是浅尝人。

冷夜痴儿掩泪题，他年应变杜鹃啼，

啼时休向漳河畔，铜爵春深燕子栖。

钦封冠盖列星辰，幽时传闻进贵臣。

今日门前何寂寂，方知人语世难真。

一朝能悔郎君才，强项雄心愧夜台。

流水落花春去也，伊周事业空徘徊。

诗中详细记录了她在获知和珅被抄家后的惊慌之情。正月初八早起后，吴卿怜正在精心整理头发，突然听说和家被籍没，惊吓之余，梳头的梳子也掉在地上；有正在吃饭的家人竟因惊吓而把饭吐了出来。恰似当年王亶望家被查封时的一幕——厨师刚刚送进做好的燕窝汤，满屋都是，但是大家已经吃得多了，不认为是好东西，所以多放在茶几上。前来抄家的兵役看见后，纷纷大嚼，称之为洋粉。吴卿怜两次经历同样的事，深深感叹自己的命运悲苦，顿觉世道的变化无常，人生的变幻莫测。不由心生感叹，随即选择了自缢而亡。

无论如何，吴卿怜用行动表达了对和珅的衷心，不似那些一哄而散的人那般不近人情。

善持家的长二姑

和珅另有一个有名的宠妾名叫长二姑。长二姑在和珅众多的妻妾中应该是最受信任的一个。她善于理财，常年负责和家的财务，成为和家的财务总监督，加上很有主见，和珅遇到一些棘手的事情时总喜欢与她商量，因而在和家最有权势，和府上下和各级官员都称她“二夫人”。

长二姑的父亲原在正蓝旗牧地上放马，母亲姓白，是一个达官贵人家中的贱婢。年长后出府配给她父亲。他们的长女就是长二姑，长二姑11岁时被送到刑部曹司员家做奴婢。曹司员的太太本也出身贱婢，所以知道下人们的辛苦，对他们很善良。大概是同病相怜，她见到长二姑后，顿生怜悯之情，并且给她梳头缠脚，后来还教她识字读书，二人相处得很好。长二姑本来就非常勤快，又能吃苦耐劳，况且生的十分聪明伶俐。加之在司员家她不仅学会了管家理财，而且跟着司员太太学会了吟诗作赋，连琴棋书画也略通一二。几年之后，长二姑出落得水灵窈窕，司员就有心纳她为妾。恰好听说刑部秋审处出了空缺，曹司员为了把这个肥缺弄到手，就狠下心来把长二姑送给了和珅。和珅见长二姑确实才貌出众，隐隐有一股逼人的气势，认定此女不俗，就高兴地收下了。

长二姑来到和府后，对府中尊长多有礼节，对下人也是平易近人，并且对和珅的嫡妻冯氏非常尊敬，常常前去问安。再加上聪明能干，善于操持家务，长二姑成了和珅的左膀右臂，很快就在和府树立了自己的威望和名声。和珅也对长二姑表现出非同一般的关爱，因此，和府中上上下下的人都尊称她为“二夫人”。

后来，曹司员见长二姑在和府中的地位蒸蒸日上，逐渐成为和珅身边的重要人物。于是，为了巴结、讨好和珅，他正式认长二姑为义女，并通过长二姑的关系向和珅求情，升任他为永定河的道员，这是一个经办钱粮的肥缺。和珅能把这个位子为他，可见长二姑在和珅心中的地位。

长二姑知书达理，熟知函札簿籍。和府上下家产庞大，确实需要她这样的人物去照管。她心思细密，和珅那么多的家产竟被她打理得井然有序，有条不紊。她常常拿出条条记录清楚的账本让和珅过目，和珅总是高兴得合不拢嘴。她还常常能对上爱卖弄诗词的和珅出的题目，并且能填几阙词，甚至比和珅的幕僚做的都好，令和珅的同僚艳羡不已。

随着和珅地位的日渐高升，别人进献的姬妾也越来越多，但只有长二姑始终是和珅的最爱。她在和府中说一不二，她的话就如同家法一般。仆人的添减，田产的买入卖出，店铺的开张或典出，只要她提出来，和珅一律答应。在和家，长二姑的身份仅次于和珅、老太太和冯氏，其威望之高，是其他人无法匹敌的。

不仅如此，长二姑还是和珅敛财的好帮手，她为和珅的卖官鬻爵出谋划策，经她指点的方法，没有不成功的，和珅对此佩服不已。所以，和珅的一切收受礼物都由她统一安排。她还串通郝云士等一帮掮客及和府大管家刘全等人，弄到数百万的财帛金银，成为和家的聚敛能手。固伦和孝公主下嫁给丰绅殷德后，她把公主的饮食起居安排得十分周全，深得固伦和孝公主的敬爱。因此，有人求额驸或和孝公主办事，也都由她一人代劳从中获利。

长二姑没有忘记为娘家人牟取好处。在她的帮助下，她的一个兄弟做了知县，一个成了富甲一方的盐商，一人抓权，一人抓钱，这也能看出她的手腕和精明。她的子侄们也都在县衙里，靠她的关系谋了肥差。

嘉庆四年（1799年）正月十八，长二姑听说和珅上吊自尽的消息时，非常悲伤。偌大家业顷刻化为乌有，她怎能不痛心？和珅这棵乘凉大树轰然倒下，想到往日里她与和珅的恩爱和心灵相通，想到自己以后孤苦零丁的生活，遂决定与和珅共赴黄泉。长二姑死前亦赋七律二章：

谁道今皇恩遇殊，法宽难为罪臣舒。

坠楼空有偕亡志，望阙难陈替死书。

白练一条君自了，愁肠万缕妾何如。

可怜最是黄昏后，梦里相逢醒也无。

掩面登车涕泪潸，便如残叶下秋山。

笼中鹦鹉归秦塞，马上琵琶出汉关。

自古桃花怜命薄，这番萍梗恨缘艰。

伤心一派芦沟水，直向东流竟不还。

精明的长二姑原以为和珅罪不至死，也想通过关系将和珅捞出来，甚至想上书替和珅顶罪，可惜她没有看清嘉庆帝的心思，最终无法如愿。眼看和珅回天乏术，自己也无心苟且偷生，于是下定决心与和珅一起就死，算是对和珅的一种报答。

患难与共的刘全

刘全是和家的世代奴仆，绰号刘秃子，又叫外刘。刘全是个车夫，从小为和家赶车，与和珅一起东奔西走，有时是为了借钱，有时是张罗收田租。风里来雨里去，鞍前马后，为和珅的发家出了不少力，深得和珅的信任。

和珅在潦倒之时，曾四处借钱，无奈树倒猢狲散，没人肯借，只好派刘全到他做河道官员的外祖父嘉谟家去借钱。刚开始，嘉谟碍于亲戚情面还给他银两，可是到了后来，嘉谟的脸色越来越难看，态度也越来越差。

有一次，嘉谟只给了刘全50两银子就打发他回去。嘉谟属下有个叫郭大昌的人，洞彻水性，是治河的奇才。当地官员遇到治理河道的事情，往往要征求他的意见。刘全每次来借钱，都是郭大昌负责接待，二人一来二去就混熟了。这次郭大昌请刘全吃饭，给他送行，借着酒劲说道："兄弟，你我也是老熟人了，我对你十分了解。凭你的本事，如果你愿意到我这里谋一个差事，日后肯定会发达的。何苦在京城低三下四做别人的仆人？现在为了这区区50两银子，就要往来数千里之遥，岂不是太不值得了！"

刘全笑着对郭大昌道："承蒙郭兄挂念。河道上的种种好处，我也略知一二。不过，我一直跟随我家主人长大，深知我家主人聪明无比，绝非池中之物。我家主人本来就是将门之后，如今用功读书，已经小有所成，现在已经被选拔进了咸安宫官学读书，以后一定能够出人头地。我在京城再辛苦上两三年，日后跟着主人必定会前途无量。"

郭大昌连忙说道："刘全兄弟说的在理。我早就看出，刘全兄弟也不是没有志向的人。你家主人是满人，受到朝廷的照顾，如果用功上进，取得功名，绝非难事，到时候高官厚禄指日可待啊！"二人畅饮到深夜方散。

刘全走时，郭大昌自掏腰包，赠送给他100两银子。郭大昌还留话说："你家主人有什么困难，你尽管说出来，我会尽力帮助的。"刘全感谢了一番，回京复命。

不过，刘全与郭大昌的缘分随着和珅日益得宠而丧失殆尽。和珅后来权倾天下，跟随乾隆帝下江南，曾经派刘全找郭大昌约定相见。郭大昌对刘全说："我原来资助你家主人，是因为看到他是个人才，他日定能为国效力。不承想和大人发达之后，并没有造福百姓。将来难免遭受大祸，只求到时不累及我就行了。我们缘尽于此，望你好自为之。"遂避而不见，与刘全断交。

和珅得势后，刘全自然成为和家的大管家，主管和家的迎来送往事务。甚至代替和掌管崇文门税关的税收。和珅能在短短二十几年聚集大量财富，刘全功不可没。他自己也经常对人说，他深得和珅的信任，所有银钱出入一切皆经手。

刘全为和珅办事，当然从中也得了不少好处。刘全经常依仗和珅的势力与庇护，以一副和珅代理人的身份出现在众人面前。他狐假虎威，招摇撞骗，借着替和珅办事的工作之便，贪污受贿，欺凌弱小。俗话说："丞相门前四品官。"不少朝廷官员为了攀附和珅、得到和珅的接见，无不愿意与他密切联系，彼此称兄道弟。

也许是受到和珅的影响，刘全与和珅一样善于理财。他利用和珅管家的身份和贪污受贿来的银子广置房产、经营各种店铺等，并利用特殊身份，欺行霸市，赚取了大量不义之财。他曾在和家附近建造了一座深宅大院。其中的吃穿用度甚至超过了朝中的官员。由于太过招摇，刘全遭到御史曹锡宝违制的参劾，多亏和珅依仗皇帝的庇护，才躲过一劫。

不仅如此，刘全的儿子也都在和家做事，其中刘印、刘陔除在崇文门税关办事外，还各有房产、土地，并且经营各种店铺，大发不义之财。和珅倒台后，他们也未能幸免，家产充公。

和珅刚被定罪时，刘全以"僭用服物"、诈财舞弊等罪被判绞刑监候；其子刘印、刘陔和刘三儿，杖100，流3000里。后来因为和珅没有被凌迟处死，改赐自尽，刘全也获得宽大处理，改判发配黑龙江给索伦达呼尔人做奴仆，并且"遇赦不赦"；刘全子刘印、刘陔和刘三儿和其他几名家人王平、方二、钱五、胡大、胡六、方四、周七等人发往广东、福建等省，给驻防兵丁为奴。

其中，刘全的母亲值得一提。她虽然出身贫寒，却头脑冷静。她很是看不惯刘全的所作所为，经常批评他，并且不接受刘全的任何钱物，甘愿清贫一生。清人昭　《啸亭续录》卷一上就记载：和珅相家奴刘全幼时为人执鞭赶车，家中甚为贫乏，以至于冬天还穿着单衫，冻得瑟瑟发抖。和相揽权时，甚为倚任，所建高大房屋多至百余间，故曾为御史曹锡宝所弹劾。当时的不肖士大夫争着和他结为姻眷关系。刘全母亲甚为贤慧，及至刘全富有时，他母亲也一定要每天用腐乳、豆豉下饭，她总是说："昔日想吃此东西而不易得到，今天虽然豪富，怎么敢忘了旧日的苦日子呢！”依然我行我素。

刘全虽然贪赃枉法，打着和珅的旗号到处捞取好处。但他对和珅的忠诚至死不改，这是他能够获得和珅宠信的根本所在。

第三篇

仕途通达，决胜官场

——和珅的为官之道

第九章 寻找靠山

——朝中有人好做官

拉大旗找保护伞

和珅深知，他之所以能飞黄腾达，乃至成为一人之下、万人之上的“二皇帝”，就是因为身后有乾隆帝撑腰。乾隆帝就是他的一把保护伞，他就是伞底下被保护的人，在这里，他可以躲避任何人的攻击和弹劾，安如泰山。

和珅的一生，兴衰荣辱都与乾隆帝息息相关。乾隆帝自认为执政久、成就大、影响深，并且身历四朝，眼通七代，亲见曾玄，是古今中外少有的君主，因此十分自信。他非常欣赏自己的统治业绩，如多次在少数民族聚居地区和边疆用兵，创立了“十全武功”；在他统治期间朝政清明、国泰民安、经济繁荣，呈现一派欣欣向荣的景象，他几乎年年去承德避暑山庄会见少数民族首领；他曾六下江南、四谒盛京，西幸佛教圣地五台山，东巡曲阜“三孔”（孔府、孔庙、孔林）……因此，他对自己的功绩颇为扬扬自得，自以为他在文治武功方面所做的贡献是超越前人的。他曾说：“更惓思之，三代以上弗论矣，三代以下，为天子而寿登古稀者，才得六人，已见之近作矣。至乎得国之正，扩土之广，臣服之普，民庶之安，虽非大当，可谓小康。且前代所以亡国者，曰强藩，曰外患，曰权臣，曰外戚，曰女谒，曰宦寺，曰奸臣，曰佞幸，今皆无一仿佛者。即所谓得古稀之六帝，元明二祖，为创业之君，礼乐政刑有未遑焉。其余四帝予所不足为法，而其时其政，亦岂有若今日哉，是诚古稀而已矣。”这段话很明显是说自己才是历代最优秀的皇帝，别人都不如他功劳大、建树多。

乾隆帝多年来一直陶醉于自己的顺境与成功，再加上和珅等朝中大臣对他不停地能颂扬、赞美，造成了他听不进任何不同意见的性格。到了晚年更是独断专行，说一不二。让和珅作为自己的全权代表，这就给和珅以他为靠山提供了机会。和珅正是借助他的绝对权威，结党营私，“擅作威福，大开赂门”，贪污中饱，索贿受贿。

和珅深知，只有获得乾隆帝的宠幸与庇护，他才能飞扬跋扈，狐假虎威，随心所欲，“掌握着全国的实权”。如果离开了这棵参天大树，失去了这座靠山，他就会寸步难行。因此，他千方百计博得乾隆帝欢心与宠幸，从而为自己弄权打下基础。

和珅在乾隆帝这把大伞保护下可谓要风得风，要雨得雨。作威作福，巧取豪夺，疯狂地聚敛财富，再加上他善于欺上瞒下，尽量不让乾隆知道真相。况且，就算乾隆知道了，他也会凭着乾隆对他的偏心而安然无恙。他甚至控制了官吏的遴选、使用权。朝鲜来华使臣曾这样记载：“阁老和坤用事将二十年，威福由己，贪黩日甚，内而卿，外而藩阃，皆出其门。纳赂谄附者，多得清要，立不倚着，如非抵罪，亦必潦倒。”

就连被和珅利用的乾隆帝也有意抬高和珅的身份、地位，正是由于和珅与乾隆帝的特殊关系，再加上超乎寻常的特殊地位和掌握着实际大权。使得不少官员向他屈从、逢迎讨好、献媚、行贿、效忠依附……正如嘉庆帝所说：“和珅柄政二十余年，‘所管衙门本多，由其保举升擢自必不少，而外省官员，奔走和珅门下，逢迎馈赂皆所不免’。”

和珅靠着挥舞乾隆帝这张王牌对大臣们施展淫威，不附己者，伺机打击报复，趁机激怒乾隆帝，然后就可以以乾隆帝的名义进行陷害。如果有人行贿、施礼于他，他便巧为其周旋，故意拖延并为之从中作梗。待乾隆帝息怒后，再想办法让皇帝“把一切事务的处理权交给他”。因此许多朝廷大员纷纷把他作为靠山、奥援，向他献纳、行贿。

乾隆帝年老而不让位，非得等到做够60年皇帝，而且让位不放权。

他年迈昏聩，有时甚至不能提笔写字，所以事事离不开和珅。和珅也就趁机把这面大旗扯得更高，借此贩卖私货，为所欲为。最后干脆一手把持六部大权，并且控制着嘉庆帝活动。他经常假借太上皇之命，掺杂着他个人的意见发布政令。更有甚者，和珅常常将乾隆帝书写潦草的谕旨撕掉重新书写。

可见，乾隆帝做太上皇的时期，正是和珅气焰最嚣张的时候，他甚至连嘉庆帝也不放在眼里，直到和珅的靠山乾隆驾崩前，和珅的这个保护伞一直都是牢固的。

攀高枝皇室联姻

和珅自从被乾帝隆赏识后，他的官运就一直很好，他官运亨通的一个重要标志就是他与皇族结亲。当然这同样反映了乾隆帝对和珅的青睐与宠幸。乾隆四十五年（1780年），乾隆帝赐和珅长子名字丰绅殷德（“丰绅”为满语，意为“有福泽”），还把自己的掌上明珠，年仅6岁的最小的女儿固伦和孝公主许配给了他；并表示“待年及岁时，举行指婚礼”。从此，乾隆帝与和珅两人就成了“娃娃亲家”。当年乾隆帝已古稀，而和珅刚刚31岁。

乾隆帝一生共有十个女儿，其中五个早殁，没有加封。固伦和孝公主是乾隆帝的第十个女儿，也是最小的一个。她生于乾隆四十年（1775年）正月初三。当时乾隆帝已经65岁。固伦和孝公主的生母汪氏是乾隆帝所册封的18个有名位的后妃之中的第17位，排在容妃（历史上赫赫有名的“香妃”）前面。惇妃汪氏是满洲正白旗人，她的父亲名叫四格，曾做过都统。惇妃生于乾隆十一年（1746年）三月初六，乾隆二十八年（1763年）十月被选入宫。乾隆帝比较喜欢她，故在当月十八就被封为“永常在”。乾隆三十六年（1771年），被晋封为“永贵人”，接着又在乾隆三十六年（1771年）十月，晋封她为“惇嫔”。乾隆三十九年（1774年）十一月，因其怀孕在身，被晋封为“惇妃”。第二年（1775年）正月，便生下了固伦和孝公主。

倚仗着女儿，惇妃渐渐地被宠坏了，不但不像刚入宫时那么谨慎小心，反而经常会为一点小事就打骂宫女内侍解气。乾隆四十三年（1778年）的时候，惇妃一怒之下，居然把一名宫女活活打死了。

这可闯下了大祸。清宫的宫女制度与前朝不同，宫女都是在八旗自己的眷属里挑选出来的，在宫里如果得到皇帝宠幸，便能得到晋封，即使不能，到了一定年纪也还要送回家嫁人，并不是就此卖给帝王家。

通过正式选秀入宫的女子，一般出身较高，得幸后便能直接封贵人，如后来的慈禧太后，第一个封号就是兰贵人；而宫女出身受宠的要从常在、答应起封。从以惇妃自己曾为“常在”的经历来看，初入宫时，她也不过是官女子而已。现在她飞上枝头，居然动手打死宫女，行为可谓恶劣之极。

乾隆得知这个消息，不由勃然大怒。照他的脾气，本来是要狠狠处置的，但是想到十公主的前途，他手下留情，只是将惇妃革去妃位，降为嫔。

后来，乾隆想念女儿时，便去那里看望。因此不可避免的要跟惇嫔碰面。过了一段时间，乾隆爱屋及乌，竟然看在女儿的份上宽恕了惇嫔，将她恢复了妃位。

正是这个小公主挽救了母亲及整个汪氏家族的前途和颜面。这一切我们可以从“母以女贵”来理解，因为固伦和孝公主深受乾隆帝宠爱，连她的母亲也受到乾隆的照顾。

固伦和孝公主周岁纪念那天，乾隆帝赏赐给她许多玩物与珍宝，其中有汉玉撇口钟、汉玉娃娃戏狮、青玉匙、红白玛瑙仙鹤、油珀圆盒与玉扇器等。固伦和孝公主生来活泼好动，聪明伶俐，讨人喜欢，长相也颇似其父乾隆帝，而且她是乾隆帝的最小的女儿。因此，皇上就格外喜欢、宠爱她，视其为“掌上明珠”。《清史稿·公主表》中有这样的记载：“主，高宗少女，素所钟爱，未嫁赐金顶轿。”

固伦和孝公主刚满13岁，乾隆帝就破格封她为“固伦（满语，汉译为“国”）公主”。按照清朝体制，只有皇后所生才能封为“固伦公主”，其品级相当于亲王。妃、嫔所出，或由皇后所收养的宗室之女，只能封为“和硕公主”，其品级相当于郡王，由此可见乾隆对固伦和孝公主的喜爱。

固伦和孝公主在诸皇女中是备受乾隆帝宠爱的一个，从小就被乾隆养在自己身边。乾隆帝见其相貌非常像自己，由此更加钟爱、呵护她，并不止一次这样说：“假如固伦和孝是个皇子，那朕一定立他为皇储。”可见乾隆对固伦和孝公主喜爱到骨子里了。

固伦和孝公主自幼就受到乾隆的很大影响，颇具阳刚之气，常常将自己打扮成男孩子的模样，而且喜欢与男孩子一起玩耍、做游戏。她还经常随乾隆帝出巡、狩猎。驰骋在密林与一望无际的大草原间，更显得她英姿飒爽。她当年用过的各种小型弓箭、撒袋、马鞍等狩猎用具，到后来常被乾隆的皇孙辈的孩子们使用。史料这样描述她，“性刚毅，能弯力弓，少尝男装随上较猎，射鹿丽黾，上大喜，赏赐优渥”。

固伦和孝公主6岁时，就被乾隆帝许配给和珅的长子丰绅殷德为妻。非常凑巧的是，丰绅殷德和固伦和孝公主同岁，而且他与和孝公主同月所生，只是比公主小半个月。丰绅殷德长得与其父和珅几乎一模一样，是个英俊貌美的少年。他的号为“润圃”，含有“恩蒙尚主，入趋禁廷，退乐钟鼓思义”的意义。乾隆初次见他就非常喜欢他，当时就有将十公主许配给他之意。

固伦和孝公主与丰绅殷德订婚以后，和珅心里就像抹了蜜，有说不出的高兴、得意。这样一来，他在朝中的地位就更加稳固了，皇帝对他也将更加信任。他知道乾隆帝非常喜欢固伦和孝公主。所以，今后只要讨得固伦和孝公主高兴，乾隆帝就会对自己更加有好感。因此，他就变着法地向固伦和孝公主献殷勤、讨欢心。

固伦和孝公主13岁时，乾隆帝破格晋封她为“固伦公主”。也就是从这一年的三月二十日开始，固伦和孝公主留起了头发，准备出嫁。档案记载，乾隆帝这一天赏赐给她一批丰厚的礼物，其中包括大批绫罗绸缎和珠宝玉器。过了六天，乾隆帝又赏赐给她金镶松石如意一柄、伽南香念珠一盘、汉玉扇器四件，同时赏赐给丰绅殷德金镶松石如意一柄。

乾隆五十四年（1798年），固伦和孝公主与丰绅殷德将在这一年举行指婚大礼。仪式举行前的闰五月初二，乾隆帝下谕旨说：“凡下嫁外藩固伦公主，例支俸银1000两。如系在京住者，即照下嫁八旗之例支给。从前和敬固伦公主，虽系在京居住，而俸银、缎匹仍照外藩之例支领，年久未便裁减，是以降旨仍照旧关支。今和孝固伦公主，系朕幼女，且在朕前承欢侍养，孝谨有加，将来下嫁后，所有应支俸禄，亦着一体赏给1000两，以昭平允，而示嘉奖。”这也就是说，固伦和孝公主的俸禄拿的是最高一级的，与下嫁外藩的固伦公主相同。乾隆帝还下谕旨：“命固伦额驸丰绅殷德在御前行走。”没过多久，他又被任命为散秩大臣。

可以说，和珅通过丰绅殷德与固伦和孝公主的婚姻和乾隆帝结为姻亲关系，这也为他日后掌管朝廷大权打下了坚实的基础。

乾隆的豪华礼单

乾隆五十四年（1789年）十一月二十七，这一天是乾隆帝选好的黄道吉日，一切准备停当，刚刚十五岁的固伦和孝公主与丰绅殷德举行了婚礼。乾隆帝专门赏赐给她大量土地、庄丁和奴仆，除此以外，还赏赐给她一大批妆奁。总之，乾隆帝的这份礼单恐怕是前无古人，后无来者，可谓历史上最重的一份婚礼礼单。这份清单如今完整地保存在中国第一历史档案馆中，我们不妨擦亮眼睛，看看皇帝女儿出嫁时的嫁妆：

红宝石朝帽顶一个，嵌二等东珠十颗。

金凤五只，嵌五等东珠二十五颗，内无光七颗，碎小正珠一百二十颗，内乌拉正珠二颗，共重十六两五钱。

金翟鸟一只，嵌硌子一块，碎小正珠十九颗，随金镶青桃花重挂一件，嵌色暗惊纹小正珠八颗，穿色暗惊纹小正珠一百八十八颗，珊瑚坠角三个，连翟鸟共重五两三钱。

帽前金佛一尊，嵌二等东珠二颗。

帽后金花二枝，嵌五等东珠二颗。

金镶珊瑚头箍一围，嵌二等东珠七颗，重四两七钱。

金镶青金方胜垂挂一件，嵌色暗惊纹小正珠二十四颗，守碎小正珠二百四十九颗，珊瑚坠角三个，重四两五钱五分。

金镶珊瑚顶圈一围，嵌二等东珠二颗，重五两四钱。

鹅黄辫二条，松万背云二个，珊瑚坠角四个，加间三等正珠四颗，四等正珠四颗。

双正珠坠一幅，计大正珠六颗，二等正珠六颗，加间碎小正珠六颗，金钩重一两七钱五分。

金手镯四对，重三十五两。

金荷连螃蟹簪一对，嵌无光东珠六颗，小正珠二颗，湖珠二十颗，米珠四颗，红宝石九块，蓝宝石两块，锞子一块，重二两一钱。

金莲花盆景簪一对，嵌暴皮三等正珠一颗，湖珠一颗，无光东珠六颗，红宝石十二块，锞子一块，重一两五钱。

金松灵祝寿簪一对，嵌无光东珠二颗，碎小正珠二颗，米珠十颗，锞子二块，红宝石四块，蓝宝石二块，碧牙么二块，重二两。

碎小正珠小朝珠一盘，计珠一百八颗，珊瑚佛光塔、记念，银镶珠背云，嵌小正珠一颗，米珠四颗，小正珠大坠角，碎小正珠小坠角，加间米珠四颗，金圈八个，连绦结共重一两八钱五分。

碎小正珠小朝珠一盘，计珠一百八颗，珊瑚佛头塔、记念，银镶珠背云，嵌色暗五等正珠一颗，小正珠大坠角，碎小正珠小坠角，加间米珠四颗，银圈八个，连绦结共重一两四钱五分。

珊瑚朝珠一盘，青金佛头塔，金镶绿碧牙么背云，碧牙么大坠角，松石记念，碧牙么黄蓝宝石小坠角，加间色暗暴皮五等正珠四颗。

珊瑚朝珠一盘，催生石佛头塔，铜镶宝石背云，嵌锞子一块，绿晶一块，松石记念，红宝石大坠角，红宝石小坠角二个，蓝宝石小坠角一个，加间无光东珠一颗，小正珠三颗，饭块小正珠十四颗，珊瑚蝠二个。

青石朝珠一盘，珊瑚佛头塔、记念，铜镶嵌背云，红宝石四块，碧牙么一块，蓝宝石二块，碧牙么大坠角，红宝石小坠角，加间假珠四颗。

催生石朝珠一盘，珊瑚佛头塔、记念，松石背云，黄宝石大坠角，碧牙小坠角，加间饭块小正珠一 颗，碎小正珠三颗。

松石朝珠一盘，碧牙么佛头塔，蓝宝石背云，红宝石大坠角，珊瑚记念，红蓝宝石碧牙么小坠角，加间碎小珠四颗。

松石朝珠一盘，碧牙么佛头塔、背云，黄碧牙么大坠角，珊瑚记念，红宝石碧牙么小坠角，加间变色小正珠一颗，饭块小正珠三颗。

蜜蜡朝珠一盘，碧牙么佛头塔、背云、记念、坠角，加间碎小正珠四颗。

蜜蜡朝珠一盘，碧牙么佛头塔、背云、记念、小坠角，红宝石大坠角，加间碎小正珠三颗，假珠一颗。

酱色缎貂皮袍二件，青缎天马皮袍一件。

酱色缎灰鼠皮袍一件，酱色羊皮袍一件。

酱色细羊皮袍一件，酱色缎上身羊皮，下接银鼠皮袍一件，青缎貂皮褂二件、石青缎貂皮褂一件，石青缎绣八团金龙貂慊皮褂一件，石青缎绣八团白狐慊皮褂一件，青石缎四团夔龙银鼠皮褂一件，青缎灰鼠皮褂二件。以上俱换面改作。

绣五彩缎金龙袍料五匹，绣五彩缎蟒袍料二十三匹，绣五彩纱蟒袍料二匹，织五彩缎八团金龙褂十八匹，绣五彩纱龙袍料三匹，片金二十匹，蟒缎二十匹，大卷闪缎三匹，小卷闪缎三十二匹，洋绒三十卷，妆缎三十匹，上用金寿字缎二匹，大卷八丝缎一百六十四匹，上用缎六匹，大卷官紬二十五匹，大卷纱二十二匹，大卷五丝缎一百六十匹。小卷五丝缎七十五匹，潞紬八十匹，官纱二十匹，绫一百匹，纺紬一百匹，共九百四十匹。

金镶玉草筋二双，商银痰盒二件，每件重两八钱。

银粉妆盒一对，重三十八两一件，三十七两一件。

银执壶一对，每件重二十一两。

银茶壶一对，每件重三十两五钱，银盆二件，重九两七钱一件，重十两三钱件。

银盒一对，重七两五钱一件，重七两四钱一件，商银小碟一对，重二两五钱一件，一两七钱一件，镀金盒一对，重三两一钱一件，三两二钱一件。

银杯盘十分，共重三十二两五钱。

银壶四把，重十三两二件。

银匙上把，每件重六钱，玉杯八件。

象牙木梳十匣，黄杨木梳二十匣，篦子十二匣，大抿二十匣，剔刷一匣，刷牙刮舌十二匣。

摆紫檀格子（多宝格）用：青汉玉笔筒一件，紫檀座、青玉杠头筒一件，紫檀座、青玉执壶一件，紫檀座、汉玉仙山一件，乌木商丝座、汉玉鹅一件，紫檀座，擅紫漆案用、汉玉璧磬一件，紫檀架随玉半璧一件、汉玉半璧一件，紫檀座、汉玉磬一样，紫檀商丝架随玉龙一件、汉玉璧一件，紫檀座、青玉瓶一件，紫檀座、摆黑漆笔砚桌用、汉玉笔架一件，紫檀座、汉玉水盛一件，紫檀座、紫檀画玻璃五屏峰（风）筒妆二座（每座随玻璃镜一面）。红雕漆长屉匣十对，雕紫檀长方匣六对，红填漆菊花式捧盒二对。

乾隆帝的这份贺礼，从衣料、装饰品到日常用具不一而足，可谓琳琅满目。这些赏赐用品，有的是乾隆帝特别照顾和孝公主的，是他们姐妹中最为丰富多彩的一份礼单。

同时，乾隆帝赏赐给额驸丰绅殷德大量礼品，其中主要有：

椰子朝珠一盘，珊瑚佛头塔，银镶蓝宝石背云，嵌红宝石四块，碧牙记念，蓝宝石小坠角，加间养珠四颗。

蜜蜡朝珠一盘，碧绿牙佛头塔，银镶碧牙背云，大小坠角，珊瑚记念，加间碎小正珠四颗。

红宝石朝帽顶一个，嵌二等东珠六颗。

帽前金佛一尊，嵌五等东珠二颗。

帽后金花一只，嵌五等东珠一颗。

镀金嵌碧牙四块瓦一副，随手巾束一副。

银镀金嵌温都鲁四块瓦一副。

象牙牙签筒一件，虬角牙签筒一件。

集锦荷包二匣，每匣金黄大带。

花大荷包一对，珊瑚豆小荷包四个，扳指套一个，火镰一把，扇套一个。

哈玛一副，小刀二把，灰色青貂袍一件，蓝绸貂皮袍一件，酱色缎灰鼠皮袍一件，蓝色银鼠皮袍一件。

蓝绸羊皮袍一件，石青缎貂皮褂二件。

石青缎灰鼠皮褂一件，石青缎羊皮褂一件。以上十二件，系四执事，俱换面改作。

此外，还有头等女子四名，二等女子四名，三等女子四名。每名女子各赏有皮、棉、夹衣、丝缎衣料、银项圈、铜耳坠等物。还赏给了户口男人十一人，女人十一人，户口管领二人，也各赏有一些衣物和用具等。

也许乾隆帝觉得这些妆奁和礼品还无法表达自己对固伦和孝公主的喜爱和关心，于是又格外赏赐给固伦和孝公主和丰绅殷德额驸一些其他物品，内有丝绸、锦缎、绫罗、绣纱、毛毡和绒线等共八百五十九匹。其中包括大卷八丝缎一百七十六匹，妆缎二十二匹，小卷八丝缎二匹，锦十一匹，倭缎四匹，小卷闪缎十六匹，大卷纱六十九匹，春绸八十二匹，绉绸二百四十七匹，纺绸一百二十三匹，绫八十八匹，小卷金寿字缎十九匹。以及黄猩猩毡二丈一尺，红猩猩毡一长八尺七寸，绣缎领，袖十副，绣纱领，袖三副，绒线四十四匣，三等金线七百三十四子。

后来，对女儿出嫁感到非常高兴的乾隆帝又加赏了一批妆奁：紫檀嵌玉如意一盒（计九柄），雕漆填金捧盒二对，红填漆菊花式捧盒八对，黄彩漆八方捧盒七对，填漆透风八方捧盒八对，彩漆皮圆盒五十件，银珐琅里镶嵌玳瑁面盒七件，广珐琅面盆四件，铜镜四件，玛瑙把镜四件，珐琅把镜四件，紫檀支镜十件，翠顶花钿边三十份，翠凤二十匣，翠花六十匣，小抿二十匣，篦子八匣，刷牙刮舌八匣，剔篦二十匣，剔刷十九匣，旧锦缎绸被三件，大红缎绣花卉高桌围四个，刻（缂）丝扇套片十片，刻（缂）丝香袋片十四片，绣香袋片五十六片，绣缎镜套料三十六片，小荷包料八十八对，刻（缂）丝镜套料二片，西洋线络单一块，绣纱帐子一件，绣纱幔子二件。

女子出嫁一般是第三天回娘家，即所谓的“三天回门”。按皇家礼制，固伦和孝公主与丰绅殷德举行正式结婚大典后的第六日，即十二月初三，公主要带着丰绅殷德额驸进宫，举行回门礼。乾隆帝见到自己的女儿满面春风地“回娘家”，自然非常高兴，于是又赏赐给公主、额附大批礼品。其中赏赐给和孝公主的东西主要有：

金年年如意簪一对，嵌小正珠三颗，碎小正珠九颗，无光东珠二颗，红宝石十四块，蓝宝石四块。

金菊花簪一对，五等饭块正珠六颗，红宝石四块，蓝宝石二块，重一两四钱。

金喜荷莲簪一对，嵌无色东珠二颗，米珠八颗。

金喜荷莲簪一对，嵌五等正珠二颗，小正珠四颗，碎小正珠二颗，米珠四颗，红宝石七块，玻璃一块，重一两四钱五分。

银镀金龙头吉庆寿字流苏一对，穿饭块小正珠八十颗，红宝石坠角十个，重一两七钱四分。

金喜荷莲簪一对，嵌色暗惊纹二等正珠一颗，无光东珠一颗，五等正珠一颗，五等东珠一颗，小正珠六颗，碎小正珠十四颗，红宝石十块，蓝宝石二块，碟子二块，重一两七钱。

金灵芝蜘蛛簪一对，嵌五等正珠一颗，湖珠三颗，小正珠二颗，红宝石十一块，蓝宝石三块，黄汉玉诗意夔纹一柄，青玉方朔一件，紫檀乌木商丝座、白玉连环节一件，白玉鱼磬一件，紫檀架、碧玉夔凤双孔花插一件，紫檀座、铜牧牛一件，紫檀座、水晶灵芝双环瓶一件，乌木红牙座、白地红花甘露瓶一件，紫檀座、玛瑙葵花碗一件，锦二匹，大卷八丝缎四匹，大卷宁绸三匹等。

赏赐给丰绅殷德额驸的礼品主要有：珊瑚朝珠一盘，绿玉佛头塔，碧牙背云，大坠角，松石记念，红宝石小坠角，加间碎小正珠一颗，米珠三颗等。

就连参加固伦和孝公主大婚的朝鲜使者也对此作了详细记载：“皇女于归，特赐帑银30万。大官之手捧如意珠贝，拜辞于皇女轿前者，无虑屡千百，虽以首阁老阿桂之年老位尊，亦复不免云。”他还把固伦和孝公主与其他公主的婚礼礼单作了一番比较，最后得出结论：乾隆帝对固伦和孝公主“宠爱之隆，妆奁之侈，十倍于前驸马福隆安时，自过婚日，辇送器玩于主第者，论其直（值），殆过数百万金”。

乾隆帝对这个女儿的喜爱真是羡煞旁人。正月，固伦和孝公主的生日到了，乾隆帝又赏赐给她一批礼物，其中主要有：紫檀嵌玉如意一柄，汉玉开璧磬一件，上栓青玉鸠一件，紫檀架白玉仙山一件，紫檀座汉玉葵花洗一件，紫檀座碧玉双孔花插一件，茜牙座青玉海棠洗一件，紫檀商丝座青绿双官瓶一件，绿晶蕉叶花插一件，紫牙白檀座八成金五两重金锞九个，藏香九束，自鸣钟一座，五十两重银元宝九个，缎绸九表九里（外库）。

乾隆帝之所以这么大送特送，除了表达对女儿的喜爱，也表明他对这场婚姻非常满意、高兴。乾隆帝爱女心切，就连她的母亲也享受到了无上的荣光。乾隆帝在固伦和孝公主生日的当月打着给惇妃过生日的旗号赏赐给惇妃白银300两，可是惇妃的生日是三月初六，当时还差将近两个月！

乾隆帝把自己最心爱的小女儿固伦和孝公主下嫁给和珅的儿子丰绅殷德，并赏赐给他们极其丰厚的妆奁与礼物，一方面，意味着乾隆帝对和珅的极为宠信，是提高和珅身份与地位的手段。另一方面，意味着和珅从此与乾隆帝结成了儿女亲家，彼此的关系更进一步加深了，这是对和珅在乾隆帝面前积极表现的一种肯定，也表明和珅权势和地位被进一步加强和提高了。

不仅如此，和珅的女儿也嫁给了皇族。他的女儿是贝勒永鋆（号“丽斋”）的福晋（满语，意为“夫人”）。和珅的侄女、其弟和琳之女嫁给了乾隆帝的孙子绵庆。绵庆年幼时聪明伶俐，讨人喜欢。13岁时，曾经陪同乾隆帝到避暑山庄练习射箭，他因连中三箭得到乾隆帝的嘉奖。嘉庆十一年（1806年），丰绅殷德写了一首《极乐寺少憩用紫幢轩独游水南韵》，其中有：“乾隆己酉年（乾隆五十四年，1789年）秋，先叔希斋（即和琳）公巡漕回觐，曾宿此室。予自城来接待，谈竟日，回忆忽已十八年。而妹倩质恪郡王‘书香世界’额犹悬楣端，伊已下世将二载矣。追思二事，已成千古，曷胜感怆。”

经过和皇家的联姻，和珅不仅加强了与乾隆帝的关系，而且反映了和珅家族在整个朝廷的地位，和珅从此成为朝廷炙手可热的新贵。

全国贪污建体系

和珅在朝廷集结众多党羽之后，逐步形成了一个以自己为中心的贪污网络。在这个体系中，既有朝廷大员，又有封疆大吏（如一省巡抚等），甚至包括自己的管家，可谓大小通吃。此外，随着乾隆帝年事渐高，和珅有了越来越多的特权，这张网越铺越开，越撒越大，无孔不入，乾隆后期的贪污案都与和珅有着千丝万缕、若明若暗的联系。

在中国封建社会，每一个封建王朝创立之始，统治者都会把注意力集中在恢复社会经济与稳定社会秩序上，因此社会生产得到恢复和发展，社会财富也在不断增加。在满人刚入关时，由于连年征战，物资匮乏，因此清太祖至康熙帝都注重发展生产，屯田积粮，恢复国力。在这个时期，因为社会财富并不丰富，文臣武将也大都经历过贫穷生活，所以无不对收受贿赂者嗤之以鼻。所以创业时期的开国功臣鲜有此种现象。随着生产的恢复和社会的发展，社会财富逐渐积累，而官员薪俸又没有随之水涨船高，所以贪污受贿的风气逐渐旺盛起来。到了雍正年间，已大有泛滥之势，雍正甚至实行“高薪养廉”制度，可惜沦为一纸空文。

到了乾隆时期，历经数十年的休养生息，社会、经济已经有了很大的发展，百姓的生活也有了极大的改善，官员开始趋于贪图安逸，这就为行贿受贿创造了条件。到乾隆帝晚年，各省官吏贪污成风，尤以湖北、福建为最。湖北“吏治阘茸，地方大吏于监务厘费任意染指，滥觞已极”。福建则“吏治亦复松弛，营伍毫无整饬”，此二省“通省官吏贪黩懈弛，相习成风，日甚一日”。可见在和珅之前，吏治已经腐败了。

和珅专权之后，吏治就极度腐败了，这里面也有乾隆帝的原因。他把国家财政（户部）和用人（吏部）大权全部交给和珅，却没有人能够对和珅进行有效监督，而权力如果没有了制衡，腐败就不可避免了。所以当财权与用人大权集中于和珅一身之时，也意味着腐败的根已经扎下了。

和珅为了讨得乾隆帝的欢心，软硬兼施，对各级官员进行教导和逼迫，以此让他们进贡，各省巡抚不得不应酬答对。史书记载，他们“出巡则有站规、门包，常时则有节礼、生日礼，按年则又有帮费。升迁调补之私相馈谢者，尚未在此数也。以上诸项，无不取之于州县，州县则无不取之于民。钱粮漕米，前数年尚不过加倍，近者加倍不止，督、抚、藩、臬以及所属之道、府，无不明知故纵，否则门包、站规、节礼、生日礼、帮费无所出也。州县明言于人曰：‘我之所以加倍加数倍者，实属层层衙门用度，日甚一日，年甚一年。’究之州县，亦恃督、抚、藩、臬之威势以取于民，上司得其半，州县三人已者亦半。初行有畏忌，至一年二年，则成为旧例，牢不可破矣。”

和珅获得乾隆帝的专宠和信赖，行动就更加肆无忌惮了。他迅速建立了全国的贪污网络和一套完整的贪污体系，如多少钱才能见到他的家人，多少钱才能进他的家门，多少钱才能最终见到他，这都是明码标价的，而且那些趋炎附势的贪官无不乐于向其多作贡献。他们知道有和珅做后台，相当于抱住了皇帝的半条粗腿，于是贪赃枉法的贼胆更大了。他们不顾百姓的死活，一个比一个贪得无厌，拼命地向百姓搜刮财富。除了中饱私囊，他们还要细心揣摩、迎合皇帝的喜好与需要，必须及时献上各种珍奇异物和稀世之宝，同时把大量金钱呈献给和珅，用于保证这条道路的畅通，这样一来，和珅就可以坐享其成，等着金银财宝、珍珠玛瑙源源不断地涌向他家。于是，和珅对自己建立的这个网络更加自鸣得意，而地方人民却遭受了更多的苦难。

乾隆中后期，贪污蔚然成风，大案、要案层出不穷。乾隆帝终于下决心治理贪污，杀了几个贪官，可他不知道，只要欲望还在，贪污之风就会永远刮下去。

和珅见乾隆帝无法控制这种局面，就更加大胆了。和珅作为贪污网络的中心和枢纽，掌握着各省地方官员向皇上进贡特产和其他礼物收退与否的大权，利用一切机会中饱私囊。嘉庆帝曾说：“只因和珅揽权，纳贿，迅遇外省督抚等呈进物件，准递与否必先问和珅，伊即擅自准驳明示有权。而督抚等所进贡物，在皇考不过赏收一、二件，其余尽入和珅私宅。”

不仅如此，和珅把持吏部长达数十年之久，控制科举亦有数年，故他利用手中职权，将好差事分给自己党羽和亲信，不听话的政敌则被他以莫须有的罪名革职或降职。其亲信捞到各地的肥缺后，自然先把自己搜刮的财物先孝敬和珅。

就这样，和珅提拔自己党羽亲信、亲信掌握实权、捞取好处孝敬和珅、和珅再度提拔亲信，形成了一个完整的、不断循环的贪污体系，在这个体系中，和珅明显处于操控地位，他利用这一链条为自己聚集了大量财富。这一链条直到嘉庆帝亲政后赐死和珅才消失于无形。

第十章　实力决胜

——做官还凭真实力

军国大事谋略家

和珅在乾隆朝后期当政20多年，深得乾隆帝重用和赏识。乾隆帝虽然处处维护和珅，但他毕竟是开创了“康乾盛世”的一代明君。所以，和珅尽管在乾隆帝当政时期贪污受贿，但是不可能一无是处，也绝非不识军国大事的人。

因为和珅是被嘉庆帝赐死的，所以，我们能看到的官方记载及民间传说大都对和珅不利。但从仅存的官方资料中，我们也可看出乾隆朝的数次重大用兵，和珅要么亲临前线作为督军，要么负责整个用兵的后勤供应，即便他不亲自参与其中，也会给乾隆帝出谋划策，为军事胜利作出贡献。此外，和珅在对内与各少数民族关系和外交事务上也都有不俗的表现。

不仅如此，和珅在一些经济事务上也作出了一定的贡献。例如，《清史列传》记载，乾隆五十二年（1787年），“京师米价昂贵，各铺户囤积居奇”。各铺户竞相涨价，市民特别是贫民叫苦连天。和珅了解到这种情况后，立即奏请乾隆帝下旨，令各粮商存货不得超过50石，否则问罪，市场秩序很快趋于好转。和珅还主张把查出的6万多石粮食或减价出售，或设粥厂赈济百姓，因此曾引起商人和王公大臣的群起反对，据说只有刘墉支持和珅。京城百姓则拍手称快，甚至有人称和珅为“和青天”。

在和珅当政的20多年中，他为了革除弊政，对清朝前期制定的所有政治、经济、文化等方面的制度做了一系列的变更和革新，这是具有积极历史意义的。在这一点上，和珅可谓是一位军国大事的谋略家。但不可否认，他的诸多更改大多是为了让自己更加专权，这就为清朝的由盛而衰奠定了基础。

和珅在军机处任职20余年，利用手中的权力对军机处做了大量的调整，等到后来和珅倒台，早已将很多政策融入其中，难以分辨了。

洪亮吉曾经说过：“十余年来，其更变祖宗成例，汲行一已私人，犹未尝平心而论，内阁、六部各衙门，何为国家之成法，何为和珅所更张，谁为国家自用之人，谁为和珅所引进，以及随同受贿舞弊之人，皇上纵极仁慈，纵欲宽胁从，又因人数甚广，不能一切屏除。”

嘉庆帝赐死和珅后，虽然有心彻查他的党羽，但终因人数过多，法不责众作罢。和珅之所以能做到这一步，是因为他改变了过去军机处章京人数均有定额的做法，规定“其挑补俱由军机大臣自取，并不带领引见”，这样一来，军机处的人事任免权就从皇帝手中转移到了和珅手中。这有利于和珅排挤与自己不和的人。和珅利用这一机会，将军机处中绝大部分不依附于他的人撤职或调出，肆意安插党羽，使偌大的军机处完全成了和珅的会议室，使他有了搞“一言堂”的机会。

和珅还对传统的台谏制度做了变更。中国传统的官僚体制因为制度建设的松散和不健全，由官员进行“人治”。但弹性极大的“人治”是缺乏有效的监督机制的。为了弥补这一缺陷，才设立了所谓的“谏官”制度。谏官起源于汉朝的“御史台”，所以又称“台谏”之官。谏官的主要任务就是负责监督各级官员的行为和操守，有权直接向皇帝上书报告官员的行为或弹劾官员，而且可以仅凭“风闻”采取行动，意在引起皇帝的重视。

这一职位大多选用清正耿直之士来担任，而和珅以年轻官员办事不如年长官员持重为由，规定谏官只能任用60岁以上的官员。其实他这是一种变相的削权，试想人到了老眼昏花的年纪，既没有年轻人的锐气，又早已半截黄土盖身，离告老还乡的日子不远了，谁还肯为了得罪其他官员而毁掉自己的晚年？所以，自从执行这个规定后，台谏官员大多缄口无言，对那些不轨行为也是睁一只眼闭一只眼，谏官形同虚设。

在军事方面，和珅也手握重权，他除了担任正蓝旗、镶黄旗、正黄旗、正白旗、镶蓝旗的副都统、都统，还兼任过兵部尚书，掌握过整个国家的兵权。乾隆后期，甘肃农民起义，和珅曾作为钦差大臣前去督军，后来台湾起义，又是和珅向乾隆帝举荐福康安任主帅征讨台湾，而且整个用兵的粮饷、后勤多由和珅安排。

和珅在制度上的变更最为重要的是议罪银制度的设立。这项制度于乾隆四十五年（1780年）左右开始设立，一直延续到乾隆逝世才终止，其间大约经历了20年。议罪银由和珅在军机处内部设立的密记处管理，收取的银两绝大部分不归入国库，如果官员犯了过失淌非法所难宥，是以酌量议罪，以示薄惩。也就是官员交纳银两以代罪。但是在实际操作过程中，“欲加之罪，何患无辞”，只要皇帝需要银两了，就可以很容易地寻找缘由，叫官员出钱。因为议罪银采取的是“自愿”交纳的形式，有一些贪赃枉法的官员，为了表明自己的忠心，也为了日后减少麻烦，未雨绸缪，常常不等怪罪就先交上银两，而且从重缴纳，以博取皇上的欢心，据记载只议罪银一项，乾隆帝每年的收入就可达30万两左右。

和珅在制度上所做的一系列变革，在嘉庆帝亲政后大多被废除，但毕竟对乾隆统治后期的社会产生了巨大的影响，造成了各地农民纷纷起义、官员贪污成性等社会混乱的局面。

皇帝的理财高手

乾隆帝之所以特别宠幸和珅，很重要的一个原因就是和珅善于敛财。

乾隆统治时期，清朝社会表现出一派欣欣向荣的景象，社会生产力也得到了很大的提高，人民的生活水平有所提高，国库也不再捉襟见肘。乾隆帝因此有些沾沾自喜，对自己的文治武功非常满意，时不时喜欢听大臣们称颂一番。况且过惯了富贵日子的乾隆，很难一下子改变自己的生活，所以他迫切需要一个既善于理财又能广开财路的人。和珅恰巧就是这样的人，因此他一出现就立即成为乾隆帝的心腹，被乾隆帝视作国之栋梁。

和珅的信条就是，他只对皇帝一人负责，哪管他正确与否、是否对人民有利。

他广开财路，巧立名目，利用权力命令官员与商人将财富进贡到乾隆和他那里。但是这些钱都要名正言顺。为此，他打着“皇恩浩荡”的旗号，让各地官员以向皇帝谢恩的名义“自愿”进贡，以示忠心。他的这个理由既充分又无懈可击，下面的官员谁敢不听？如果不贡献财物，岂不是皇帝的恩泽没有惠及到你，那你也无法向皇帝表达忠心了？因此，这个大旗一竖起来，无论是朝中的官员，还是各地官员都争先恐后、不遗余力地搜刮民脂民膏以贡献朝廷，让皇帝知道自己的忠心。乾隆帝见全国各地的官员纷纷向自己表达忠心并对皇恩感恩戴德，心中的那份自豪感越发膨胀，对和珅更是言听计从。

和珅还对犯了贪污等罪名的官员，实行抄家罚没，或者代以“议罪银”，让罪行不是很大的官员向内廷缴纳数千两至数万两的银子，作为一种赎罪的表现。按乾隆帝的说法是：“以督抚等禄入丰腴，而所获之咎，尚非法所难宥，是以酌量议罪，用示薄罚。”这些罚没的钱财85%上缴内务府，供皇帝及内廷使用，只有少量上缴户部或用于国家财政，这就为皇帝找到了名正言顺的财源。

和珅为了弄到银两，雷厉风行地清理各盐区拖欠税课，加强各税关的征税力度，虽然他的目的是快点儿见到钱，但毕竟为政府做了好事，也算是为皇帝办事的时候顺便为百姓做了善事。和珅还长期把持京师税务局——崇文门监督一职的权力，亲自抓京师税收，并想尽一切办法搜刮钱财，甚至在崇文门按照进京官员的品级大小进行收费，幸亏有乾隆帝的袒护，否则差点被别人告倒。

另外，和珅还对工程用款精打细算，尽量节省。乾隆中后期的工程大都由和珅参与财务监督，他精打细算地使用工程款，常常为减少花费而费尽心思，他经手的工程大多比预算花费少许多，如北京中轴线上的青石路，和珅就向乾隆帝建议尽量利用旧材料，因此节省了不少银子。乾隆帝因此夸他肯为国家着想，并将剩余的大部分银两划归自己的内务府，少部分赏赐给和珅，和珅因此更加被乾隆帝看重，乾隆帝将一切维修重建事宜交由和珅全权处理。

皇帝除了处理国家大事，也有私事要办。所以和珅的所作所为，有些是公事，如架桥修路等，有些是私事，如个人出游、皇族生日摆宴等。公事由户部出钱，私事则是内务府出钱。皇帝的个人开支，费用必须由内务府自筹，而内务府的财源实在有限，乾隆帝又喜欢把私事搞得很隆重，这样一来，内务府就渐渐入不敷出了。内务府的钱不够花，于是只好向户部“借”一点，虽说户部不得不答应，但次数多了，皇帝面子上也不好看。

正是由于和珅天资聪颖，善于理财，才使乾隆帝的内务府“扭亏为盈”，所以，和珅受到乾隆帝的异常信任，后来干脆把军政大权也放心地交给和珅打理。这也从一方面反映出，和珅善于理财的本领得到了乾隆帝的认可，他也因此成为大清国不可替代的理财高手。

出色的“民族事务家”

和珅除了善于理财，还是一个出色的民族事务家和翻译家，他从小精通汉、满、蒙、藏四种语言，这为他圆满处理各民族事务提供了方便。

清朝时期同国内各少数民族及周边国家的交往非常频繁，国家对外交人才的需求也日益加大。但中国传统的训练对这方面人才的培养，无疑存在着一定的欠缺。于是和珅凭借着他的语言优势脱颖而出，成为乾隆时期最为出色的民族事务家。

西藏自唐朝文成公主嫁给吐蕃首领松赞干布后，就一直和中央政府保持着密切的联系。西藏地区佛教鼎盛，藏民都信奉佛教的分支喇嘛教，宗教领袖同时是西藏的政治领袖。明朝万历年间，喇嘛教领袖南嘉措被尊为达赖喇嘛，这是中央政府承认的第一位西藏本土的首领。雍正年间，西藏内部为争夺统治权而出现了两个达赖六世，准噶尔部的头目策妄阿拉布坦趁机攻入拉萨，囚禁了达赖六世。清政府派兵前往救援，经过一系列征伐，驱逐了准噶尔部，重新拥立青海所立的达赖六世登上宝座，并举行了隆重的坐床大典。从此，西藏在清政府的管理下安定了下来。

乾隆四十五年（1780年），西藏六世班禅飞马急送一封书信给朝廷。信是用藏文写成的，朝中无人能识。和珅趁机向乾隆帝表明自己的能力，他拿起书信朗声念道："小僧自幼仰承文殊菩萨大皇帝豢养之恩，不胜尽数，非他人所能比。小僧乃一出家之人，无以极称，虽然每日祝祷文殊菩萨大皇帝金莲座亿万年牢固，并让众喇嘛等诵经祈祷，但仍时时企望觐见文殊菩萨大皇帝。庚子年为大皇帝七旬万万寿，欲往称祝，特致书大皇帝膝前，以达敝意。"读罢，垂手肃立一旁，举目四望，心中不免得意扬扬。

乾隆帝向来喜欢这种场面上的事，听罢更是欢喜非常。于是命和珅拟诏，和珅用满、藏、汉三种文字拟定了诏书。诏书中说："昔据章加呼图克图奏称：'班禅额尔德尼因庚子年为大皇帝七十万寿，欲来称祝'，朕本欲见班禅额尔德尼，因道路遥远，或身子尚生，不便令活佛远涉。今活佛亲自修书，致达尊愿，实属吉祥之事，特允所请，是年朕万寿月，即驰热河，外藩毕集，班禅额尔德尼及若于彼时到热河，最为便宜。"

另外，乾隆帝为了显示自己对班禅此行的重视，也为了展现大清帝国的强大，特命在热河为班禅择地建庙。乾隆帝之所以这么安排，是因为早在康熙年间，五世达赖进京觐见的时候，康熙就曾在热河特意为他建造黄寺，以供停驻下榻之用。所以乾隆此举是遵循先例而为。

和珅这一次表现得极为出色，乾隆帝就把为班禅建造庙宇的事交给他全权处理。自康熙年间五世达赖进京面圣之后，还没有哪一位西藏的领袖走出雪域高原。这次六世班禅进京，乾隆帝自然极为重视，所以为班禅建造的庙宇一定要富丽堂皇，体现出皇恩浩荡。和珅知道这件事有关国体，不敢有丝毫懈怠。于是他亲往热河，勘测地形，反复修改图纸，并特意强调要体现出西藏本地特色。

不久，和珅就把设计好的图样呈递到北京，请乾隆帝御览，乾隆帝大悦，命加紧督造。庙按原有名称称为“须弥福寿之庙”，在普陀宗乘文庙的东侧建造，计划共占地37900平方米。整个建筑建造在山麓之上，寺院分为前中后三个组成部分，前部建有碑亭，后部建有琉璃万寿塔，依循山势，逐次升高，庙的前部建筑由五孔石桥、石狮子、山门、碑亭、琉璃牌坊组成。周围建有围墙环绕，左右建有东西掖门，上面按照中式宫城的格局建有楼台。整座庙坐北面南，正中的大红台与东红台、吉祥法喜殿毗连，交相辉映、相得益彰，给人一种辉煌庄严的感觉。

为了支持这一建筑尽早完工，乾隆帝向和珅表示财力、人才悉听他调用。历时不到一年，“须弥福寿之庙”建成开光，和珅因督造有功获得封赏。

通过这件事，和珅展示出了他出色的语言天赋和对外事务的能力，被乾隆帝任命为理藩院尚书，管理蒙、疆、藏事务及外交上的一切事宜。理藩院首长尚书历来由满族王公担任，实际地位高于吏、户、礼、兵、刑、工六部首长。和珅担当此职后，多次帮助乾隆帝处理西藏、新疆及西南地区的少数民族问题，并负责接待过六世班禅到内地觐见乾隆帝等事务。

智慧的“外交家”

乾隆时期是世界大发展的时期，世界各国之间建立起了广泛的联系，任何一个国家都不可能脱离世界独立发展了，人类历史上第一次出现了真正意义上的世界史。

乾隆时期，各国经济交往增多，各国的使节也纷纷进入京城，希望与清政府建立良好的关系。和珅于乾隆四十五年（1780年）出任理藩院尚书，总理清政府的外交事宜。他曾先后接待朝鲜、英国、安南、暹罗、缅甸、琉球和南掌等国的使臣，尤其是乾隆时期英国同清政府之间的外交事务，几乎是和珅全权处理的，他凭借机智与语言天赋，出色地完成了外交事务，并向各国使者传达乾隆帝的谕旨。

另外，早在乾隆四十三年（1778年）八月，他陪同乾隆帝到东北拜谒祖陵时，就以吏部侍郎的身份与朝鲜使臣李瀓接触过。李瀓还做了相关记载："皇帝乘马执鞭过臣等所坐处，间不过五、六步，顾谓侍臣曰：'彼是朝鲜使臣乎？'有一衣黄者对曰：'然矣'。衣黄者闻是吏部侍郎和珅云。皇帝遽曰：'通官前来。'则衣黄侍臣谓通官曰：'使臣何为起对？'皇帝笑曰：'朝鲜礼法'，例如此矣。"

每年元宵节前后，皇帝都要请各国使臣到圆明园山高水长阁前观看烟火、戏剧，并赐馔款待，和珅常常与使臣们坐处，"久立，视所食多少。又问臣等科名品级，故臣等谢以不安之意，即答以此是皇命，非私自来观云"。

嘉庆三年（1798年）正月十九，乾隆帝又在圆明园宴请各国使臣。宴后，和珅奉太上皇之命，传达太上皇、皇上对各国国王的问候，并接受使臣的行礼。他还代表皇帝、太上皇"各赐酪茶一巡，果盒饼肉之馈"。总之，一切对外事务多半由和珅负责，他总能安排得非常周到细致，给外国使节留下了深刻的印象，可以说，他一直在担任外交部长这一职务。

此后，和珅与朝鲜使者接触频繁，以至于在朝鲜使者的多种记述中经常可以看到和珅的名字，这也是了解和珅的历史资料。

乾隆五十八年（1793年），英国政府正式派出以乔治·马戛尔尼勋爵为正使，乔治·斯当东为副使的使团访华，他们由英吉利海峡的朴茨茅斯港出发，分乘军舰"狮子号"和"印度斯坦号"前往中国，这在中英历史上是非常有影响的一件事。当时英国正在进行工业革命，他们此行的目的是希望能同中国建立贸易通商关系，以此打开中国的经济大门，为他们日益增长的生产力开拓新的巨大的市场。

因为中国一直以来实行的是闭关自守的锁国政策，早在乾隆二十二年（1757年），朝廷就下令关闭了宁波、漳州等几处通商口岸，只留下广州一处与外国通商，极大地限制了中外之间的商品贸易，英国的产品迟迟不能大规模地进入中国市场，所以英国政府希望能通过这次大规模出使与中国建立外交关系，打开新局面。

马戛尔尼一行人在天津大沽登陆后，受到了清政府的热情接待。和珅身为理藩院尚书全权负责接待事务。中英双方一开始就遇到了难题，中方要求英国使臣按照中方的礼仪对乾隆帝行跪拜大礼，而马戛尔尼认为自己是代表大英帝国的使臣，不同意行这么隆重的礼节。清朝政府多位官员都没有谈成功，和珅只好亲自出面。

英国使臣同和珅有过一定的接触后，就感到这个中国官员与其他人不同，所以态度也有所缓和。最后双方同意采取折中的方式，在农历八月初十乾隆万寿节庆典之前，先举行非正式会见，这时，英国公使可以按照英国礼节，行单膝跪拜礼；到了乾隆万寿节庆典之际，则必须行三拜九叩之礼。

和珅还专门制定了一份详细缜密的礼仪程序表呈递给乾隆帝御览。内容如下：

臣和珅谨奏：窃照英吉利国贡使到时，是日寅刻，丽正门内陈设卤薄等大驾，王公、大臣、九卿等俱穿蟒袍褂齐集。其应行入座之王公大臣等，各带本人座褥至澹泊敬诚殿铺设毕，仍退出，卯初，请皇帝御龙袍褂升宝座，御前大臣、蒙古额附、侍卫仍照例在殿内内翼侍立，乾清门行走、蒙古王公、侍卫亦照例在殿外分两翼，侍内大臣带领豹尾枪长靶刀，侍卫亦分两班站立，某随从三五大臣、九卿、讲官照例于院内站班，臣和珅同礼部堂官率钦天监副素德超，带领英吉利国正甬使等恭逢表文，由避暑山庄宫门右边门进呈殿前阶下，向上跪捧恭递。御前大臣福长安恭接，转呈御览，臣等即令该贡使此向上行三跪九叩头号礼，毕。其应入座五三公大臣以次入座，带领该贡使于西边二排三米，领其叩头入座，俟令侍卫照例赐茶，毕。各于本座站立，恭候皇上出殿、升舆。臣等将该贡使领出，于清间阁外边伺候，所有初次应行例尝该国王及贡使各物，预先设于清音阁前院内，候皇上传旨毕，臣等带领贡使，再行瞻觐。颁尝后，令其向上行谢恩礼毕，再令随班人座，谨奏。

这份奏折把接见过程表述得非常清楚，而且接见英使的全过程完全是按照和珅的设计进行的。从中我们可以看出，和珅在气势汹汹的英使面前最大可能地保障了大清帝国的尊严。

接见仪式终于顺利结束了，此后的谈判过程更显示出和珅的机智和能言善辩。英国使节向乾隆帝提出了开放通商口岸、两国进行贸易的要求，乾隆帝此时还沉浸在自己的清帝国梦中，对此不屑一顾。他觉得对英使已经仁至义尽了，就赶快让和珅打发他们回去。

和珅为了全面了解对方的具体情况，派人前去打探。回报说英国人因远涉重洋，水土不服，已经死了三个人。和珅立刻以此为借口，对马戛尔尼说："公使先生，听闻贵国使团中有几位随从不幸去世，我国表示哀悼。我国与你国气候差异甚大，尤其入冬以后，天寒地冻。你们远道而来，一路上也不容易，本应多留你们住些时间。我主万岁体谅你们的不易，鉴于这种情况只好让你们早些回国了。"本来要赶人家走，偏偏还要做出替对方着想的样子，赢得了外交上的主动。

马戛尔尼的目的还没有达到，回去不好交代，当然不会轻易回国。他说了几句表示谢意的话，就拿出了早已拟好的条约，内容大意是要清政府开放通商口岸并给他们一块地作为货物中转站。

和珅对他们进行安抚后，马上把他们的要求呈报给乾隆帝，乾隆帝对这些要求一概拒绝，并给他们下了谕旨说："我天朝物产丰富，无所不有，本不需外夷货物，因为茶叶、瓷器、丝绸乃西洋各国必需的东西，朕体谅西洋各国的难处，所以准许在澳门开设洋行，满足夷人所需。至于额外贸易之事，与天朝法度不合，不准进行，天朝法制森严，每一寸土地都开于版图，不容分制，英人请求赏给土地一事，断不可行，至于英商免税、减税一节，西洋各国均属相同，亦不便将英国上税之例独为减少，公布准则一节，粤海关向有定例，毋庸另行晓谕，尔国王惟当善体朕意，益励款诚，永矢恭顺，以保全尔有邦，共享太平之福。"和珅看了这道谕旨，就明白了乾隆帝的意思，对英国使臣也没必要客客气气。第二天，和珅立刻召见了马戛尔尼，把乾隆帝回复英国的国书交给他，示意他马上率团回国。马戛尔尼知道乾隆帝已经关上了谈判的大门，只好回国复命。

和珅从始至终都参与了英国使臣的这场觐见，他忠实地执行了乾隆帝的外交方针，即热情又不失原则，使马戛尔尼一行受到了最礼貌的接待、最严密的监视和最文明的驱逐。和珅不卑不亢，有理有节，出色地完成了这次外交任务，是个充满智慧的外交家。

诗人兼管文化事

乾隆帝一生留下了4万多首诗，他一向自诩文采非凡，平日里极为喜欢吟诗作对，觉得自己的诗作上可比李杜，下不让温韦。他每到一处，总要显示一下自己的文学才华。遇到喜欢的景致或建筑，不仅要题名赐字，更要赋诗一首，以表明心志。

和珅本来就是学生出身，后来为了能同乾隆帝有共同语言，刻意留心学习做诗，尤其是泛览乾隆帝的诗作，从中把握乾隆帝的思想脉络，所以他的诗风与乾隆帝极为相似，深为乾隆帝所喜爱。

历史上不乏专为皇帝吟诗写作的大家，他们用手中的笔墨粉饰太平，给朝廷装点门面，为皇帝歌功颂德。这种诗作往往词藻华丽，但是空洞无物，只迎合皇帝的心情却毫无真情实感。和珅也经常为皇帝捉刀，他的诗还曾受到钱泳的称赞，说他的诗有佳句可采。

乾隆帝知道和珅的诗风格与自己类似，所以和珅的诗集中留下了不少奉“敕”而作的作品，如《奉敕敬题射鹿图·御宝戊申》：

木兰较猎乘秋令，平野合围呦鹿竞。
霜叶平铺青嶂红，角方晓兵寒风劲。
图来制匣宝装成，贮就天章玉彩莹。
文修武备双含美，犹日孜孜体健行。

这首诗是和珅奉命描述乾隆帝的打猎情景，全诗可谓四平八稳，圆满完成了“任务”。但古人云：“诗必穷而后工”，只有真正发自作者内心的诗才会有令人感动的力量，我们要了解和珅的文学才华，决不能只看他的御前应和之作，而应该关注那些他真正情郁于中、峭得不发的作品，从中才能更好地看出和珅的真实水平。

和珅的妻子冯氏在嘉庆三年（1798年）病故，和珅悲痛欲绝，做悼亡诗六首。

其一：

修短各有期，生死同别离。

扬此一抔土，泉址会相随。

今日我送伊，他年谁送我。

凄凉寿椿楼，证得涅　果。

其二：

夫妻辅车倚，唇亡则齿寒。

春来一齿落，便知非吉端。

衰哉亡子逝，可怜形影单。

记得去春时，携手凭栏杆。

其三：

玉蕊花正好，海棠秀可餐。

今春花依旧，寂寞无人看。

折取三两枝，供作灵前观。

如何风雨妒，也紫同摧残。

这几首诗全部是五言古诗，内容质朴无华却又直指人心，落地有声让人欲哭无泪，将和珅当时的悲痛心情刻画得淋漓尽致，读者往往情不自禁产生共鸣。尽管和珅是一个御前应和诗人，但是他的作品不令佳作，这些作品收集在《嘉乐堂诗集》中。

和珅不仅是乾隆帝的御前第一诗人，在其他文化方面也有功绩。和珅历任许多官书的正总裁、经筵讲习、教习庶吉士、殿试卷官、翰林院掌院学士和起居住官等职务，控制了书籍的出版与查禁及考试、经选、教育等一切事务。

乾隆一朝在文化事业上的最大举动是《四库全书》的修纂，从乾隆三十八年（ 1773年）开始直至乾隆四十七年（ 1782年）才告初步完成，共历时十年之久，《四库全书》的总裁也几经易人。最终，这正总裁的头衔落在了和珅头上并最终在他手中完成。这是一部中国历史上规模最大的丛书，和珅作为这部书的正总裁，功不可没。

在此之外，和珅还历任过许多官书的总裁，如《开国方略》总裁、国史馆总裁等。他在担任各种官书总裁期间并没有闲着，总是寻找机会，施加影响。在他负责国子监刻石经的过程中，属下校勘官彭元瑞在校对之余，撰写了一部《不经考文提要》并献给皇上。乾隆帝对这本书大加赞赏。这下可气坏了和珅，于是他向乾隆帝进言："不是天子无权考虑经文。"谁知乾隆帝不加理睬，说彭元瑞乃是奉旨考证，没什么可怀疑的。和珅见这一办法没有奏效，又生一计，他说彭元瑞的书中错误甚多，他愿重写一本，对彭的书加以修正。得到乾隆帝首肯后，他马上召集了几个学问高深的翰林，对彭书和经文细写研究，写成了《提要举正》一书献给皇上，要求皇上把彭元瑞的书弃之不用，乾隆帝仍是不许，和珅就命人将自己主编的《提要举证》抄写三部分别放在懋勤殿、翰林院和国子监，同时把彭元瑞书中涉及的字在石经上乱加篡改，最终乾隆帝不得不弃之不用，和珅这才心满意足。

纵观和珅一生，他的诗文虽不算上乘，但毕竟小有成就，而且在文化上的贡献颇多，可以算作一个诗人和文化人。

慧眼独识《红楼梦》

和珅一生的命运起伏，与《红楼梦》里的人物有些相似。不仅如此，和珅的一生与《红楼梦》一书的完成、面世及流传结下了不解之缘。正是和珅的巧妙安排，才让乾隆帝解禁了《红楼梦》。

和珅出任《四库全书》正总裁之后，接到乾隆帝的圣谕，要求"将违碍字句的书籍，着力查缴"，可见控制文化的思想根深蒂固。和珅既然是乾隆帝的代言人，在这方面更是不遗余力，全力查缴"禁书"。谁知一个偶然的机会，却让和珅成就了小说名著《红楼梦》，成为一代佳话。

《红楼梦》原名《石头记》，作者是曹雪芹。曹雪芹是康熙年间江宁织造曹寅的孙子，家中累世巨富，自幼过着锦衣玉食、无忧无虑的生活。康熙朝诸皇子争夺皇位，曹家支持皇八子胤　，皇四子胤　（雍正帝）即位后，曹寅被抄家。所以，曹雪芹13岁以后的生活从衣食无忧变成了饥寒交迫、痛苦不堪。成年后，曹雪芹更加衣食无着，后来到了以喝粥维持生活的地步。曹雪芹看破世间百态，开始把全部精力放在写《石头记》上。乾隆三十八年（1773年），曹雪芹唯一的儿子病死，曹雪芹不堪丧子之痛，哀痛成疾，终于不治。曹雪芹的好友敦诚在《挽曹雪芹》的注中提到："数月前，伊子殇，因感伤成疾。"

曹雪芹死后，留下了《石头记》前八十回的书稿，后四十回只有散落的一些片段和部分回目，并未成型。这本不完整的《石头记》恰似曹雪芹的一生一样命运多舛。由于书中有关男女关系的描写过于细致，被当时社会上的"道德之人"称为诲淫之书，况且书中涉及康熙、雍正年间各皇子为争夺皇位继承权而明争暗斗的内容，故被朝廷列为禁书。

虽然《石头记》被列为禁书，但整本书内容写实，符合各阶层的阅读习惯，故而在文人墨客、市井小民中辗转抄录，广为流传。读书人更是无人不知、无人不晓，把《石头记》誉为奇书。但是仅限于人手相互传抄，偷偷地看。虽然坊间也有《石头记》刻本，但毕竟是少数大胆书商冒险刊发的，无法广为流传。

和珅毕竟读过书，是个爱读书之人。他早就听说了《石头记》，但是苦于无法见到内容，常常深感遗憾，因为他本身就是朝廷负责收缴禁书的官员，所以不好明着向别人索要。有一天，和珅的党羽苏凌阿恰好看到了《石头记》，一读之下竟然被深深地吸引了。于是苏凌阿花费巨资买了《石头记》的原抄本，珍藏在家中。恰好有一天，和珅在苏凌阿家里看到了《石头记》，大为欣喜，立刻从苏凌阿那里借来，拿回府读了起来。这一读，他也被书中的故事情节深深地吸引了。

和珅似乎从书中看到了自己的影子，他的身世与曹家、书中的贾家颇有几分相似。和珅少年贫寒，3岁丧母，10岁丧父，靠借贷读书。继承世爵成为三等侍卫后，才有幸接近皇上担任銮仪卫侍卫。后来，凭借才学赢得了乾隆帝的赞赏，才有了今日的荣耀。相比之下，曹雪芹的祖父是奴才出身，后累官至江宁织造，是康熙年间外放的高官。曹家败落，想来那曹雪芹也是历经坎坷，尝尽了千辛万苦，看透了世态炎凉。《石头记》中的贾政是达官显贵，女儿还被选入宫中为妃。和珅也娶了皇上最宠爱的女儿做儿媳。书中所述引起了和珅的强烈共鸣。和珅越看越入迷，渐渐地沉醉其中，忘了周围的一切，直到仆人前来唤他用晚饭，他才发现天已经完全黑了下来，合上书，不免又是一番慨叹。

和珅只用了几天时间就将八十回的《石头记》读完了，不由得对作者和这本著作心服口服，他认定这是天下第一的小说，心里还一直挂念着后面的内容，于是吩咐苏凌阿代为寻找。但是，由于曹雪芹没有完成后面的内容就撒手归天了，苏凌阿只找到曹雪芹遗存的一些回目和零散的片段，和珅对曹雪芹的病逝深感遗憾。

和珅见无法看到《石头记》后面的内容，心中又割舍不下，于是反复阅读八十回的《石头记》。他读的次数越多，越觉得这是一本旷世奇书。于是有心将它刊发面世，虽然皇帝有禁令，但只要像修改《四库全书》一样，对全书做一番处理，删掉那些不符合圣意的地方，再续上一个能够接受的结局，皇上肯定高兴，不会加以阻拦。只要得到了皇帝的首肯，这本书的“禁书”帽子一摘，就可以公之于世，自己落得个慧眼识书的美名。和珅禁不住遐想各级官员对自己拱手祝贺的样子，开始陶醉起来。

修改和续写这个工作由谁来做呢？这个人首先要有才华，会写小说，否则难免狗尾续貂；其次，地位不能太高，否则难免趾高气昂，不配合。和珅想来想去想到了高鹗，高鹗是汉军镶黄旗内务府人，饱谙经史，工于八股文，诗词、小说、戏曲、绘画及金石之学，在乾隆年间颇负盛名，但只是个举人，没有考中进士，所以总感觉矮人一头。和珅觉得这个人是合适的人选，于是他悄悄找到高鹗，命他修改、续写《石头记》。

恰好，高鹗也很喜欢《石头记》这本书，早就把里面的故事了然于胸。他听说当朝红人和珅要他续写《石头记》，喜不自禁。他与朋友程伟元一起商量、揣摩原作者的心思、想法，依据曹雪芹留下的回目构想，很快完成了续写。

和珅看完了续写的书稿，细细地阅读了一遍，并不满意。他认为续作的结局未免过于绝望，给人一种压抑的感觉。虽然续写部分读起来比较通畅，但肯定通不过乾隆帝这一关，于是和珅要求高鹗重写。和珅不愧是审查书籍的高手，他让高鹗重新安排一个略为圆满的结局，同时标出原作八十回中过于悲伤和压抑的文字，命他一并作出修改。

高鹗知道了和珅的意愿后，觉得那样修改就歪曲了作者本意，不甚妥当，是对原作者的不敬，所以不愿修改。和珅当然知道这样做会使作品意味有所改变，但总比永远被封强，于是他对高鹗半劝半吓地说道："我也是爱书之人。按照曹雪芹的原意续写当然是对他的尊重，然而这样一来这本书就会永远无法公开面世，后人也难以见到这本书了。况且，万一朝廷追查下来，你高鹗作为续写者，肯定罪责难逃，曹雪芹也永世不得翻身。岂不是两败俱伤？所以，为了这本书能够流传后世，只有将书中对朝廷不满的地方略加改动，才能获得皇上的首肯，从而能够刊行天下。你也算帮曹雪芹遂了心愿，成为有功之臣。曹雪芹倘若泉下有知，就算内容有所改动，也定会心存感激的。"

高鹗听和珅这么一说，觉得和珅的话也有道理：自康熙开始，朝廷大兴文字狱，凡有任何诋毁清政府的言辞，哪怕是一些不相关的词语，如"华夷、明、清"等，都会被追查，令人提起笔来就胆战心惊。况且和珅本人就是稽查书籍的官员，不敢得罪，现在他既然要这么做，自己也没有办法。高鹗无可奈何，只好按和珅的意图重新续写后四十回，把曹雪芹原稿中凡是涉及朝廷避讳之处都做了相关修改，书名也按照和珅的意思改成《红楼梦》。

高鹗毕竟文采非凡，他续写的部分语气、意境与原著无二，几可乱真。重新续写的部分，基调也缓和了不少。和珅看过新稿后，终于喜笑颜开。

书终于修改完了，但和珅总不能慌不迭地跑去呈给乾隆帝，这未免太明显了。于是，和珅拿到书后，没有立刻呈给皇上，而是从太后那里找突破口。他每天都去向太后请安，有机会就跟太后聊天，讲上一段书中的故事。和珅本就善于言辞，他把故事描述得惟妙惟肖，太后越听越喜欢，一来二去就被迷住了。太后不满意每天听和珅讲一点儿，就给和珅要书自己来读。和珅见目的终于达到了，于是连忙拿出准备好的手抄稿献给太后，趁机说出本意：《红楼梦》是千古第一奇书，无奈现在却被冤枉为禁书，真是可惜啊！

很快，乾隆帝就知道了这件事，他命令和珅重新审查《红楼梦》。和珅连忙说他已经将书稿审查了好几遍，写的都是家事，并没有什么特别违逆的地方。同时将《红楼梦》献给皇上御览，请求若无重大问题，付诸发行，以让天下人都能阅读，并沐浴皇帝的恩泽。

好书的魅力总是能够打动很多人。乾隆帝自从得了和珅送的《红楼梦》，就爱不释手，天天抽时间阅读，并且赞不绝口。于是下旨："查禁违逆书籍，是为了端正世道人心，惩办大逆不道、煽动民变之徒。红楼梦不过都是家事，只能算是才子之书，从此解禁。"

红楼梦一经解禁，迅速流传全国，风靡一时。高鹗也因此名声大振。

和珅与红楼梦的渊源不止这些。和珅的党羽汪如龙，本是盐商，当官全靠和珅提携。此人善于逢迎，非常聪明，也喜欢读书。

有一天，汪如龙与和珅聊起了红楼梦一书，道："先生曾经派人修改《石头记》，并将名字改为红楼梦。先生可曾想到，这'红楼梦'三个字的含义吗？"和珅道："所谓'好知青冢骷髅骨，便是红楼掩面人'，这'红楼'就是'朱门'，指的是王侯贵族；"红楼掩面人"，则是官宦人家的夫人小姐。世事无常，整部小说就如同红楼一梦罢了。"

汪如龙听后深有感触地说："先生果然高见。红楼梦，乃是红楼一梦，世人终其一生，所追求的只不过是一场虚幻。先生爱读此书，必定有所感悟。"

汪如龙这是言在此而意在彼、话中有话。原来，当时乾隆帝已老，驾崩只在旦夕之间，永琰（封和硕嘉亲王，后改名颙琰，即嘉庆帝）是乾隆帝着力培养的接班人。和珅深得乾隆帝宠爱，但与嘉庆帝关系并不好。汪如龙仔细观察了嘉庆帝与和珅，发现嘉庆帝是个城府很深的人，喜怒哀乐不形于色。和珅傲气日增，已经深深迷失在自己的大权之中，认定嘉庆帝不会把自己怎么样，而实际上和珅已经不是嘉庆帝的对手。汪如龙感念和珅的提携和重用，想借谈论《红楼梦》提醒和珅不要太过自负，否则后果不堪设想。

和珅是何等聪明的人物？他立刻明白了汪如龙的提醒，却没有把汪如龙的提醒放在心上，他一脸轻松地说道："此意甚妙。那只是历代的草莽英雄，眼光短浅，因此结局大多如此。"和珅觉得自己的地位相当稳固，与历代的草莽英雄并不一样，所以他的一切都将有别于他们。

汪如龙也不多言，他不久就辞官归隐，只希望万一和珅被嘉庆帝扳倒，不至于连累自己。

没过几年，汪如龙的提醒应验了。不可一世的和珅垮台，这是贪官的必然下场。不知道和珅在狱中是否想起了汪如龙的善意提醒，即便想起来，他也只能哀叹自己一生"如红楼一梦"吧？无论如何，和珅的命运起伏与《红楼梦》里的人物有几分相似，这也许是他为什么会与《红楼梦》有这么深的渊源吧。

《四库全书》正总裁

和珅受命接任《四库全书》正总裁一职，并尽心竭力编纂这部巨作，为这一巨大的文化工程作出了很大的贡献。虽然和珅为了领会圣意而肆意篡改文献，禁毁了有价值而属于"违禁"行列的历史书籍，部分降低了这部书的历史价值，但这并不能掩盖《四库全书》是中国历史上规模最大的丛书这一事实，和珅所作的贡献也不可抹杀。

我们常说的"盛世修典"是中国历代的文化传统，宋朝的《资治通鉴》、明朝的《永乐大典》不仅是文化昌盛的体现，更是综合国力的体现。清朝自康熙、雍正以来，社会趋于安定，国力日趋强盛，人民更加富庶。这就为文学的兴盛提供了优越的环境。乾隆帝向来以明君圣主自居，怎会甘居人后？因此他决定编纂一部空前大典——《四库全书》。

其实早在康熙年间，皇帝就下令编纂过一套《古今图书集成》，该书是皇帝钦定的书名，历经康熙、雍正两朝方才完成。乾隆帝既然自比秦皇汉武，当然有心让《四库全书》成为权威经典，超越以往的所有书籍。乾隆三十八年（1773年）二月，乾隆帝设立"四库全书馆"，全书正式开始编纂。

《四库全书》的编纂是一个旷日持久的文化工程，不可马虎，必须选定一个可靠又有一定声望的人担任。乾隆帝刚开始让第六子永瑢负责整个工程，内阁大学士于敏中任总裁；实际负责具体内容编纂的是纪晓岚，任总编纂官，其他的参与者还有陆锡熊、孙士毅、戴震、周永年、邵晋涵等，都是著名的学者。所有参与编纂的文人有3600多人，抄写人员另有3800人。此时的和珅只是一个小小的御前侍卫，连出人头地都遥遥无期。他虽然算是半个文人，但对参与《四库全书》的编纂想都不敢想。《四库全书》这个巨大的文化工程，都是很有名气的文人学者参与，似乎注定与他无缘。可谁能想到，皇帝身边的一个侍卫几年后会成为这个文化工程的正总裁，与名动天下的纪晓岚合作编书？

《四库全书》所搜集的材料众多，其中难免有些对朝廷不利的书籍。为皇上办事，需要的不仅是学识，还要有绝对的忠诚。在编纂过程中，那些参与者总是不敢大删大改，难免使不利言论流传于世，乾隆帝心中颇为不满。乾隆四十五年（1780年），和珅干净利落地查办了李侍尧一案。恰在此时，《四库全书》的编修遇到了一些问题。于是乾隆帝干脆下令，任命能干又忠实于自己的和珅为《四库全书》正总裁，负责统领协调整部《四库全书》的编纂工作。

和珅虽然不曾通过考试获得功名，但他毕竟在官学学习了多年，平时常以文化人自居。现在皇帝让他主持《四库全书》的编修工作，他认为这是一个能够成就他在文化上的名声的绝佳机会。他知道乾隆帝将《四库全书》作为一项千秋伟业来做，只要自己能够为《四库全书》作出贡献，乾隆帝定会更加宠信自己。因此，和珅做了正总裁，纪晓岚、刘墉等俊杰才子成了他的下属。和珅还趁机在诸位翰林中培植势力，从而巩固自己的地位，因此和珅格外尽心竭力。

云南巡抚孙士毅因为涉及李侍尧一案，已经被革职，押解京城。按照孙士毅的罪名，本应发配伊犁流放。若真的发配伊犁，能够返回内地实在难以料定。幸亏和珅对孙士毅比较了解，知道他颇有才气，再加上孙士毅在办案期间曾经帮过和珅，和珅认定此人可以争取，决心帮他一把，把他调去编纂《四库全书》。于是，和珅启奏乾隆帝："孙士毅只不过是李侍尧的一个从犯，人在屋檐下，不得不低头，他的所作所为实在是不得已而为之。况且臣听说孙士毅才学广博，如今编纂《四库全书》正是用人之际，把这样一个熟读经书的饱学之士发配伊犁，岂不是暴殄天物？不如将他调去编修《四库全书》，将功赎罪。这样一来，孙士毅必定感激皇恩浩荡，尽心竭力。如果他再出什么差错，皇帝再定他的罪，谅他再无话可说。"乾隆帝见对编书有利，就欣然应允。乾隆帝为了编《四库全书》而赦免一个流放之人，可见其对这本书的重视。

和珅心中明白，自己那点学问只能哄乾隆帝高兴，真正要编纂《四库全书》，还得靠"实力派"的纪晓岚等人，因此非常重视他们的意见。《四库全书》主体内容的编纂大部分是由纪晓岚完成的，和珅除了严格把关不利于朝廷的文字内容，平时并不"外行领导内行"，干扰这些学者的工作，从这一点也可看出和珅的领导才能。

除了缺乏编辑人才，和珅面临的还有文献的搜集问题。编书需要参考文献，朝廷虽然已经几次下诏寻找历史上流落下来的文献，但百姓历经战火，肚子都难以填饱，哪还有精力保护图书，所以很多民间文献都散失了。明朝永乐年间成书的《永乐大典》是官方重要的参考文献，它收录了古代重要典籍七八千种之多。全书分门别类，辑录上自先秦、下迄明初的古书资料，经史子集、道释、医卜杂家之书汇聚群分，甚为详备。更难能可贵的是，收录在《永乐大典》中的古代文献都经过详细的考证，而且未曾删改，对编修《四库全书》很有借鉴意义。但是可惜，经历明末清初的战乱，《永乐大典》的全本早已不见踪影。纪晓岚等人多次到翰林院查找都没有结果。

和珅上任后，也曾认真查访《永乐大典》的下落。他经过查阅历史资料得知，《永乐大典》编成后一直珍藏在南京。永乐十九年（1421年），明成祖朱棣迁都北京，将《永乐大典》带到了北京，收藏在故宫内。嘉靖四十一年（1562年）八月，誊写了副本一部，从此《永乐大典》就有了正副两部。后来，《永乐大典》的正本遗失，副本一直保存在明朝的档案库内。乾隆时期，档案库的藏书无论公藏私藏都已经发展到了顶峰，尤其是翰林院内的藏书更是浩如烟海，再加上一直疏于管理，所以一时无法找到《永乐大典》的副本也在情理之中。但和珅坚持认为《永乐大典》肯定就在其中，只要细细查阅，一定能够找到。

和珅于是请求乾隆帝给翰林院下旨，再次查找《永乐大典》的下落。翰林院的官员虽然不乐意，但也只好遵旨再查找一次。

和珅怕翰林院的官员敷衍了事，不肯认真翻阅，于是亲自带人到翰林院的藏书库查找，但还是没有《永乐大典》的踪影。翰林院的官员说，这部大典一定是在明末战火中遗失了。和珅又认真查阅了资料，认定《永乐大典》这么重要的典籍，就算是丢失了，也一定会有记载。现在竟然没有一点记载，那么副本应该还在翰林院的某处保存。

和珅经过仔细揣摩，觉得一定可以找到。于是下令：除书库外，将各处房屋的顶架、角落，一直闲置的亭子、阁楼等再认真查找一遍。众人见和珅这样执着，只好对翰林院展开全方位搜索，不留一个死角。功夫不负有心人，终于在一个名叫敬一亭的偏僻阁楼的角落里发现了尘封已久的《永乐大典》。和珅找到这部书，为《四库全书》的编修立下大功。

乾隆帝力争使《四库全书》涵盖尽可能多的书，所以资料来源非常广泛，除了民间捐献和从翰林院调取资料，国子监及内务府也藏有大量古书典籍，这里收藏着珍贵的宋、金、辽、元、明的善本，还有各朝实录、玉碟与《大清会典》，具有很强的史料性。这些对编修《四库全书》极为有利。另外，乾隆帝喜欢鉴赏书画，他在昭仁殿有一个专门的藏书处，宫中的珍稀古籍皆聚于此，并赐名“天禄琳琅”，是清皇家藏书的精华所在，有很多外面见不到的历代珍籍善本。这些书都是五色织锦封面、宣绫包角，每册书的封面和封底衬页上都钤上“五福五代堂古稀天子宝”“八征耄念之宝”“太上皇帝之宝”“乾隆御览之宝”“天禄继鉴”等五玉玺，称之为“乾隆五玺”。

内务府和“天禄琳琅”的书向来只供皇族阅读，并不外借。和珅为了保证《四库全书》的质量，恳请乾隆帝允许翰林官前往宫中把这些珍贵的书籍抄写一份作为副本，以作《四库全书》编修之用，乾隆帝恩准。

这样，经过和珅的努力，《四库全书》的参考文献丰富起来，编修进度明显加快。四库全书馆里那些学识渊博、自视清高的文人对和珅这个正总裁也开始另眼相看。

学派思想深重的治学文人，凡是参与全书编修的人都是国家的名人大儒。这些人难免有不同的治学观点，再加上读书人特有的倔脾气，怎样把他们协调到一起工作确实是个大难题。

清朝的儒家学派主要有两个，一个是汉学派，一个是宋学派，两派各有自己独特的观点。两派最大的分歧在于是否尊重宋明理学。《四库全书》馆的编修人员众多，也存在着这两个学派。汉学派的的代表人物是学者戴震，汉学派治学态度严谨，方法较为缜密，擅长考据，但是在编修书籍时过于烦琐，甚至为追求证据而脱离实际；宋学派的代表人物是翁方纲和姚鼐，擅长理论。两派学术观点争锋相对，难免有激烈争论。幸好和珅擅长从中穿插协调，就算批评某一观点也是从实际出发，并不偏袒某一学派。他的最高原则是“争论要有助于编书”，在这一原则下，两派摒弃派系斗争，求同存异，很好地完成了编纂工作。

和珅虽然通晓文学，但毕竟是一个政客，而乾隆帝最关注的不仅是文化事业，还要控制文化和言论，这一点和珅当然明白——这也是乾隆帝让和珅当正总裁的原因。第一部《四库全书》的抄录工作接近尾声，他首先想到的是怎样规避“违制”言论才能让皇上满意，而不是书的历史价值和文化价值。他标记出“胡”“虏”“贼”“虏廷”“入寇”“南寇”等字，然后找来了总编纂纪晓岚和负责校对工作的陆费墀。和珅对二人表示：清朝是外族入关，皇族对这些字很敏感，应该用别的字替换。

纪晓岚是名人，此处不再赘述；陆费墀是浙江桐乡人，乾隆三十一年（1766年）进士，曾任礼部侍郎。乾隆三十八年（1773年），《四库全书》开馆，陆费墀被聘任为四库全书馆总校及副总裁，专职负责校对工作。

二人听了和珅的话，认为他过虑了。和珅进一步申明观点，二人也据理力争，认为这只是历史文献，轻易替换会造成后人阅读上的不便，降低《四库全书》的文献价值，有违皇帝的本意。和珅日夜伺候乾隆帝，当然对自己的判断非常自信，而陆费墀、纪晓岚坚持自己的看法，双方一时间陷入僵局。最后，和珅把这一问题呈交皇上，请皇上定夺。

乾隆帝果然对和珅的提议大为赞赏，命令将书中出现的“胡”“虏”“贼”“虏廷”等字眼，一律用“全”“敌”“人”“北廷”等替换。乾隆帝还斥责了纪晓岚、陆锡熊、陆费墀等人不体察圣意，编纂不用心的行为，而对和珅大加赞赏。乾隆帝觉得这还不算完，他催促各地加紧查缴违禁书籍，一经发现，立即没收。

纪晓岚、陆费墀等人虽然一百个不乐意，但无奈圣命难违，只得忍气吞声地逐一将所有涉及的字进行了修改。这种工作不仅毫无意义，而且费时费力，一个多月才完成。不料乾隆帝见他们迟迟不能完成，认为纪晓岚主作不力，故意拖延时间，又把他们申斥了一番。纪晓岚、陆费墀等人费力不讨好，又不好发作，只好默不作声。

和珅却从中尝到了甜头，此后更是越发严厉，甚至流于形式，只要有“违逆”的言辞，《四库全书》一律删改。他一猜透乾隆帝控制舆论的心思，就趁着搜集文献的机会，多次下令查缴“违禁”书籍，对清朝有诋毁甚至稍有“影射”之嫌的书籍，一律加以销毁。就这样，编入《四库全书》的资料大都做了相应修改，有些甚至失了原意，客观上降低了资料的真实性。

乾隆四十九年（1784年），《四库全书》终于完成了。全套书用不同的颜色区分开来，四部书的颜色依春、夏、秋、冬四季而定，经部为绿色，史部为红色，子部为月白色（或浅蓝色），集部为灰黑色，而《四库全书总目》采用代表皇权的黄色。

由于《永乐大典》的前车之鉴，乾隆帝命人抄写了7部《四库全书》，以防丢失。这些《四库全书》分别储藏于北京紫禁城皇宫文渊阁、京郊圆明园文源阁、奉天故宫（今沈阳）文溯阁、承德避暑山庄文津阁，合称“内廷四阁”（或称“北四阁”）。乾隆帝又在镇江金山寺建文宗阁，扬州大观堂建文汇阁，杭州西湖行宫孤山圣因寺建文澜阁，即“江浙三阁”（或称“南三阁”），各藏抄本一部。副本存于京师翰林院。其中文渊阁本最早完成，校勘更精、字体也更工整。

《四库全书》在和珅的全力主持下终于大功告成，并且按照乾隆帝的旨意删去了对清廷不利的字句，这为他赢得乾隆帝的信任和欢心增添了浓墨重彩的一笔。从此和珅不仅在官场上扶摇直上，而且在文化活动上频频插手，先后主持了多本重要图书的编纂工作。

不管是负责《四库全书》等官修书籍，还是插手其他文化事务，和珅都作出了不小的贡献。

和珅一直都是乾隆帝个人意志的完美执行者，乾隆帝有和珅作为文化项目的负责人，是他的幸运。但是和珅为讨好乾隆帝而肆意篡改历史资料，却是我国历史文化上的一大不幸。

第十一章　追逐权力

——手中有权好办事

独霸军机揽大权

和珅对权力有一种强烈的渴望，就像他对金钱的欲望一样，是与生俱来的。和珅恨不得掌握一切大权。所以，他不但不能容忍同僚中有人地位超过自己，而且总是尽量把所有的军政大权都攥在自己手中。到了乾隆后期，和珅几乎掌控了军机处所有重要部门的权力，形成了实际意义上的独霸局面。

军机处开设于雍正六年（1728年），当时清政府正在努力平定新疆准噶尔的叛乱；为了更加及时有效地调用军需物资，成立了“军需房”，这一机构就是军机处的前身。叛乱平定后，觉得军需房在作战时发挥了重要作用，也就保留下来成了军机处。这其实是中国历史的传统，封建帝王为了更好地集中权力，与以宰相为首的官僚体系争夺统治权，总会在靠近内宫的地方设立一个由自己负责的机构，处理国家大事。

但是随着这一机构逐渐成形，并渐渐成为官僚体系的一部分，成为朝中大臣争权夺利的新的斗争场所，皇帝不得不重新设立新的机构……如此循环往复，没有终止，这是高度专制无法跨越的历史循环。

清制没有宰相，把宰相权力分到了六部，然而雍正设立的军机处实际上行使了宰相的职责，掌管国家的全部重大事务，相当于直接为皇帝处理军国大事，是皇帝的“替身”，由此可见军机处在清朝行政体系中的重要地位。

和珅从乾隆四十年（1775年）到嘉庆四年（1799年）的20多年里，担任军机大臣长达23年之久，以军机大臣兼步军统领达22年之久，以军机大臣、步军统领兼户部尚书达15年之久，就连嘉庆帝也说过：“和珅揽权专政……盖由和珅以军机大臣兼御前大臣，事权过重，内外官员，畏其声势不敢违拗。”在这期间，军机处实际上只有和珅掌握大权。偶尔有一两个人敢违背他的意图，和珅就会毫不犹豫地进行打击。可以说，和珅在军机处顺风顺水、一片祥和，但却难掩其黑幕下的罪恶。同时任军机大臣的王杰，就是被和珅排挤的一个例子。

王杰，字伟人，陕西韩城人，乾隆二十六年（1761年）中进士。后得乾隆帝赏识，一生历任内阁学士、户部侍郎、右都御吏、兵部尚书、军机大臣等要职。王杰任职军机处大臣期间，正是和珅风头正盛、皇帝最为宠信的时候。《清史稿》中也有这样的记载：和珅“事多擅决，同列隐忍不言，杰遇有不可，辄力争”。和珅一直想利用皇帝对自己的专宠独霸军机处，从而实现自己的权力之梦。但总是无法撼动王杰，而王杰因为乾隆帝的喜欢，总是处处与他作对。这样一来，和珅总是不能得逞，情急之下，他竟然想出了一个无耻的计策。

事情是这样的，王杰虽然做过兵部尚书、军机大臣等，但是身体却保养的很好，皮肤相当娇嫩。一天王杰正在军机处值班，和珅瞅准机会特意赶来，趁着王杰独自一个人坐在炕边，就“色迷迷”地凑过去握住王杰的手，一边抚摸一边说：“王大人真是善于养生啊！皮肤竟然保养的这般细腻，真是羡煞那些不曾出门的姑娘媳妇啊！”和珅边说边继续抚摸。王杰见和珅讲出这些不堪入耳的话，心中早就不悦，及至后来，和珅竟然欲行非礼，王杰拼命挣扎，终于逃出军机处。

王杰本来就是一个进士，脸皮薄，哪里受过这等奇耻大辱？王杰回到家越想越气，最后差点儿没喘过气来。他觉得已经无法在军机处待下去了，可是又无法向别人启齿，最终只好在嘉庆元年（1796年）以自己的脚伤未愈为借口，告老还乡了。直到四年后嘉庆帝亲政，和珅已被查抄问罪，王杰才重新入主军机处。

军机处少了一个心腹大患，和珅在军机处就更加无法无天了，他认为整个大清除了老眼昏花的乾隆帝对自己有些制约作用，其余的人都构不成威胁。后来，和珅甚至要同嘉庆帝在乾隆帝面前“争风吃醋”。

不仅如此，他还牢牢掌握着全国官员的考核和任命大权。中国封建社会的行政体系中，一直就有一套完善的选拔和考察官员的制度，由吏部下属的“考功司”主持，分为“京察”和“大计”两种。“京察”针对的是在京为官的官员，“大计”则是针对地方官员设立的考查制度。考查选拔官员向来是行政权力中最重要的权力，可以通过官员的任免培植自己的势力，打击异己。和珅就是凭着自己多年的苦心经营，才得以稳居宝座。这一权力在和珅任吏部尚书时由他牢牢把持。后来，嘉庆帝登基，任命刘墉为吏部尚书，把和珅的权力硬生生地夺走了。

刘墉对嘉庆帝忠心耿耿，为官正直，不免对和珅有所威胁。和珅大权旁落，自己任上做的那些龌龊事难免被刘墉发现，于是和珅就想把选官权从吏部转移到自己操纵的军机处，主要是保证大权不能握在嘉庆帝和刘墉手中。于是，和珅给乾隆帝上了一道奏折说：“自太上皇禅位，皇上亲政以来，天下安定，未有什么大的乱局，值此之际，更应该肃清吏治，加强对官吏的考察，国家政策的体现，法令的申张严明，全系于官员身上，所以，对官员的考察选拔实是重中之重的大事，奴才认为，单是考功司已不足以担此重任，这样的大事应该交给军机处，由众位大臣共同办理，吏部可以行辅助军机处之责。”

和珅同时呈了一份给嘉庆帝，嘉庆帝立刻明白了和珅的意图，但是由于自己的力量太过弱小，甚至不能自保，军国大权一直操纵在乾隆帝手中，他只能据理力争，希望说服乾隆帝不要随意更改：“按照大清的体制，铨选官吏一向由吏部考功司主持，大学士同察，朕以为考功司多年经办此事，对官员状态清楚了解且经验丰富，而且吏部尚书大学士刘墉办事干练、清正廉明，定能禀公而断，不至于出什么纰漏。”

乾隆帝真是左右为难，一边是自己的宠臣和珅，一边是自己的儿子，他决定考虑一下再做决定。和珅趁机背着嘉庆帝向乾隆帝进谗言：

"太上皇，皇上此举是为了能掌握铨选天下官员的权力，好选择任用对他忠诚的官员，扩大自己的权势。"

和珅不愧跟随了乾隆帝多年，连乾隆帝的忌讳都了解得一清二楚。这几句话恰好说到了乾隆帝的痛处，乾隆帝担心的就是自己退位归政后大权旁落。听和珅这么一说，立刻决定将选官权交由军机处，吏部只是从旁协助。

和珅不可思议地在君臣大权争夺战中获胜，声望之高更是一时难有匹敌者，心里禁不住飘飘然起来。殊不知物极必反，当他越来越紧地把权力收拢过来的时候，大权却开始渐渐从他身边散去，就如同慢慢握水的指一样。

朝廷财政尽掌握

乾隆四十五年（1780年）是和珅人生旅途中的一个幸运年份。三月，和珅还在云南办案，他的太岳父英廉就补用汉大学士缺，而其户部尚书的缺由和珅补授。由于户部是掌管天下一切户籍财经的机关，乾隆帝下令和珅赶快返回北京，和珅未回京赴任前，户部的事务仍由英廉管理，这对和珅来说是个积极信号；这还不算，四月，乾隆帝亲赐和珅长子名为丰绅殷德，并指其为自己最疼爱的固伦和孝公主的额驸，赏戴双眼花翎，待成年后再派结发大臣举行指婚礼。和珅没过多久又补授永贵所遗镶蓝旗满洲都统员缺。六月，兼任满洲正白旗领侍卫内大臣。

乾隆帝这一连贯的政治动作是在向朝廷内外释放一种强烈信号，和珅已经完全赢得了他的信任，从此将跨入朝廷要员的行列。乾隆帝将清政府的财政大权委托与他，并愿意与和珅结成儿女亲家，建立一种特殊的君臣关系，使和珅成为清朝皇帝最亲近的大臣，无疑是对和珅最大的肯定和奖赏。

户部尚书可以说是清朝的财政大臣，在和珅上任之前，户部事务一直由他的太岳父英廉主持，皇帝的内侄、大学士傅恒的儿子福康安及和珅负责具体事务。后来太岳父英廉升为大学士，户部事务即由和珅全权处理。这其中必定有英廉保举，和珅才得以迅速坐稳这个位子，但有一点要承认：和珅自身是有一定能耐的，否则他不可能长期担任这一职务，甚至在后来升任大学士，兼任吏部尚书、刑部尚书等职务的情况下，也没有离开户部尚书这一职务，如果和珅真的没有一点儿管理才能和真本事，乾隆帝也不可能放心大胆地把权力交给他。

和珅接任户部尚书后正好赶上乾隆帝的七十大寿，“新官上任三把火”，他风风光光地操办了当年八月乾隆帝的七十万寿庆典，获得了乾隆帝的首肯。

人生七十古来稀，志得意满、统治大清国已经45年的乾隆帝，自然希望这次庆典大办一番，以显示自己统治下“太平盛世”的景象。但是他有一个要求，就是不要花费国家财政，避免损害了自己爱民恤民的仁慈君主形象。

这件事听起来前后矛盾——哪有不花钱就能办大场面的事？可是和珅做到了，他的办法很简单，就是在朝中和各地官员身上搜罗钱财。和珅在云南就已经知道自己是户部尚书了，所以当时他就开始考虑这件事，回京后就忙不迭地张罗开了。

他不断给各地官员和富商，特别是一向富有的盐政、盐商们打招呼，对他们又是威胁又是哄骗，目的是让他们打着孝敬皇帝的名义出钱。有关这次庆典的具体情况，官书中记载不多，也不够具体。但我们可以从史书整修工程中窥见当时花费之巨。朝鲜使臣就曾这样记载：“皇城内楼台之穷极华丽，不可殚数。而以臣等所见言之，则宫城内紫禁城之间有太液池，环池左右前后，寺院佛塔横亘连络，殆至眩目……直隶保定府长芦隘甲，即各省富商辏集之所。众商预输苏杭间彩缎与奇玩，路旁结棚如物形，或楼台状，穷极眩采，横亘数十里。”以至于使者感叹说：“为游观之娱，役民兴作如此，而以帑储厚给工费，故民不为怨云。”

乾隆帝的七十万寿庆典，和珅既是乾隆帝的宠幸之臣，也是乾隆帝的亲家，还是刚刚履新的户部尚书，所以他除了竭力张罗好这一活动，还精心准备了一尊很大的金佛作为礼物。朝鲜使臣在见闻中提道："京城内有佛铺子，互相卖买。朝臣有此作为贡献，皇帝亦以赏赐贵臣。千秋节晨朝，有进贡覆黄帕架子，盛以金佛一座，长可数尺许，舁人阙中，闻是户部尚书和珅所献。"

通过成功筹办乾隆帝的七十万寿庆典，和珅与乾隆帝的关系更加密切。同年十月，和珅被派充四库馆正总裁，仍兼署理藩院尚书事务。换句话说，和珅不仅掌控了清朝的财政大权，而且开始向文化事业和民族事务转型，真正成了一个"复合型"人才，地位也更为显要。朝鲜使臣的记载中就有："兵部尚书福隆安、户部尚书和珅，贵幸用事。阁老阿桂之属，充位而已。"并特别提到和珅："为人狡黠，善于奉迎。年方三十一，为户部尚书、九门提督。而以最所钟爱之六岁皇女定婚于其子。性又阴毒，少有嫌隙，必致中伤，人皆侧目。"

从此，和珅走上了长达二十几年的把持财政大权之路。

把持教育和考试

和珅的"触角"伸得很广，他甚至控制国家的教育和考试权力。他先后担任教习庶吉士、经筵讲官、翰林院掌院学士等职务，并利用这一便利，控制了部分官吏的遴选权。

乾隆六十年（1795年）会试，左都御史窦光鼐任主考官。发榜时，人们发现，第一、第二名竟然是浙江举人王以晤、王以衔兄弟二人。窦光鼐任浙江学政多年，和珅认为一定是他偏爱自己的门生，在考试时做了手脚，要不然哪有这么凑巧的事情。于是恳请乾隆帝派纪晓岚和他一起进行复试，并借机"兴大狱以倾窦，复试日，使卫士环列稽察之"，复查的结果是王以晤以试卷"疵累甚多"除名，王以衔得以参加殿试。后来，皇帝御览的十本殿试卷子中，王以衔仍高居第一名！

乾隆帝感到很奇怪，就连和珅与诸大臣也面面相觑，于是上奏："此次阅卷诸臣皆秉公认真，亦无私弊，如有失当，何妨易置？"乾隆帝则说："若此则彼之兄弟联名，或出偶然，科第高下，殆有命焉；非人意所能测也，何必易置！且既拆弥封而再易置，则转不公矣。"这也算是一种巧合吧，遂拍板定案，窦光鼐等人这才避免了革职或交部议处的厄运。

由于和珅经常主持会试和殿试，因而对乾隆帝的出题习惯了然于胸，往往能够猜个八九不离十。于是进行"押题"，往往一押就中。因此，和珅常常把押中的题目告诉出钱的学子，考中者甚多。

乾隆五十六年（1791年）十一月二十一日，乾隆帝下令将江南儒生蒋衡所整理过的《十三经》刻石于太学，并命和珅、王杰为总裁，以董诰、刘墉、金简、彭元瑞为副总裁，金士松、沈初、阮元、瑚图礼、那彦成随同校勘。乾隆帝在上谕中称：

自汉唐宋以来，皆有石经之刻，所以考定圣贤经传，使文字同，归于一是，嘉惠艺林，昭垂奕，甚盛典也。但历年久远，碑多残缺，即间有片石流传，如开成绍兴年间所刊，今尚存贮西安、杭州等府学者，亦均非全经完本。我朝文治光昌，崇儒重道。朕临御五十余年，稽古表章，孜孜不倦，前曾特命所司创建辟雍以光文教，并重排石鼓文，寿诸贞珉。而十三经虽有武英殿刊本，未经勒石，因思以前蒋衡所进手书十三经，曾命内廷翰林详覆舛伪，茂弃懋勤殿以年，允宜刊之石版，列于太学，用垂永久。

这次刻石引发了一个有趣的故事。当时主要负责此事的是和珅和彭元瑞，彭元瑞凭借功劳和贡献获得乾隆帝的肯定，并给予缎匹、笔墨的奖励，而同为负责人的和珅因为没有做具体的工作，没有得到任何奖励，和珅自从受宠以来，哪里受过这般"窝囊气"？就以"非天子不考文"为由攻击彭元瑞所作《乾隆御定石经考文提要》，并令人作《考文提要举正》，本以为胜券在握的和珅，没想到碰了一鼻子灰——乾隆帝对此并不认同。和珅还是咽不下这口气，竟派人将彭元瑞所改的古字全部挖去。清朝的姚元之在《竹叶亭杂记》卷四中对此有记载：

太学石经凡一百九十碑，为江南拙老人蒋衡书，乾隆五十七年始勒石。先是五十六年，高庙欲勒石经于太学，初命彭文勤公元瑞司校雠，金司空简司工。五十九年高庙启跸，幸避暑山庄，文勤不随扈，命每晨携笔砚至乾清宫遍校内府所弃宋刻各本，金司空备食。文勤因得观人间罕见之本，考其同异，著为一书，名曰《乾隆御定石经考文提要》。凡蒋书不合于古者，俱改正之。碑成，文勤面奏云："石经将垂训万世，只臣与金简二人列后衔，臣以末学，金又高丽人，恐不足取信。"因加派和相国坤、王文端杰为总裁，董文恭诰、刘文清墉及金司空、彭文勤为副，金司空士松、沈司农初、阮制军元、瑚太宰图礼、那太宰彦成随同校勘，独文勤得邀官衔，并命仿《五经文字》《九经字样》例，每经勒《考文提要》于后。和相国嫉焉，大毁《提要》不善，并言非天子不考文，议文勤重罪。高庙（乾隆帝庙号）谕云："彭元瑞本以《乾隆御定石经》加其上，何得目为私书？"和计不行，乃令人作《考文提要举正》，分训诂、偏旁、谐声三门，以为己作也以进。又訾《提要》多不合坊本，不便士子，请妨禁销毁，并命彭某不得私藏。高庙叹曰："留为后人聚讼之端，亦无不可。"其事乃寝。和乃密令人将碑字从古者一夜尽挖改之，而文勤之《考文提要》亦不果刊。嘉庆八年，文勤奏请详加察核，仁宗命董文恭、纪文达、朱文正、戴文端、那冢宰查对，但将碑字之草率漏画略加修补而已。阮制军之抚浙江也，始以《考文提要》属门下士许进士绍京刊刻焉。提要之作，荟萃宋本之善者。嘉庆二年，乾清宫毁于火，宋本俱烬，今乃藉是书以存其大概，岂非深幸耶？

由此可见，和珅当时牢牢把持着教育、考试大权，他的专横跋扈和独断专行到了何等猖狂的地步！

控制科举广取士

和珅本人虽然没有通过科举考试，但他明白科举才是国家取士的正途，皇上选拔官吏，很大程度上都依赖科举。所以控制科举是巩固自己在朝中地位的捷径。和珅一方面用师生之谊笼络朝廷官员，另一方面每年的主考官都是考生巴结、贿赂的对象。此外，文化、教育方面的事业是善举，还可以让自己有个好名声。

科举是国家十分重要的领域，清朝历代都很看重科举的公正性。科举主考官历来是饱学鸿儒，和珅并非通过科举途径发迹，因此一时之间，难以插手这个领域。和珅做了不少文化工作，先后主持过《四库全书》《皇清开国方略》等许多官书的编纂工作，担任过国史馆总裁等高级职位，为控制科举做了充足的功课。

和珅先后担任教习庶吉士、经筵讲官等官职，通过这些职务，和珅可以控制官吏的选拔，方便安置自己的亲友、党羽，打击对自己不利的政敌，还大肆收受贿赂，财源广进。甚至连考试发榜的排名，也可以仅凭和珅个人的意愿随意调整。

吴省兰、吴省钦兄弟曾经做过和珅的老师，虽然学识渊博，但屡试不中。后来，二人通过和珅帮忙，终于顺利通过考试，一步步踏上仕途之路。这二人自从得了和珅的好处，对和珅可谓言听计从、忠心耿耿，所以和珅也有心提携他们。有些和珅不方便直接控制的事情，就委派他们兄弟二人去做，和珅既能从中得到实惠，还可以避人耳目。

有一年，和珅推荐吴省钦出任直隶府学政，主持乡试。吴省钦一到地方就公开舞弊，甚至名码标价地收受贿赂。一时之间乌烟瘴气。吴省钦收到的好处自然不敢私自瞒下，大部分都孝敬了和珅。

这次乡试吴省钦公开舞弊，动静太大，引起了诸多贫寒考生的不满。他们本希望寒窗苦读十几载，能够通过考试博取功名，却因为没有银子而名落孙山，因此对和珅与吴省钦非常痛恨。有一名胆大的考生知道内幕后，又气又愤，在考场门前贴了对子，讥讽吴省钦。上联是“少目焉能识文字”，下联是“欠金安可望功名”，横批是“口大欺天”。这是一副拆字联，上联的“少目”恰是个“省”字，下联的“欠金”恰是个“钦”字，横批中的“口”“天”二字则是一个“吴”字。对子巧妙地将吴省钦的名字嵌入其中，暗中讽刺吴省钦不识学问，主考官只认金银不认人。吴省钦得知后十分惊恐，急忙调派了几名官差，并严禁考生私自张贴任何对联、条幅。

和珅在全国的眼线众多，不久就知道了这件事。他把吴省钦狠狠地教训了一顿："银子不是不能收，但你这也太明目张胆了。直隶学政本来就是个肥差，何必要一次吃饱？免得被别人看出破绽，事情要是闹大了，对谁都不好。"这可是和珅几十年的贪污受贿秘诀，是和珅在长期的做官过程中总结出来的，不由吴省钦不服。

和珅控制科举的事情举不胜举，手段也层出不穷。福州有位著名的进士，名叫郑光策，他的一生颇有些传奇色彩，曾经因为反对和珅而受到了和珅的打击抱复。

郑光策，初名天策，字宪光，一字琼河，又号苏年。他是福建闽县（福建福州）人，少年时父亲离世，家境贫寒，与弟弟郑天衢相互依靠、努力读书，互为师友，在当地很有名气，有"二雄"之称。

乾隆四十四年（1779年），郑光策考中举人，第二年考中进士，候选做官，此后郑光策仍然日夜攻读诗书，从未懈怠。他在乾隆帝的一次南巡中给乾隆帝写文章，得到了乾隆帝的赏识，命其在浙江参加会试。

和珅当时是户部侍郎兼军机大臣，跟随乾隆帝一起南巡，乾隆帝就命令他监试这次考试。交卷时，和珅看到乾隆帝的御座下面有个踏脚用的脚儿，就故意坐在上面收取试卷。这样一来，下面的考生交卷时，就不好站着交卷了。因为和珅离乾隆帝很近，所以只好跪着呈上试卷，看起来就好像给和珅下跪一样。

郑光策当时已是进士，自然心高气傲。他见和珅借皇帝抬高自己，趁机侮辱读书人。于是与同乡福建名士林乔荫等人约定，交卷时只拱手行礼不下跪，交了考卷就愤愤地退下。和珅见郑光策驳了自己的面子，对他怀恨在心。于是在阅卷时，故意将所有福建人的考卷藏起来就不阅卷，结果福建省无一人考取。

郑光策知道只要和珅一日在朝为官，他就永无出头之日，于是回到福州老家，刻苦钻研诗书文章，除了熟读圣贤书，还积极研究对现实有用的书，成了有名的政治改革家。可以说，和珅的蛮横无理成就了一个历史名人。

郑光策后来还为平定台湾林爽文起义发挥了积极作用。乾隆五十一年（1786年），台湾林爽文起义，郑光策向福建的将军府呈上平叛林爽文的《十二议》。当时的大将福康安读了郑光策的意见之后，全部采用并获得了最终的胜利。福建巡抚徐嗣曾在台湾善后，临走前，郑光策又呈上《台湾善后事宜书》的八议：议定章程、议散义勇、议增兵额、议兴屯田、议缓城工、议严盗课、议设官庄、议举吏职。福康安、徐嗣曾觉得他是个奇才，邀请郑光策一起到台湾。郑光策以母亲年老为由，推辞不去。

郑光策虽然由于和珅的打压而仕途不顺，但他的思想影响深远，后世对他的评价很高。

和珅不仅通过操纵考试进行内幕交易，以致耽误读书人的前途，他甚至能够随意调整考试的名次。

乾隆五十二年（1787年）的春闱会试中，有一位姓沈的读书人考取了前十名。和珅担任主考官，看到这位考生文采不凡，必是将来的栋梁之才，于是就想拉拢他。不料姓沈的考生性子耿直，厌恶和珅的为官之道，不屑与和珅结交，况且自己已经进入前十名，参加殿试应该没问题，和珅此时提出与自己结交，其意不言自明，心中更是不屑。

和珅火冒三丈，暗暗下定决心要好好整治此人，否则以后谁还把自己放在眼里？和珅利用自己主考官的身份，找了个借口让他名落孙山，不明不白地取消了他的殿试资格。从此以后，京城的人都明白，和珅能够操纵考场，文人举子不得不在考试前结交和珅，贿以重金，以免和珅与自己为难。这样一来，京城内外的官员学子都成了和珅的奴才和附庸，没有一个敢顶撞他。

京城中的学子知道和珅的为人还好说，那些外地来京考试的学子可就不明不白的受了冤枉。和珅对那些不听话、不知好歹的读书人从来都是毫不留情，他可不管你是打哪儿来的。

山西举人薛载熙就是被这样除名的。乾隆五十四年（1789年），薛载熙赶往京师参加礼部恩科会试。清朝的科考在殿试之前还须进行一次复试。复试结果按成绩优劣分为一、二、三等，并分别授予官职。薛载熙自认才高八斗，不出所料地进入复试。一般情况下，只要不出大差错，进入复试就意味着已经中了进士，只是名次会有出入。薛载熙见自己已经进入复试名单，自然高兴万分，消息传回山西，更是举家欢腾，即刻着手准备迎接这名进士。

孰料，天有不测风云，复试前夕发生了变故，薛载熙的名字从复试名单上被除去，失去了复试资格。

薛载熙丈二和尚摸不着头脑，不知道发生了什么事情，着人在京城的亲戚中打听。亲戚对他说："这次考试的主考官是和中堂，你被除名，肯定是得罪了他，其他人是不敢随便改动名单的。你好好想想哪里得罪过和中堂，或者有什么对他不敬的地方？"

薛载熙要不是参加考试，连京城在哪里都不知道。这次来京城，他连客栈的门都很少出，更别提与别人发生冲突了。至于和中堂，他连听都没听说过，怎么可能会得罪他呢？

亲戚一听，不屑地一声冷笑，对他说："怪不得呢！你既然来京考试，为什么不去拜访和中堂，表示自己的恭敬之意？你不去他府上，给他好处，这难道不是得罪他吗？你初来京城，可能不知道吧？这和中堂做事收钱是出了名的。只要他主持科举，无论你有多大学问和能耐，要想考中，必须先去送钱拜码头。否则别想考中；而那些考中的人都必须顺从他。拒不顺从的人，除非你名满天下，连皇上都知道，否则要么除名，要么落榜。京城的官场人尽皆知，但碍于他的权势，没人敢说就是了。"

薛载熙只顾闭门读圣贤书，哪有心思关注窗外事？本想来到京城，一心准备会试，考取功名，哪懂得还有这般诀窍。

这件事确实是和珅捣的鬼。和珅见其他人都来给他送钱，表示对他的尊敬，唯独薛载熙不给面子，于是有心不让他进入殿试。和珅拟定复试名单后，上奏乾隆帝批复。和珅对薛载熙的评语是："单凭学问水平而论，薛载熙的试卷没有大的问题，只是诗文有粗鄙乱凑之嫌，奏请停科。"

当时恰巧在乾隆母亲皇太后八十岁大寿期间，乾隆帝心情极好，不想在这些细枝末叶上太过追究，好让天下读书人普惠皇恩，于是批复道：

"若没有大的问题，可以加恩宽免。着和珅与诸位考官仔细商议。"

和珅仍然不肯放过薛载熙，以众人商议后的名义上奏道："薛载熙的复卷与中卷不符，难逃舞弊嫌疑，请记录在案，留待以后审查。"复试与中卷不符，这种情况很常见，和珅以此为借口，确实是有心置薛载熙于死地。乾隆帝无心继续纠缠下去，就同意了和珅的奏请。

薛载熙可算经历了一次过山车。本来他进入复试的消息已经传回山西老家，家人也已准备好高规格的迎接仪式，不想最后却是一人孤独返乡。薛载熙受到了巨大的打击，但是学子的倔脾气却上来了，他不愿意向和珅低头，只好韬光养晦，闭门谢客，每日在家刻苦攻读，盼着和珅倒台。只有这样，自己才能拨云见日。他非常憎恨和珅，甚至每天读书后，薛载熙要焚香跪拜苍天，诅咒和珅快些倒台，这样一直坚持了十年，未有间断。

薛载熙的诅咒应验了。十年后，太上皇乾隆帝驾崩，权倾天下的和珅随后被嘉庆帝赐死。薛载熙悲喜一起涌上心头，禁不住泪流满面，他知道自己翻身的机会终于来了！于是他打点行装，凑齐盘缠，动身到京城去申诉自己的冤屈。

薛载熙在京城一直等待见到嘉庆帝的机会。嘉庆六年（1801年）的一天，薛载熙得到消息，嘉庆帝出外巡视。薛载熙在皇帝必经之路上苦苦等待，终于等到了嘉庆帝。他冒死拦驾含冤，哭诉冤情。嘉庆帝命薛载熙从实禀奏。薛载熙声泪俱下地把十几年前的会试被和珅无辜除名，不能考取功名的事情一五一十地向嘉庆帝说了出来。

嘉庆帝本来就知道和珅作恶多端，也曾经听说过这件事。于是当场下旨："薛载熙会试中被无辜除名，并非皇考的本意，是和珅蒙蔽了皇考，出于私心办理的此事。朕也知道你的冤情，可以考虑现场出题考试。"

于是，嘉庆帝现场出题，让薛载熙即兴作诗一首。薛载熙在家读书多年，颇有文采，会试不中后更是专心习作，学问大有长进。现场作诗立就，嘉庆帝听了，评价说"诗句的水平比以前的还要好，加恩赏还举人身份"。薛载熙被和珅打压十多年后，终于平反。

这只是有记载的影响较大的例子，那些未曾记录的不知还有多少，可以说，和珅在当权期间到底抹杀了多少有才之士的功名，恐怕难以计算，给朝廷造成了不小的损失。

为修宅院动士兵

和珅飞黄腾达之后，成了皇帝的专职跟班，日益获得皇帝的好感，权势也越来越大。这样一来，他做事就少了许多顾虑，越发胆大妄为。他在建造自己的相府新宅时，竟然动用职权，私自调用国家的军队来为他修建宅院，这样，他在劳力上不用花费一分一毫。就连他盖房子需要的木料、砖瓦等材料，大部分也都是地方官员贡献的。可以说，和珅没花多少银子就盖起了一座令王公大臣惊叹不已的豪宅。

除了世人熟知的贪得无厌，和珅一生还豪奢无度，在修建宅第园林方面，也是不甘人后。乾隆帝对他恩宠有加，经常赐予他土地让他建筑宅院，有时候随便找个理由就会加封他，搞得其他官员很是嫉妒但也无可奈何。就这样，在乾隆帝的不断赏赐下，一座座别致、精美的园林相继成为和珅的家产。

乾隆四十一年（1776年），和珅刚刚由御前侍卫兼都统擢升为户部侍郎、军机大臣，正值春风得意之际，当然要重修家宅以示庆贺。他的第一所新居就是在这个时侯建造的。乾隆帝为了表示祝贺，专门在什刹海畔三座桥附近的“黄金地段”赐给他一块上等的地皮。这是和珅第一次建造自己的新宅院，所以他在建设时非常用心，亲自监督整个工程，对每个细节都有要求，力争超过其他王公大臣的府邸。

此处建得豪华奢侈，且在他倒台后成了他的罪状之一。嘉庆四年（1799年），嘉庆帝曾发布上谕：“所盖楠木房屋，僭侈逾制及其多宝阁（隔断式样），仿照宁寿宫制作，其园寓点缀竟与圆明园蓬岛、瑶台无异，不知是何肺肠。”再有，“据呼什图供和珅盖造楠木房屋时，曾令伊入宁寿宫照烫式样。查呼什图人禁内烫样，该总管太监并不阻止，辄行放人，应交总管内务大臣查议”等。“因奏准抄出到臣衙门，臣等查得萧得禄等均系总管太监，当呼什图擅入宁寿宫烫洋时并不阻止，辄行放人殊不合，请将总管太监萧得禄，阎进喜各罚钱粮二年。首领太监董世玉、李进孝、高进喜、邓世忠罚钱粮一年。”

和珅建造此宅院时，竟然派呼什图潜入内宫“烫样”，并依照烫样建造，所以，其“锡晋斋”依稀可看出宁寿宫的影子。宁寿宫是为太上皇乾隆帝建造的，和珅这样做当然属于违禁。虽然当年御史曹锡宝弹劾他逾制建造宅院。但当时和珅正风光无限，乾隆不仅对和珅逾制之事不予追究，还斥责曹锡宝诬陷和珅，使曹锡宝丢官弃职。

事实上，和珅当时刚刚抬入正黄旗，在什刹海的封地建造是符合祖制的，但是和珅打了一个擦边球，他本人借机极尽奢华之能事，逾制修建自己的宅院房屋，确有违规之嫌。不过当时和珅在朝中炙手可热，连皇帝都睁一只眼，闭一只眼，谁还能拿他怎么样?

和珅宅第东至毡子房胡同，南至今前海西街南侧，西至李广桥，北至大翔凤胡同，后辗转达官贵人之手，并多次改建，至今仍有嘉乐堂、天香庭院、锡晋斋、寿椿楼等和珅所建的基本建筑。和珅的宅院规模当然与亲王贝勒王府不能比，但从内部结构和装饰之精美上看，和府绝对是数一数二的，而且史料中有记载：其装饰物“皆亲王所不应有之物，而和珅有之，且铜路灯较大内所有尤为精致。今分设于景运、隆宗二门外”。

这宅第的建造耗费了许多人工和时间，单是动用的工人的报酬就不是一个小数目，和珅的精明之处就在这里，据史家考证，和珅建造府第所支用的工匠不是招募而来的平民，而是他控制的步军统领衙门的兵丁和巡捕五营的步甲等人。据考证，最多的时候和珅调来的兵可达1000多人。和珅动用职权，私自调用国家的军队来为他自己修建安乐窝，唯一表现出的就是他的贪得无厌。

和珅当时可谓富甲天下，却仍然为了省下工人的工资而不惜动用国家军队，真是精明过了头。

实为朝廷掌舵人

乾隆五十一年（1786年）七月，负责工部事务的苏凌阿、瑞保出差在外，新任尚书舒常尚未到京，而工部的日常事务又多，所以一切工部日常事务暂时由和珅代为管理。一个月后，37岁的和珅补授大学士一职，并仍然负责户部事务。与此同时，因为补授吏部尚书、协办大学士的福康安因兼陕甘总督一职，无法回京，所以吏部事务也由和珅负责。同年九月，因和珅掌管崇文门税务已有八年时间，况且已经升任大学士，不便再兼任这一职务，转而由其子、固伦和孝公主的额附丰绅殷德充任。

清代的大学士只是一种荣誉职位。雍正帝创设军机处后，就算是议政王大臣会议也不得参与军国大事的处理，因此大学士成为一个虚衔。会典上规定的大学士“掌钧国政，赞诏命，厘宪典，议大礼、大政，裁酌可否入告”等决策职责等于废话，只有“修实录、史、志，充监修总裁官。经筵领讲官，会试充考试官，殿试充读卷官，春秋释奠，摄行祭事”等闲散职能，根本没有实权。即便如此，不少官员要获得大学士一职也不容易，大多官员在即将退休的时候才能得到。一旦获得大学士一职，即要解除负责的六部职务，最多可以兼管事务，但并非直接掌管实权。

和珅是个例外，他不仅37岁即获得大学士这一荣誉职位，而且不脱离实权，仍直接掌管六部中吏部、户部、工部等的实权。他所兼任的工部是主持工程的最有油水的部门；吏部尚书负责官吏的遴选和考核，是天官；户部则负责国家的财政大权……可以说，和珅几乎控制了大清国所有的要害部门。

在乾隆帝眼里，和珅的才能还没有完全发挥，他开始让和珅掌握主持军机处的大权。军机处是清代直接秉承皇帝旨意经办重大政务的中枢。军机大臣的权势之显赫，朝野闻名。就连军机大臣下面的一些草拟文稿的助理人员，即军机章京，因接近国家机要，平时也狐假虎威，颇有权势，俗称“小军机”。

“小军机”在清代社会上名声很大。每当皇帝下谕旨，都要由军机大臣交给军机章京起草拟稿，然后呈皇帝阅览批准后颁发执行。《檐曝杂记》对这一过程进行了具体的描述：“军机大臣早晨入内面奉谕旨，等到退下来，已是辰牌时分了。回到军机处后，叫军机章京进来，告诉他今天有几道什么上谕。军机大臣一面说，军机章京一面用手一一记下；然后回到自己办公的房子里，分派拟稿：某某拟哪一道，某某拟哪一道。一时间笔如风雨。军机章京看过了，又斟酌几个字，然后给军机大臣看。军机大臣认可后，就由太监呈送皇上，皇上阅览批准后，这才颁行天下。”

军机章京官级不大，属于助理人员，但因其身处政权中枢，经手的都是上谕、奏折等国家机要文书，因此，官场中的人都认为他们颇有权势。许多官员都通过他们打探官场的最新消息，以期获得他们的关照。尤其是一些想向上爬的地方官吏，虽然没办法接近军机大臣、各部尚书、侍郎等朝廷大员，但是经常以巨资珍宝买通官级稍微低一些的军机章京作为自己的内线，把握朝廷的动向。所以军机章京在官场上的影响很大。

军机章京一般都是文思敏捷，“下笔千言，倚马可待”的饱学之士，而文采一般、庸俗不堪者，只好多干些粘贴文稿、折子的杂活儿。这种军机章京被世人讥为“面糊章京”。《负曝闲谈》提到他们何以被称为“面糊章京”：达拉密章京对于那些无法执笔的章京了然于胸，于是有些事情就不去惊动他，到了忙的时候，把批好的折子，什么“知道了”“该部议奏”等，都一条一条地夹在折子里面，叫他用糨糊一条一条地粘上去，这就是他们的工作，所以叫“面糊章京”。

任何职务只要能跟皇帝沾上边儿，就有升迁的机会。军机章京拟的文稿如果经常受到皇帝赏识，拟稿者就会一时间声名鹊起，甚至破格升官。反之，如果军机章京拟的稿总是差强人意，没有亮点，就可能十天半月不被委派一事，只是按时上下班而已。前者被称为“红章京”，意为受到皇帝的重视，鸿运当头；后者被称为“黑章京”，意为被冷落、触了霉头。有人甚至为“红章京”作诗道：“流水是车龙是马，主人如虎仆如狐。昂然直到军机处，笑问中堂到也无。”其中的中堂指大学士，可见“红章京”当时的权势之盛。相反，“黑章京”就没有那么风光了：“篾篓作车驴作马，主人如鼠仆如猪。悄然溜到军机处，低问中堂到也无。”更有好事者将后二句改作“五更踱到军机处，不识今朝有事无”。将“黑章京”低三下四、无事可作的倒霉模样表现得淋漓尽致。其实，无论“红章京”还是“黑章京”都是清朝黑暗官场的一面镜子，让人不胜唏嘘慨叹人生的际遇。

和珅刚入军机处时，并没有掌握实际大权，因为很多居功至伟的朝中老臣都排在他前面。乾隆四十九年（1784年）闰三月，福隆安去世，和珅在军机处的排名升至第三位，加上首席军机大臣阿桂一直奔波在外，次席梁国治又是汉人，无法掌握实权。这样一来，军机处的实际决策权就落到和珅手中。关于这一点，早在乾隆四十五年（1780年）十一月，朝鲜使臣就有这样的记载：“兵部尚书福隆安、户部尚书和珅，贵幸用事。阁老阿桂之属充位而已。”

后来，乾隆五十年（1785年），朝鲜使臣在闻见别单中又说：“吏部尚书和珅，去年升为军机大臣，子尚皇女，女配皇孙，权势日隆。皇帝且遣内侍轮番其第，势焰熏天，搢绅趋附。惟阁老阿桂勋伐既盛，而清谨自持，为珅敬惮，朝野颇以倚赖云。”四月，朝鲜使臣在闻见别单中又说：“和珅宠遇愈隆，威势日加，今年又以军功进封一等男。”此时的和珅可谓大权在握，如日中天，成了大清朝廷的实际控制者。

和珅之所以权势越来越大，是因为年老而又不肯放权的乾隆帝越来越“倦勤”，与先前那个年轻气盛、精力旺盛的乾隆帝不可同日而语。乾隆五十二年（1787年）二月，朝鲜使臣描述晚年乾隆帝政风变化：“皇帝近年颇倦，为政多涉于柔巽，处事每患于优游；恩或多滥，罚必从轻；多滥故启幸进之门，罚轻故成冒犯之习。文武恬戏，法纲解弛，有识者颇以为忧。”

正是乾隆帝的越发“倦勤”，给和珅提供了把持朝政、巩固自己权势和地位的机会。到了乾隆末年，和珅实际上已经成了大清国的掌舵人。嘉庆二年（1797年）八月，阿桂去世，他真正成为朝廷的第一决策者，达到人生事业发展的巅峰。

第四篇

家财万贯，聚之有『道』

——和珅的敛财之道

第十二章　千里为官只为财

——贪污受贿广积家产

打压官清，阻其升迁

行贿是行贿者的通行证，廉明是廉明者的墓志铭，行贿受贿历来是官场中无法根除的毒瘤。像和珅这种乾隆帝面前的大红人，手眼通天，向他行贿的人更是多的数不胜数。和珅在这方面也是毫不手软，经常直接向各级官员索贿。

和珅向来陪伴在乾隆帝身边，当然可以打着皇帝的名义索要钱物。伴随御驾出巡，即是他向各地官员勒索钱财的大好时机。乾隆四十五年(1780年)，乾隆帝第五次南巡。和珅在沿途省份大加勒索，狠狠地敲了地方官员的竹杠。途经扬州时，乾隆帝见扬州市井繁华，百姓安居乐业，心中不免高兴，对扬州当地的官员大加封赏，并赐宰众盐商，一时间君臣都乐开了花。于是乾隆帝在扬州行宫大排筵宴，好不热闹。

宴罢，和珅暗中将两淮盐政征瑞叫到面前，非常诡秘地向他提起了一桩旧案，是十几年前的一件事情。原来，自乾隆十一年（1746年）至三十二年（1767年）的二十多年间，两淮预先提取盐行共约490万两，共得合银1000余万两，然而，历届的盐政均未将这笔资财奏请充公。此案终于在乾隆三十三年（1768年）案发，虽然两淮盐政及各地与此牵连的官吏都受到了严惩，可是接任的盐政仍然以各种借口迟迟不愿上交，总是应付了事。直到乾隆四十四年（1779年），仍欠内务府500多万两。

后来和珅知道这是一个肥差，才安排了向自己行贿的征瑞任职。

这次和珅陪同乾隆帝一起到了扬州，亲自见到了扬州的富庶，而且此地盐商众多，个个生活奢靡，这才觉得征瑞平时给自己的进献实在是太少了，心中感到非常不满，但又不好明说。于是，便借机向他旧事重提，准备再多勒索些钱财。和珅阴阳怪调地说："你欠的1000多万两银子，好像没有还多少啊？为什么不用还完？是谁给你们说话，让皇上给你们减免的？而你自己从中又收了多少银子，你我也都清楚。大家都是聪明人，皇上若问起这件事来，知道你这么多年还没有还上，定会勃然大怒，到时候可别说我和某没有提醒你啊！"和珅的这句话是赤裸裸的威胁和恫吓，征瑞岂会看不出来？他的两淮盐政职位本来就是靠着和珅才得来的，倘若和珅变脸，自己就没法发财了，为了保住这个挣钱的职位，征瑞只能唯唯诺诺地不住点头："小的每年向上交纳10万两，其他的节日也断断不曾少过，希望大人能体谅下官的难处，小人这就回去筹措银两，请大人尽管放心。"

和珅本来就是冲着银子来的，他见征瑞明白了自己的用意，而且表现的又如此听话，就用舒缓的口气说："其实说到底，你也只是为皇上办事，你若实在还不上内务府的银两，也不必过于紧张。这中间环节众多，皇上还能太为难你不成？再说皇上此次南巡，你接待周全，博得龙颜大悦，对你不还进行了封赏，这不是还赏赐你顶戴花翎。"说完才拿出皇上赏赐的物品给他。

征瑞见和珅这么说，而且皇帝赏赐礼物给自己，这才稍稍平静下来，当夜召集心腹盐商，筹措银两，给和珅送去了10万两白银，这才暂时安慰了和珅。

虽然如此，征瑞的两淮盐政职位不久还是被和珅借故除去，转而给了扬州盐商汪如龙，后来征瑞打听得知汪如龙给和珅送了整整20万两白银，难怪和珅摘了他的帽子给别人。

在和珅眼里，接受属下的贿赂是天经地义的事情，替人办事当然要拿报酬，只是和珅不仅暗地里索贿，还明目张胆地勒索敲诈，只要是他看中的东西，他甚至会毫不客气地当面索要。

朝廷派往各地的封疆大吏每隔几年就会回京述职，以让皇上了解全国各地的治理情况，每次进京都会携带一些本地的珍稀之物进献给皇上。

乾隆五十四年（1789年）六月，两广总督孙士毅从安南前线回京述职。总督掌管一省或几省的行政，是朝廷中的大官，一般都是皇帝极其信任之人才能担任。他们在朝中的地位很高，一般官员对他们都非常敬畏。唯独和珅妄自尊大，就连王爷公卿也怕他三分，总督更不会入他的法眼。

孙士毅一到京城就前往金銮殿面君，在宫门之外遇见和珅，和珅一眼就看到他手中拿着一个东西，想来是要进献给皇上的。和珅向他要来一看，原来是一个用珍珠做成的鼻烟壶，做工非常精巧，是世间罕见的绝品。和珅一见便爱不释手，连连称赞。临分别时，和珅对孙士毅说："孙大人，这件玩物肯转赐下官否？"孙士毅对和珅受贿贪污早有耳闻，现在竟然当面索要，一时无法回话，只得如实回答："此物本要进献给皇上，而且早已奏明。蒙和大人喜爱，本应赠与和大人，怎奈这样一来下官不好向皇上交代，还望和大人体谅下官的为难之处。下次进京，我再为和大人另行准备礼物，您意下如何？"和珅没想到孙士毅竟然驳他的面子，但既然是献给皇上的，他也不好发作，只好掩饰说："孙大人不必挂在心上，我刚才只不过是开个玩笑罢了，君子不夺人之爱嘛！"孙士毅见和珅这么说，以为这件事就算过去了。

没过几天，孙士毅在军机处见到和珅，和珅故意将手中的鼻烟壶晃了晃，对孙士毅说："孙大人，我也有一个鼻烟壶，请你看看比你那个如何？"孙士毅看到这明明是自己献给乾隆帝那一个，心中非常吃惊。和珅得意地笑道："孙大人不必惊讶，这鼻烟壶是皇上赏赐给我的，未免不是你进献的那一只。"说完哈哈大笑。孙士毅这才彻底明白了和珅在朝中的地位与权势，从此以后，对和珅再不敢有半点不敬。

和珅虽然大贪特贪，凭借官威聚敛了巨额财富，在朝中更是飞扬跋扈，但他却能安如泰山，这正应了那句话"打压官清，阻其升迁"，难怪朝廷上下一片乌烟瘴气。

朝中“人情”卖不完

在关系社会中，人情也是财富。朝廷作为封建社会最大的利益和官场信息集散中心，只要稍微使用手中的权力，对各种官员发布的信息进行“明码标价”的出售，一夜暴富也不是没有可能。

在官场上摸爬滚打，重要的是消息要灵通，这些信息也许对和珅这样的高官没有用处，但对于那些职位较低不能接近权力核心的官员却有着非同寻常的意义——能否从高层官员那里得到内部信息，可能会决定他们的前途甚至是命运。为了能及早掌握这些内部信息，以期迅速飞黄腾达，总会有人不惜花费重金去打通关节。所以历史上总是少不了那些巴结、勾结宦官等皇帝近臣的人物，为的就是能从皇帝身边的人口中得到朝廷上的风吹草动，好见机行事，做好随风倒的准备。

乾隆时期，和珅无疑是这类人追逐的首选目标。和珅常年伴随在乾隆帝身边，对朝廷的一举一动可谓了如指掌。皇上平时不与其他大臣说的话会跟他说，皇上平时有些什么爱好和珅也最清楚。只要获得一点儿内幕，哄得乾隆帝高兴，说不定就能让他们一辈子吃穿不愁了。

别说和珅做了那么大的官，仅凭常年陪伴皇帝掌握的那些“内部消息”他就可以大发横财了，和珅爱财如命，当然对此也心知肚明。和珅常常以“送人情”的名义，趁机做“情报交易所”的交易员，通过这一行径，他积累起了不少财富。

乾隆帝在五次南巡之后，许多大臣也看出了他的这一行为是劳民伤财的举动。每遇到皇帝出巡，各省督抚趁机大肆勒索属员，往往还打着皇帝的旗号，这样一来，皇帝虽然没有收到很多礼物，却被各级官员趁机利用，狠狠地剥削老百姓。百姓虽然怨声载道，但无法上达天子，因此乾隆帝还沉浸在天朝上国、物阜民丰的意淫当中。也正因如此，乾隆帝才将大臣的劝阻置之不理，一意孤行地要进行第六次南巡。

和珅当然是最先知道乾隆帝决定的人，所以，皇帝还未出京城，远在扬州的两淮盐政汪如龙就收到了和珅的快马秘信，和珅还随信寄去了一幅香妃的画像，信中告诉汪如龙，可以按图中女子的样子在扬州为皇上寻找美女，如若办成这件事，皇帝一定重重有赏。

原来，乾隆帝后宫中有一名贵妃深得乾隆帝喜爱，册封为容妃。容妃不仅容貌秀丽，体态婀娜，而且天生体内有异香，所以人称“香妃”。

香妃是当年回疆的和卓向乾隆帝进献的美女，后来回疆形势发生剧变，大小和卓部起兵叛乱，乾隆帝派大军镇压。虽然这些事情乾隆帝有意瞒着容妃，可宫中耳目众多，还是被她知道了，她责怪皇上太过残酷，对乾隆帝也冷淡了许多。乾隆帝因她是和卓所献美女，不好明里太过恩宠，尽管心中不舍，还是不得不对她表现得疏远起来。后来，乾隆帝在中南海的瀛台之南为她建造了一座楼，名为宝月楼，并亲笔撰写了《宝月楼记》。记中写道：“楼之义无穷，而独名之曰宝月者，池与月适当其前，抑亦有乎广寒之庭也。”将宝月楼比作月亮上的广寒宫，那楼里的容妃，自然就是众所周知的月中仙子嫦娥了。其中的恋恋不舍之情，跃然纸上。

和珅对乾隆帝可谓了如指掌，他当然知道乾隆帝对香妃是无法割舍的，所以才命汪如龙遍寻江南美女，一定要找出一个容貌酷似容妃的女子，以解皇上的思念之情，若此事办成，皇帝肯定龙颜大悦，对汪如龙以后的仕途大有帮助。

汪如龙见和珅透漏给自己这样一个重大的内部消息，当下高兴得手舞足蹈，简直要把和珅当神仙供起来。他一直想做点什么以博取皇上欢心，好为自己以后高升打下基础，却一直苦于不得其要领，正在无计可施之际，和珅的秘信就是福星降临，给他打开了通往财富和权力之路的大门。他立刻命令手下干将在江南按照香妃模样挑选美女，终于找到一个气质高、形象好的江南女子。

乾隆帝南巡到扬州后，汪如龙忙不迭地献上美女。乾隆帝对汪如龙进献的这个女子非常满意，从她那里，年迈的乾隆帝想到了曾经温柔体贴的香妃，感受到许久未有过的温暖和幸福。乾隆帝一扫心中的不快，对汪如龙更是大加赞赏，立刻给他升了官。和珅因为给汪如龙提供了准确的情报而获得了汪如龙20万两白银作为感谢。和珅只不过是顺手将乾隆帝的一点心事作为人情送给了汪如龙，就获得20万两白银作为酬谢，可见他这个时常与皇上形影不离的人有多少情报可以做交易！

狐假虎威敛巨财

贪财之人最喜欢做的就是承揽大工程、大项目。因为工程有名正言顺的理由，是为国家和皇上办事，办得好了，不仅能博得皇帝的欣赏，还有名垂青史的可能。就算不能博得皇上的嘉奖，只是中规中矩的完成了，也能获得大量的钱财，有时一个工程可以让人一辈子吃喝不尽。但是由于僧多肉少，并不是所有的官员都有这样的机会，只有那些位高权重的人才能有这样的机会，所以，能否接到朝廷决定的大工程，成了某位官员地位和实力的象征。

和珅视财如命，自然不会放过这样的机会，皇帝南巡、避暑山庄扩建、圆明园扩建等一系列大工程都有他的影子，他也从中获取了大量的钱财。其中获利多、皇帝又满意的当属由和珅总负责的乾隆帝八十岁的万寿庆典工程。

乾隆五十五年（1790年），乾隆帝已经八十岁了。历代帝王活到八十岁的只有梁武帝、宋高宗和元世祖三位，可谓少之又少。所以，乾隆帝决定在八月十三日的生日那天举办隆重的庆典，庆典工程由和珅和工部尚书金简总负责。

和珅知道乾隆帝对自己的八十大寿非常重视，为了讨好皇帝，他施展出高超的理财本领，向乾隆帝主动请缨，保证不动用内务府一两银子就可以圆满完成大典。乾隆帝一听有这等好事，自然大喜。至于和珅的手段和从中获利多少，乾隆帝不再过问，任由他去做。

和珅立刻打着为皇帝办寿典的旗号开始了他的筹钱计划。除了要求商人捐献银两，王公大臣、八旗子弟及各部的官员均按俸银的多少扣除一定比例的奉银。外省官员则从各省的养廉银里扣除四分之一作为孝敬皇帝的奉银。这样算下来，和珅聚敛起来的银子已经超乎所有人的想象，举办庆典可谓绰绰有余，他将其中近一半的钱划入了个人的腰包，真正用于办庆典的只有一半的钱。

为了隆重，乾隆帝的八旬庆典分在三处进行，七月初七至七月二十二日在承德避暑山庄；七月二十四日启銮回京，七月三十日抵达圆明园；八月十二日自圆明园还宫，八月十三日在太和殿举行庆典大礼。八月二十一日庆典结束，总计一月有余，足见庆典的声势之浩大。

乾隆帝七月初七抵达避暑山庄，他在此并未全心全意地祝寿，整日还是为国事操劳。每日仍然批阅公文，处理国事，不曾荒废；另外，他还接见了安南、蒙古、回部、朝鲜、缅甸等国派来为韩隆帝祝寿的使节。

和珅为了展示全新气象，命人把避暑山庄的一应建筑全都修葺一新，尤其是山庄的正殿——澹泊敬诚殿，乾隆帝在这里设筵款待各国使节。澹泊敬诚殿由楠木建成，称作“楠木殿”，其中的设施陈列等一如皇宫，让皇帝感到非常亲切。七月二十三日，避暑山庄的祝寿活动结束，乾隆帝启驾回京，乘坐的是皇帝出行时规格最高的礼舆，充分显示出庆典的隆重。舆高六尺三寸，纵深三尺九寸，面宽三尺，左右的直辕各有一丈七尺长，由十六人共抬，礼舆的上部为八角的两层穹芏，十分华丽。

圆明园各处也都布置一新，和珅命人建起了各种各样的景点，绵延不断，既有人工搭起的亭台楼阁，也有仿照西洋建造的园林建筑，遇水则设龙舟，逢山置塔。景色宜人处表现得野趣横生、小桥流水，恢宏大气处极尽奢华，精雕细琢。各处景观更是错落有致地点缀了许多大大小小的戏台，轮番上演各种喜庆剧目。全国各地的戏班纷纷进京，为皇帝贺寿。另外，西四牌楼前也建起了一座大台，一百名须发皆白的老人伫立在上面，一派福寿景象。

八月十三日，乾隆帝寿诞的日子到了，乾隆帝在太和殿接受百官和外国使臣的朝贺，文武百官也都换上节日盛装，为皇帝的大典添加喜庆气氛。按照大清制度，如果遇到皇上或皇后的万寿庆典，文武百官都要在寿辰的前三天和后四天身着绣有团龙纹样的花衣，各国前来朝贺的使节则在太和殿以外的西檐之下等待朝廷的安排。

时辰一到，乾隆帝身着龙袍，头戴珠冠，在盛大的欢迎礼乐声中升座太和殿，然后是复杂而庄重的礼仪、宴会，各国的使节也都带来了本国的特色节目取悦乾隆帝。宴会宣告结束后，乾隆帝在百官的跪拜谢恩声中起驾回宫。

这个盛大的庆祝活动背后，是和珅自信的指挥协调。和珅将这么隆重的活动打理得有条不紊，实为历史罕见，对于清政府来说也是难得一见，更加令人称奇的是和珅没有花内务府的一分钱就办成了，乾隆帝对和珅更加信任和满意。和珅也假借天子名义，狐假虎威，强行克扣官员的俸禄，而且让有名的富商以向天子贺寿为名进贡奇珍异宝，其中大部分都落入了他的腰包。

大兴土木建豪宅

和珅一生宅院众多，既有自建的，也有皇帝赏赐的，不一而足。乾隆四十一年（1776年）十二月，和珅全家从正红旗抬入正黄旗，成为上三旗人。不仅如此，乾隆帝还赐德胜门内什刹海畔的一块地给和珅，恩许他另建住宅，同时把淑春园当作别墅赏赐给他。淑春园在今北京大学内，是颐和园的一部分。和珅对淑春园非常上心，几经修葺，使其成为西郊名闻一时的园林。

和珅的老宅在今北京西四附近的驴肉胡同，是清初论功行赏时分配给尚属于正红旗的和珅家的，和珅在发迹之前一直与弟弟和琳合住。后来和珅由御前侍卫兼都统一路升到户部侍郎、军机大臣兼内务府大臣，不好再与弟弟和琳一家同住，正巧皇上赏给他什刹海一块地，于是，他着手在此处修建他的新居。

和宅的布局非常精巧，其他宅院根本不能与其相提并论，就是和达官显贵的府邸相比，它也毫不逊色。庆亲王永磷曾道："使皇帝多如雨落，亦不能滴吾顶上，唯求诸兄见怜，将和珅邸第赐居，则吾愿矣。"后来，嘉庆帝果然满足了他的心愿，赏赐和珅邸宅的一半由他居住，就这永磷已经喜极而泣。

和珅的另一处宅院淑春园在历史上久负盛名。《大清会典事例》中记载："乾隆二十八年，内务府奏准圆明园所交淑春并北楼门外等处花园……"乾隆帝把淑春园赏给和珅后，和珅将其更名为"十笏园"并多次扩建，最终规模很大。园内山水相间，并存一个湖泊（今北京大学未名湖），湖中有小岛（湖心岛）、石舫，现在依然完好无损地保存于北京大学内，环境安静、美丽、曾有人赞曰："一径四山合，上相旧园亭，绕园二三里，烟草为谁青。昔日花堆锦绣，今日龛余晋火（园有花神庙），忏悔付园丁。绿野一弹指（绿野亭亦存），宾客久飘零。坏墙下是绮阁，是云屏，朱楼半卸，晓钟催不起娉婷（园中有楼，向贮一自鸣钟，极巨，是鸣则群姬理妆）。谁弄扁舟一笛（园池为渔人利，适有荡舟横笛者），斗把卅余年外，绮梦总吹醒。悟彻人间世，渔唱合长所。"

另外，内阁侍读学士斌良在《游故相园有感题》中写道："铜铺尘幂径苔侵，策马荒园寄慨深。爱蓄名花歌玉树，曾移奇石等黄金（闻园中有太湖石系鹾商某甲物，以千金运至）。缤纷珂缴驰中禁，壮丽楼台拟上林（园中楼阁均仿圆明园规模建造），犹胜荒地秀蒲牌，澹烟废绿远阳沉。"由此可见，和珅的院子可谓极尽奢侈之风，不惜千金把太湖石从外地运到园中。

几十年后，光绪帝的生父醇贤亲王游览淑春园后作了几首诗，其中《中秋后游舒（淑）春园四律》写道："是园乾隆年间归和珅，籍没后入官。传闻禁园工作，每取材于兹，足证之亭台之侈之巨。后转变为睿邸园寓，虽栋宇仅存，山水之秀美固自若也。余园近在比邻，曾未获游览。迨庚申变后，遂就荒芜。奇当匆匆一涉。辄为俗沉所扰，未得从容吟咏。兹赴差之使，更续旧游，逐物成诗四章。"其中的两首为：

归风待月楼

相业负林永，登怜怅惜年，高楼悲去鹤，孤冢咽啼鹃；

如仅耽风月，何由于简编；主人迭零落，一倒幼云烟。

石舫

余概横糊辨，轩楹慨劫灰；竟成填海物，不是济川材；

渭水曾推毁，严陵尚钓台；临流一凭吊，蛩语动蒿莱。

从诗中我们仍能体会到和珅住宅的奢华程度。

除了什刹海畔的宅第和海淀淑春园这两处比较著名的宅第，和珅在京城还有多处住宅。他为了早朝方便，在北长街路西会计司胡同中建造了一个临时住所，专供早朝用。

另外，和珅为了及时了解乾隆帝的生活习性，时时服侍乾隆帝，保持和乾隆帝的亲密关系，凡是乾隆帝去的地方都有和珅的住处。所以，避暑山庄、盘山等地均有和珅的住宅。乾隆五十八年（1793年），和珅在热河避暑山庄自家的宅院里接见了英国特使马戛尔尼。和珅死后，此房由固伦和孝公主和丰绅殷德继承了一部分，诚亲王永理也分得一部分。

和珅生前生活奢华，为了死后仍然保持这样的生活，他早早着手建造自己的陵墓。经过多方考察，和珅在蓟州境内选了一块坟地，经过几年的营建，逐步建造出规模庞大的“和陵”，史书记载：其外围墙有二百丈，内围墙一百三十丈。内有古门楼一座，石门二座，并开隧道，正屋五间，僭称享殿；东西厢房各五间，僭称配殿；大门一座，僭称宫门，其门扇一梁一檩均系红油飞金彩画，门用金包钉，梁柁五彩，描画中有金游龙。”和珅后来没有享用到“和陵”，其被嘉庆帝以“和陵逾制，规格比皇陵还高”为由强行拆毁。和珅死后由长子丰绅殷德在刘庄草草埋葬了事。

奢侈生活胜皇室

身居高位久了，难免要有所讲究，我们脑海中的贪官形象都是讲究享受、追求情调、附庸风雅的脑满肠肥之人。他们敛财的目的很直接，就是当下的享受，而且因为钱财并非本人辛苦得来，所以向来大方，出手阔绰，很少有人把“吝啬”与“贪官”相提并论，但和珅是个例外。

史书上记载和珅是个“赋性吝啬”的人，可谓进财容易散财难。这或许与他少时家境多遭变故，曾经靠借钱度日有关。他生性或许是节俭的，但身为当时的“首富”，大可不必这般悭吝，尤其是对自己和身边的亲人，从他大兴土木，修建豪华的邸第和陵墓中可见一斑。但是，他对待属下、家奴就大不一样了，和珅在这方面能省则省，不肯多花一分钱，这也许是他能够迅速积敛起巨额财富的一个因素。

和珅从小生母去世，10岁时父亲不幸殁了。所以，他对自己的家人，包括宠妻爱妾、儿子儿媳是非常照顾的。有时为了讨家人的欢心，和珅不惜动用权力搜罗天下奇珍。

有权有势的和珅对早餐很有讲究，可能因为平时过度劳累——整日思虑如何对付别人。于是和珅每日早点都会进食珍珠，相传新鲜的珍珠有增强记忆力的功能。他一向尊敬有加的妻子冯氏和几个他宠爱的小妾，为了保持容颜，也都争相食用加了珍珠粉的早餐。

行贿者常说：不怕你拒绝，就怕你没爱好。大家都知道和珅喜欢珍珠，一时间珍珠商人大受欢迎，尤其是手中有奇珍的便奇货可居了。关于这方面，还有一个有据可考的故事。

据焦循《忆书》记载：江南吴县有一珍珠商人石钧善，他每年都出海一段时间，捞回珍珠后在扬州一带贩卖，由于珍珠并不是什么日常消费品，所以生意一直不太好。后来，扬州官吏得知和中堂喜好珍珠，石钧善的珍珠就变成了抢手货。据说每次他采完珍珠回扬州后，还未进城就有扬州的富商大贾、达官贵人派人将他迎回家中，真正成了一个抢手的卖方。“极珍味美馔以享之，优伶歌舞以娱之，名人诗酒以系之。远梅携一琴师，画工萧然寂处。回以吟诗写字为事，而盐贾候其门，钧善出一小匣，锦囊温裹，以赤金作丸，破之则大珠在焉，重者一粒价二万，轻者或一万，至轻者亦八千，争买之，唯恐不可得。”

石钧善从此成了大红人，他趁机大肆宣扬这些珍珠是盐商和贵人们买去“献和中堂也，中堂每日清晨以珠作食，服此珠则心窍灵目，过目即记。一日之内，诸务纷沓，其胸中了然不忘。虽百手记，不能如是也。

珠之旧者与已穿孔者不及用。故海上采珠之人，不惧怕风涛，虽死不恤，今日之货，无如此物之奇也”。石钧善不愧是个生意人，他大力吹嘘了一番自己的珍珠，号称自己所采集的珍珠“天下无双，并世第一”，一时间购买者趋之若鹜。

嘉庆四年（1799年），石钧善获得一个特大珍珠，形状颇似葫芦，看到的人都惊呼其为“异宝”，他兴冲冲地想卖个好价钱。可当他心情激动地回到扬州时，巨商达官竟无一人问津，原来这一年和珅刚刚被赐死。此时，石钧善才终于醒悟：不是因为他的珍珠值钱，而是因为有喜好珍珠的和珅罢了。一个贪官的喜好竟然影响到一种商品的市场供求关系，可见他的影响力是很大的。

和珅生活奢华，非但平民百姓望尘莫及，就连皇亲国戚、达官贵人也难与其相提并论。当时来华访问的朝鲜使者这样描述和珅的家，“其豪奢富丽，拟于皇室，有口皆言，举世侧目。”更有西方使者称和珅是权倾一时的“二皇帝。”从其炎炎权势来看，并非虚言。

用“白玉为堂金作马”这句诗来形容和珅一家的奢侈生活绝不会言过其实。和珅利用手中的职权，命令各地为皇上“进贡”物品、珍珠、奇石、各种时令水果，且一应贡品都要先经过和珅这一关，遇到自己喜欢的，甚至留下收藏，并不呈给皇上。所以，理论上皇帝见过的他早就见过了，而皇帝没见过的，他家里也有。

只要和珅在家，午餐必定是满汉全席，而且以和珅家中的几个人，吃饭时用满汉全席，别说不能吃完，有些更是未曾下筷就被倒掉了。可和珅不管这么多，他干什么都向乾隆帝看齐，乾隆帝喜欢讲排场，自己身为皇帝的心腹，饮食当然也要体现出自己的权势，所以，即使浪费也要把架子做足。

前面提到，和珅是非常悭吝的一个人，他怎么会这么放纵自己和家人如此“糟践”？这自然与属下的巴结有关。和珅有一个名叫卿怜的爱妾，平时喜欢吃荔枝，和唐朝“一骑红尘妃子笑，无人知是荔枝来”的杨贵妃一样。杨贵妃吃的荔枝是用上等的军马从四川“快递”送到长安的。权倾天下的和珅宠爱卿怜，底下的官员自然不会错过这个巴结的好机会。在荔枝熟了的季节，荔枝产地广东的官员趁机派快马将荔枝送到京城。不仅如此，其他各地的官员也都纷纷用本地的时令水果孝敬和中堂。

和珅不仅在饮食上非常讲究，对衣着更是非常注重。起初，和珅是出于尊重才穿好衣服，尤其是参见皇上的时候，并无特别要求。等到和珅得宠后，他觉得要体现自己的威严和气势，于是便逐渐对衣服考究起来。他的穿衣风格甚至引领了时代潮流，至少是官场潮流。据说，他有一件衣服上的纽扣全是用西洋小闹钟做成的。当时，小闹钟的价钱是极其昂贵的，所以，和珅的一件衣服就能够养活好几户人家。和珅对闹钟情有独钟，不但早上经常挂着闹钟，在未名湖畔也挂了一只大的自鸣钟，这些大多是西方使者的贡品，就连在皇宫里也不是随意就能见到的。

和珅在吃穿用度上都以皇宫大内为标准，不可避免地会奢华过度。虽一时无人敢说半个不字，但难免有人心中不满，最后和珅被赐死，也在情理之中了。

第十三章　经营眼光胜商家

——是贪官也是智慧商人

善投资甘当后台

在茫茫人海之中，一个人与另一个人相遇的可能性很小，成为朋友的可能性就更小，成为夫妻的可能性几近渺茫，夫妻结合竟是千年等一回的缘分。

和珅是一个十分重感情的人，贪婪无度又吝啬无比的他竟拥有一个温柔的港湾。他自小没有享受到家庭的温暖，所以尽量把自己的家庭经营得完美。

和珅把对家庭的关爱转化为给予钱财。他敛财的办法多，路子广，这在整个清朝官吏中也是少有的。因身份和地位的原因，他往往并不亲自出面活动，而是身居幕后进行操纵，成为后台老板，出面办事的往往是他的管家和长随，如刘全、呼什图和马八十三等人。和珅聚敛钱财的手段主要包括以下几个方面：

一、兼并土地、收取高额地税。和珅拥有大量土地，据清朝有关档案记载，和珅家拥有“取租地共一千二百六十六顷零”。但档案中记载的仅是“取租地”，如果加上和珅的庄园和非出租土地，数目就更加惊人了。

和珅这么多的土地是怎么得到的呢？

首先是皇帝的赏赐。乾隆帝对和珅十分宠信，时不时的就赏赐他很多土地。

其次是典买。当时有很多地主对经营土地失去了兴趣，而和珅看到地价便宜，又便于收租，就不时买入一些土地。在这方面他手段阴险而毒辣，就连岳祖父英廉的土地也被他兼并了，而且这些土地一旦被他拥有，就不太可能把土地再赎回去。

最后是和珅给别人帮忙、关照，趁机向其索取土地。不仅如此，和珅在其掠夺的土地上，派家人到各地收租、逼债。同时，他仗着权势，进行经济剥削。和珅用各种方法不择手段地进行土地兼并，每当土地一到手，便立刻提高地租，甚至不顾佃农的死活，把地租增加一倍以上。这种杀鸡取卵、敲骨吸髓式的剥削，使得他家的佃户，甚至庄头、园头都叫苦不迭。超经济的剥削使许多人倾家荡产，家破人亡。

收取地租是除贪污外和珅家每年的重要收入之一，而且每年庄园中的大批粮食、鸡、鸭、鱼、肉及各种干鲜果品都源源不断地运到他家，供其享用。因此，和珅非常注重这项收入。

二、占有大批房产以出租房屋是和珅家的另一固定财源。和珅家的房产主要分住宅房、铺面房、手工作坊的厂房及布满庄园的民房等。仅就北京城来说，和珅的房产几乎“遍布五城”，如什刹海畔的宅第、西四驴肉胡同的老宅、北长街会计司胡同住房及平安里厂桥地方、前门大栅栏等处的铺面房、匠作房等。

这些房屋的来源渠道很多，有的是乾隆帝赏赐的，有的是花钱典买的，也有的是为别人帮忙得到的报酬。甚至连皇子永锡为了能承袭肃亲王的爵位，也要走和珅的后门，把自己在前门外的两所铺面房送给了他。

三、放高利贷，从事典当业，获取暴利。放债取息与开当铺、银号、钱店都属于高利贷的范畴。高利贷是伴随人类私有制的出现，特别是由于货币经济的发展而产生的。和珅本着什么能赚钱就干什么的原则，大力从事放债、开当铺、银号和钱店等高利贷剥削。

和珅的放债面很广，不但包括官吏、商人和市民，还有他的家人、长随等属下，就连他的至亲好友，他也使用高利贷盘剥。例如，和珅的舅父明保曾向其借库平银15000两，所借银每月1分起利，欠利银6450两，共欠本利银21450两。和珅的外祖父伍弥泰与和珅同朝为官，均为大学士。伍弥泰曾向和珅借银2000两，但和珅不大放心，逼着伍弥泰“取田契价值相当者署券归偿”。英廉是和珅的岳祖父，英廉的孙子玉全曾向和珅借过银两，也是拿地契作为抵押品的。

典当业在清朝是非常发达的。按其店东的身份和资金的来源，大体可分为三类，即皇当、官当和民当。皇当以皇帝为后台，由内务府经营；官当由封疆大吏与道府州县官员主持、经营；民当由商人、富民等一般人经营。北京是皇帝与王公贵族、达官显宦的聚居之地，是当时全国的政治中心，也是商业金融资本最集中、最活跃的地区。

和珅家的当铺不但遍布京城，而且遍布直隶的保定地区、通州地区和蓟州地区。

据绵恩、淳颖等人奏称：“续查出和珅借出本银钱所开当铺十二座，及家人刘全、刘印、刘陔、胡六自开、伙开当铺共八座，亦经奏闻在案。”现在还可以查到名字的有：北京城内的永庆当、庆余当、恒兴当、恒聚当、合兴当、恒升当与恒庆当等。北京城外主要有三河县的和兴当、新城县的恒兴当和昌平州的恒义当等。

和珅大开当铺，除牟取暴利外，还有另一个目的，就是借此转移和消化贪污、纳贿所得的不义之财。再者，当铺是各种生意中最易收效、万无一失的买卖，可以“旱涝保收”，不怕典当人逃匿，也不用分神去追索、逼债。因此，当铺在他经营的工商业中占有非常重要的地位。

四、经营多种工商业。和珅除经营传统的封建性很强的高利贷、银号和当铺外，也开设各式各样的工商企业。除各种商业店铺外，还经营少数制造作坊和煤窑等。提督衙门在送给嘉庆帝的呈文中说：“奉旨查抄和珅及伊家人刘全等各家产。今在刘全家抄出柜箱、鞍毡铺房取租折二本，讯之该铺户佥称系和珅之产，嗣又详查尚有弓箭铺并无租折。因刘全现在刑部，随移咨查讯去后，今准刑部复称，讯据刘全供：柜箱铺、弓箭铺、鞍毡铺这三处房子，我记得是我主人的舅舅乌大父指房押钱，多少钱数我记不清了，契纸原是在内宅收藏交管账女子管着，只求查我主人的匣，并问管内账的女子们就明白了。”由此可知，和珅经营的店铺往往是派亲信家人带着资本，然后利用别人典押的房屋开办起来的。除上述几种店铺外，和珅还经营着粮食店、酒店、古玩店、杠房、旅店、瓷器店和灰瓦店。

和珅所经营的店铺往往与百姓生活有关，个别则与军事用品生产有关，如弓箭、鞍毡等店铺。和珅利用他的声望和地位，看到什么生意赚钱就经营什么，无人敢与其匹敌。

乾隆五十二年（1787年），北京米价骤涨，十分昂贵，各家粮店纷纷囤积居奇。和珅家的粮店库存不多，且他怕米价腾贵，引起社会不安。于是他上奏说，各家粮店囤积粮食不得超过50石。商人不服，仍然囤积不卖。于是和珅令兵丁到各户查视，共查出“铺户囤积米麦60000余石”，并奏请乾隆帝批准“交厂减价粜卖”。这实际上就是和珅利用政府和皇上的权威，以达到他自己不可告人的目的，并且在实际上是控制了北京的粮食业。

五、利用职权、地位大肆收取别人的馈赠和礼物，如和珅的妻子冯氏去世时就有部下和精额、寅著和伊江阿等人送给的银两“自数百两至千两不等”。此外，他家的珍珠手串、宝石也多是朝中或外地官员进献的。

主抓土地显贪性

和珅头脑灵活，聪明干练，生财有道。在20多年内，他为自己的家庭积累起巨额财富，应该说与他善于理财和敛财是分不开的。

和珅一生收受别人的贿赂无数，如果只是存在家里，那钱就是死的，精明的和珅当然不会这样做。于是他将资产投资于社会上的各个行业，以钱赚钱，以期达到“流水不腐，户枢不蠹”的效果。由于他的资产涉猎众多，况且投资有轻有重，而他自己公务繁多，所以他主抓其中的重要项目，那些“零碎投资”就由家人和管家去照料。

在这些林林总总的项目中，地租是和珅最为看重的。和珅拥有大量土地，世传他家有地“八千顷”(80万亩)，这个数字虽然没有确切记载，但至少说明了和珅拥有的土地数量之巨。

封建社会，皇帝和各级官员其实就是大大小小的地主，所以，和珅看重土地是很正常的。和珅家的土地虽遍布各地，区域很广，但主要集中在直隶（今河北省)、热河、奉天（今辽宁沈阳）及京津地区。北京南部以保定为中心，包括清苑、易县、定县（今定州市)、完县（今顺平县)、雄县、容城（今容城县)、定兴（今定兴县）和安肃（今安肃镇）等；北京东部以天津为中心，包括宝坻、任邱（今任丘市)、静海县、文安县、蓟州、清河、大成、霸州等；北京地区主要包括大兴、宛平、通州、昌平、顺义和平谷等。此外，在承德附近的墙子路、古北口等，在东北奉天的锦州地区也有一些土地。例如，他在安肃等县有土地72项，共有土地766顷70亩7分1厘，共值价银118065.12两，价钱3800吊，每年取租银2546两，取租钱26916吊728文；他在蓟州地方有地19项，按契载共地117顷63亩7分3厘，共值价银28922.4两，每年共取租钱3519吊；他在古北口等处有地3项，按契载共地382顷，共值价银6850两，每年共取租银952.4两。这三个地区的土地加在一起，共计94项，1266顷35亩4分4厘，共值价银153837.52两，价钱3800吊，每年共取租银3498.4两，取租钱30435吊728文。

和珅有了大量的土地，当然不是自己去种，而是出租给佃户，进而收取地租。不仅如此，他还依仗自己的权势，恶意提高租金，有时甚至达到别人的两倍。遇到旱灾蝗虫，佃户们辛辛苦苦干一年，一年的收获甚至连上缴租金都不够，所以常常进行抗租抗粮斗争。

史书上记载：“通州盛家屯世代居住着王坦一家，其祖父名叫王复拢，明朝末年时是该地比较富庶的大户人家。清兵入关后，王复拢于顺治二年（1645年）带地十四顷五十九亩，投充内务府庄头，每年交官地租银七十二两九钱五分，雍正时期加入正蓝旗。乾隆三十一年（1766年）分给贝勒府，三十二年（1767年）经贝勒丈量该庄头等养身地亩在内共计二十八顷八十亩，因按顷数复加银一百零九两五分，连前共交租银一百八十二两零，俱仍系原庄头交纳。

“乾隆五十四年（1789年）和珅家人王平到屯，声称此地并住房二十九处，俱经十额驸（丰绅殷德）出价二千八百两契买为业，押令增租。次年另换庄头康杰，改作散佃，止分种地三顷二十余亩，其余地亩分给各佃承种，每年共收地租京钱八百六十四千文，房租银十四两五钱。王坦等以地本系伊祖带充，合族仗为活计，从此分种之地太少，实在不敷养赡，且其地多系瘠薄黄土，陡加租价难以完纳。前因畏惧和珅势力，十年以来，隐忍不敢申诉。

“后来和珅家被查抄，王坦才得以伸冤，他请求将地亩仍由他们领种，照贝勒旧定租银交纳。并据署东路同知吴某回禀，于丈量时正值青苗在野，地之肥饶俱可一目了然，当即勘明，此地实不值四百三四十两租银，和珅增加过重，一味剥削牟利，遂致该户等以苦累上控，现在可否酌减之处，应请旨饬交户部核议。其王坦等所控，仍充庄头一节。查乾隆四十六年（1781年）奉旨，所有分府庄头一切事务由王府自行办理，内务府毋庸办理等因，查王坦等户族已由贝勒府将地卖出，则人随地转，非现充分府庄头可比，今又经入官，应否将王坦等仍归内务府充作庄头，其地亦随人由内务府纳租之处，请一并由户部核办。”

我们来比较一下和珅和贝勒收的租银：王坦等人的28顷80亩土地，在归绵悦贝勒所有时，每岁只“收租银一百八十二两，迨归入和珅，每岁收租银四百四十六两零，骤加一倍有余”。后“并据署东路同知吴某勘明，此地实不值四百三四十两，自可量为议减”。审理此案的官员说：

“本来投充庄头与老圈庄头不同。乾隆五十六年（1791年）经和珅奏明，照旗下圈地家奴一体办理。今王坦、王廷仲、王秉新、王允肇并未到案之王秉伦等五名，臣部查额驸丰绅殷德买契内并无其名行，贝勒府四品宗室绵悦呈称：当卖地之时，因该庄头等素日不服约束，一并随去，是王坦等业已随地归于和珅。若照因地家奴办理，即应发交该旗官卖，若按从前投充庄头之例，则王坦等仍应归贝勒府。”这样一来，嘉庆帝最后同意王坦等人连同土地一起，重新划给宗室绵悦。

从以上具体案例可以看出，和珅不顾佃农的死活，竟把地租增加一倍以上。使许多人倾家荡产，家破人亡，严重扰乱了社会秩序，造成了政局的动荡。但这样的事和珅所做的何止十件百件？所以，和珅的行为对政局的不稳定起到了推波助澜的作用。

收取地租是和珅家每年重要的正项收入之一。虽然比他贪污受贿的钱要少，但这笔钱是他家的固定收入，并且在法理上是说得通的，他可以理直气壮地去收。此外每年庄园的大批农副产品和新鲜水果供他们一家享用，和珅当然会重视这方面的收入了。

万贯家产付东流

在嘉庆帝下令逮捕和珅的同时，查抄和珅家产的行动也随文展开。最终从和珅家查抄出了大量金银财宝、首饰玉器、名人字画等，另有宅院房屋等不动产。一时间轰动朝野，街头巷尾也是热议不断。

和珅家财巨富，是清朝任何官吏所不能相比的。他家的财产即使是皇子、王公贵胄们也都非常羡慕，为之倾倒和垂涎；更有那些继承帝位无望的皇子认为如果能得到和珅家那么多财产，宁可不生在帝王之家。

和珅到底有多少财产？民间广为流传的一种说法是其家财达8亿两白银，而且这一说法被众多学者采信。事实到底怎样呢？我们不妨做一番考证。

乾隆末年的国库年收入为7000万两左右，也就是说和珅的8亿两白银相当于当时国库收入的10多倍。和珅为官20多年，这样算来，他岂不是每年要将国家收入的一半归为己有？此种说法令人生疑。

其实从《清实录》与其他正史、档案的记载来看，和珅家珍藏有大量的稀世宝物、珠玉、古玩字画（这部分财产难以估计）。除此之外，能够估价的现金、土地、房屋等，折合现金为一两千万两，这一数字已是相当惊人，世所罕见。因此，他是整个清朝被抄家的官吏中家资首屈一指者，鳌拜、明珠、年羹尧等人都无法望其项背。

有人说“和珅家富比皇室”，这一点儿都不过分。就连“升平昌阜，财赋丰盈”的康熙六十一年（1722年），户部库存也不过800余万两白银，这与和珅被抄的家产相比简直是小巫见大巫。地位显赫的亲王、郡王们的家财更是无法与之相比。这从他们在面对众多财物时所采取的态度可见一斑。例如，简仪亲王德沛（德济斋），在乾隆十三年（1748年）嗣王位时，获知“邸库中存贮银数万两”，心中已是非常恐慌，认为这是祸根。他连忙决定把部分存银分给府中一些人，其余的则用来修建宅院、亭台楼阁……以免招来祸端。就连嘉庆朝以富有著称的成亲王永 ，邸库中存银也不过80万两，由此可见和珅家产之巨。

比较可靠的数据来源是官书与清朝档案，其中有关和珅家产的记载大体一致，可以相互印证。虽稍有出入，但大体上都能与今天保存在中国第一档案馆的有关档案相对应，所以还是可信的。

民间曾流传《查抄和珅家产清单》，由于相互传抄，难免有所出入。所以以讹传讹的可能性较大，在各种《查抄和珅家产清单》中，以中国第一历史档案馆保存的《和珅犯罪全案档》为典型，这与《庸龛笔记》所载的《查抄和珅住宅花园清单》非常相似，数目也大体相同，但可信度不高。

和珅家产被籍没后，全部被嘉庆帝以国家的名义接管。其中包括金、银、制钱等在内的现金绝大部分被送到户部大库与内务府广储司银库。另外，所有的珠宝玉器、金银器皿、首饰、字画、书籍、古玩、铜器、锡器、皮张、绸缎、布匹、瓷器、家具及衣物鞋帽等，除一少部分被嘉庆帝赏给了王公大臣、公主及御前侍卫和太监等，另一小部分（主要是一些破旧的物件、戏装等）在崇文门税关和热河（承德）等地变卖成现金，交广储司银库外，绝大部分直接由内务府接收，成为嘉庆帝的私人财富。

和珅在京城的住宅、别墅（花园）除留下一部分给固伦和孝公主与丰绅殷德居住外，大部分赏给了几个亲王、郡王。具体如下：和珅住宅的前所及祠堂、马圈等赏给了乾隆帝第十七子、嘉庆帝的亲弟弟，庆郡王永璘；和珅住宅的后所仍留给固伦和孝公主使用；和家的老宅仍然留给和琳之子丰绅宜绵居住；和珅在海淀的别墅花园西段赏给了固伦和孝公主与丰绅殷德，东段赏给了成亲王永　。

另外，和珅家里众多的当铺也被赏赐或收归国有。嘉庆帝把永庆当赏给了永璇、庆余当赏给了永璘、恒兴当赏给了奕纯、恒庆当赏给了永琅。除此之外，其余的当铺交给内务府管理。与此同时，嘉庆帝把和珅在京城内的一些商业铺面房赏给了王公大臣，其余的全部归内务府照管。

和珅家的衣物、书籍等除了少部分赏赐给人，大部分都交给了内务府处理、变卖。和珅管家刘全家的现金39462两9钱6分白银，全部交给了内务府广储司银库。也就是说，和珅的家产大部分都落到了嘉庆帝手里。

和珅家土地众多，大部分也入了官。嘉庆帝将和家在京郊的零星小块土地赏给了太监等。例如，把一块1顷40亩与一块47亩及一块58亩的土地赏给了南府景山太监。另外，把和珅在西直门外白塔庵一块1顷

80亩和一块1顷9亩的土地赏给了圆明园太监。

此外，和珅在蓟州的坟茔由于规模过于宏大，被嘉庆帝以"违制"为由拆除，连同附近守坟人的房屋一起招商变卖。和珅家奴79户，共计308口，和逃亡后被抓回来的二十几户奴仆一起被变卖，变卖后的身价钱全部交给内务府掌管。

另外，嘉庆帝还把部分抄家所得用于安抚流民和镇压白莲教起义。

就这样，和珅辛苦经营大半生所聚集的财富，转瞬之间就被瓜分完毕。嘉庆帝在"分赃"过程中表现出来的得意之态，也从侧面反映了其对和珅家财之巨十分不满和统治阶级无缝不入的贪婪本性。

和珅一生的启示

明朝的三大才子之一、著名文学家杨慎根据自己一生的际遇写了一首千古名词《临江仙 · 滚滚长江东逝水》：

滚滚长江东逝水，浪花淘尽英雄，是非成败转头空，青山依旧在，几度夕阳红。

白发渔樵江渚上，惯看秋月春风。一壶浊酒喜相逢，古今多少事，都付笑谈中。

历史上多少风流人物都随风而去，只成为后人闲谈时的谈资。我们要站在历史的角度去看，不是要对世人称颂的历史人物顶礼膜拜，也不是要对名声扫地的历史人物进行大批判。毕竟过去的已经成为历史，我们只要能从他们身上继承向上的动力或者吸取经验教训，避免失败，这才是最重要的。有一句话说，前车之鉴，后世之师。要借鉴一个人的经验教训，我们必须要给他一个正确的历史定位和客观评价，和珅是乾隆时期的重要官员，深刻影响了当时的历史和社会发展，所以我们有必要这么做。

提到和珅，很多人将他称为“中国有史以来最大的贪官”，一部分人称其为“乾隆的奴才，官员的皇帝”。其实任何一个人都有他的两面性，和珅一生官衔林林总总不计其数，可谓红极一时，到后来“一条白练结束人生”，他的传奇人生一直是人们津津乐道的话题。由于历史和电视剧的影响，人们谈论的内容大都集中在和珅庞大的家产、怎样贪污受贿及奢侈的生活，而其灵活的经济头脑、高人一等的大局意识、风趣诙谐的语言风格等却被淹没在历史深处，和珅留给世人的只是一个负面的形象。我们没有为和珅平反的历史任务，更没有这个实力，我们只是想拨开历史的迷雾，将一个真实的和珅展示给大家。

嘉庆帝对和珅宣布的二十条大罪状中，任选一条都足以致他死命，而且都是有据可查的。因此，我们不会为和珅鸣冤叫屈，但是也不可因此埋没了他的功绩和贡献。

和珅是好是坏，历史始终没有一个定论，我们也不必急于给他下结论。但他具有足够的聪明才智和智慧，他绝对是一个办事干练，有才能的人，就连嘉庆帝也承认和珅“精明敏捷，原不微劳虑录，是以皇考高宗纯皇帝另以厚恩”。我们一定要正视和珅在官场驾轻就熟的真正原因。和珅能够在人才济济的朝廷独树一帜，并非只靠拍马屁，他肯定有一定的施政能力，否则乾隆帝不会重用一个有名无实的人。和珅虽出身贫寒，但受到了良好而系统的正规教育，这使他具有处理朝廷事务的基本能力。

和珅颇有语言天赋，他“承训书谕，兼通满汉”，“清文、汉文、蒙古、西番、颇通大意”。乾隆帝在《平定廓尔喀十五功臣图赞》中亲笔注：“去岁（乾隆五十六年，1791年）用兵之际，所有指示权宜，第每兼用清、汉文。此分颁给达赖喇嘛，及传谕廓尔喀敕书，唯和珅承旨书谕，俱能办理秩如。”如此说来，和珅能得到乾隆的赏识是有原因的。

正因为和珅在语言上的巨大优势，所以在外交上乾隆帝非常依赖和珅，和珅也不辱使命，理智得体地处理了外交事务。与日后清廷丧权辱国的行径相比，和珅更应该被称颂、纪念。就连咄咄逼人的英国使节马戛尔尼也曾称赞和珅“外频恭谨异常”“颇悦客气，但遇到原则问题亦不肯应允。”

和珅是个贪官污吏，这是不争的事实，但在自爱这方面，他是个不折不扣的悲剧人物。和珅虽然位极人臣，但毕竟还有一人在他之上，那就是乾隆帝，和珅的许多“恶劣行径”都是在乾隆帝的驱使下或需求中才实施的。和珅不过是乾隆帝的代言人罢了，他的官场起伏是随着乾隆帝的顺利与否一起律动的。在乾隆帝不顺的时候，和珅照样会官场失意。乾隆三十四年（1769年），“和珅以扶同瞻绚之罪，降二级留任”。乾隆五十六年（1791年），和珅因审询护军海旺等人盗窃库银一案，加之和珅本人为管库大臣，又被降职留用。乾隆五十九年（1794年），因吉林人参阙库额，命军机大臣缮写原因。和珅瞻前顾后，未及时上报，乾隆帝责之，降二级留用。乾隆六十年（1795年），因告吉图也北布凶杀案，未置奏，又因廷试或举发策，和珅上奏不实，“护述掩非”降三级留任。由此可见，和珅只不过是“高级打工仔”，乾隆帝心情不佳或和珅自己表现不好时照样挨骂挨罚。

有人说，和珅有反意，理由就是按照宫里的宫殿样式建造私宅，还收藏了只有皇帝才能拥有的朝珠，甚至比皇帝本人使用的要好很多……这些看似“违制”的行为，难道真的是他蓄谋造反吗？其实，这只是他把乾隆帝作为靠山，一切都要模仿乾隆帝，从而使自己更加受宠和永葆皇帝庇佑的一种心理寄托罢了。

但是，官场毕竟是个是非场，团结官场中的人物是最重要的，由于和珅过于恃宠自傲，因此他树敌于满朝文武。乾隆帝当政时，他尚有能力以一人之力与之抗衡。在乾隆帝驾崩，嘉庆帝执政，宣布他的罪状时，他才真的体验到了什么是“树倒猢狲散，墙倒众人推”。他这么能干的一个人，之所以被后人诟病，是因为他被嘉庆帝钦点为“大贪官”，而且朝中无人帮他说话，所以和珅的名声很差。

这是和珅的一个失误：今日得宠，明日如何呢？得宠于当今皇上，下一个皇帝呢？“普天之下，莫非王土；率土之滨，莫非王臣。”

和珅聪明一世，糊涂一时，也许是恃宠而骄，头脑发热，没搞懂“人在江湖，身不由己，人在官场，同样身不由己”的道理，认为得到了乾隆帝的宠信就可以为所欲为，把皇帝接班人都不放在眼里，亲自掘开了自己的坟墓。

官场险恶，躲避的唯一办法是不参与其中，可是和珅已经进入了这个圈子，所谓“侯门一入深似海”，进入了最高层官僚网，和珅就难以自拔了，他的一举一动都会造成全局影响，因此，他就不是自己，不是冯氏的丈夫，不是丰绅殷德的父亲，而彻底沦为乾隆帝的一颗棋子。

说到底，和珅一生高官厚禄，功高位显，他做到了大学士，做到了“乾隆的奴才”，做到了“钱财的奴隶”，也做到了一个好臣了，可惜没有成功地做他自己。

附录　和珅大事记

乾隆十五年（1750年），和珅出生。

乾隆十八年（1754年），3岁，其弟和琳出生。

乾隆二十四年（1759年），9岁，在这前后的几年时间里，和珅、和琳兄弟离开私塾，考入咸安宫官学读书。

乾隆三十二年（1767年），17岁，与大学士英廉孙女冯氏结婚。

乾隆三十四年（1769年），19岁，十二月，以文生员承袭三等轻车都尉。

乾隆三十七年（1772年），22岁，十一月，授三等侍卫。

乾隆四十年（1775年），25岁，十一月，擢御前侍卫，授正蓝旗满洲副都统；长子丰绅殷德出生。

乾隆四十一年（1776年），26岁，正月，授户部右侍郎；三月，在军机大臣上行走；四月，授总管内务府大臣；八月，调镶蓝旗满洲副都统；十一月，任国史馆副总裁，赏戴一品朝冠；十二月，任总管内务府三旗官兵事务，赐紫禁城骑马。

乾隆四十二年（1777年），27岁，六月，转户部左侍郎，并署吏部右侍郎；十一月，兼任步军统领。

乾隆四十三年（1778年），28岁，正月，因徇私舞弊被降二级留任，旋监督崇文门税务，总管行营事务。

乾隆四十四年（1779年），29岁，八月，命在御前大臣上学习行走。

乾隆四十五年（1780年），30岁，正月，赴云南查按察使海宁控告总督李侍尧案，回京的路上，升户部尚书，旋命在议政大臣上行走；五月，实授御前大臣，补镶蓝旗满洲都统，其子被赐名丰绅殷德，指为十公主之额驸；六月，授正白旗领侍卫内大臣；十月，任四库馆正总裁，兼理藩院尚书。

乾隆四十六年（1781年），31岁，四月，以钦差大臣身份前往甘肃平乱；十一月，兼署兵部尚书；十二月，管理户部三库事务。

乾隆四十七年（1782年），32岁，二月，以军机大臣审办甘肃镇迪道巴彦岱受贿案，因循私降三级留任；八月，加太子太保衔；十月，任经筵讲官。

乾隆四十八年（1783年），33岁，六月，赏戴双眼花翎；十月，任国史馆正总裁；十一月，任文渊阁提举阁事。

乾隆四十九年（1784年），34岁，三月，调正白旗满洲都统；四月，任清字经馆总裁；七月，再予轻车都尉世职，旋调吏部尚书，协办大学士，兼管户部；九月，因平回乱功议叙，封一等男爵。

乾隆五十一年（1786年），36岁，闰七月，授文华殿大学士，仍兼管吏部、户部事；九月，因徇私被降二级留任。

乾隆五十三年（1788年），38岁，二月，封三等忠襄伯，并赏用紫　。

乾隆五十四年（1789年），39岁，四月，任殿试读卷官；五月，任教习庶吉士。

乾隆五十五年（1790年），40岁，正月，加恩赏黄带。

乾隆五十六年（1791年），41岁，四月，作为管库大臣因护军海旺等盗窃库银案，有失察之责，交部议处，降一级抵消。

乾隆五十七年（1792年），42岁，九月，廓尔喀乱平，因军功加三级；十月，兼翰林院掌院学士，任日讲起居注官。

乾隆五十八年（1793年），43岁，任教习庶吉士，兼管太医院及御药房事务。

乾隆五十九年（1794年），44岁，二月，库内吉林人参数量稀少，和珅瞻顾迁延，未即拟旨，降二级留任。

乾隆六十年（1795年），45岁，四月，任殿试读卷官；五月，任教习庶吉士；九月，刑部理藩院于蒙古台吉图巴扎布凶残一案未先具奏，和珅以管理理藩院又军机书旨，始终加以庇护，降三级留任。

嘉庆元年（1796年），46岁，正月，调正黄旗领侍卫内大臣；六月，调镶黄旗满洲都统。

嘉庆二年（1797年），47岁，兼理刑部，退去户部事，旋以军需报销，仍兼理户部。

嘉庆三年（1798年），48岁，晋公爵。

嘉庆四年（1799年），49岁，被科道诸臣参奏，以“二十大罪”被赐自尽。